"江西观察报告"课题"构建营商环境创新试点跟踪体系，即复制推广落地生花（23SQ02）"项目研究成果

民营经济发展论丛

营商环境评价指标体系与实证研究：
以江西省为例

张新芝　贾青　曹露菲　著

中国财经出版传媒集团
经济科学出版社
Economic Science Press
·北京·

图书在版编目（CIP）数据

营商环境评价指标体系与实证研究：以江西省为例 /
张新芝，贾青，曹露菲著 . -- 北京：经济科学出版社，
2023. 11
（民营经济发展论丛）
ISBN 978 - 7 - 5218 - 5192 - 2

Ⅰ. ①营⋯　Ⅱ. ①张⋯ ②贾⋯ ③曹⋯　Ⅲ. ①投资环
境 - 评价指标 - 研究 - 江西　Ⅳ. ①F127. 56

中国国家版本馆 CIP 数据核字（2023）第 184898 号

责任编辑：周胜婷
责任校对：靳玉环
责任印制：张佳裕

营商环境评价指标体系与实证研究：以江西省为例
YINGSHANG HUANJING PINGJIA ZHIBIAO TIXI
YU SHIZHENG YANJIU：YI JIANGXISHENG WEILI

张新芝　贾　青　曹露菲　著
经济科学出版社出版、发行　新华书店经销
社址：北京市海淀区阜成路甲 28 号　邮编：100142
总编部电话：010 - 88191217　发行部电话：010 - 88191522
网址：www. esp. com. cn
电子邮箱：esp@ esp. com. cn
天猫网店：经济科学出版社旗舰店
网址：http：//jjkxcbs. tmall. com
固安华明印业有限公司印装
710 × 1000　16 开　17 印张　260000 字
2023 年 11 月第 1 版　2023 年 11 月第 1 次印刷
ISBN 978 - 7 - 5218 - 5192 - 2　定价：86. 00 元
（图书出现印装问题，本社负责调换。电话：010 - 88191545）
（版权所有　侵权必究　打击盗版　举报热线：010 - 88191661
QQ：2242791300　营销中心电话：010 - 88191537
电子邮箱：dbts@ esp. com. cn）

前　　言

党的二十大报告提出，深化简政放权、放管结合、优化服务改革；营造市场化、法治化、国际化的一流营商环境。近年来，我国营商环境持续改善，特别是部分地区主动对标国际先进，率先加大营商环境改革力度，取得明显成效，对推动全国营商环境整体优化、培育和激发市场主体活力发挥了较好的示范带头作用。近年来，江西认真贯彻落实党中央关于优化营商环境的各项部署，不断对优化营商环境提出更高要求。江西省第十五次党代会明确提出，坚持把优化营商环境作为优化升级"一号改革工程"，出台《江西省营商环境创新试点工作方案》，在江西省第十四届人大一次会议上，优化营商环境等被列为今后五年九大工程之一，全省上下高度重视营商环境的氛围空前。江西省大力实施营商环境攻坚行动以来，政策环境越来越惠企暖企，市场环境越来越开放开明，政务环境越来越方便快捷，法治环境越来越公平公正，政商环境越来越亲近清廉。"十三五"期间，江西省先后出台五批次、182条降成本举措和"战疫情、促发展"系列惠企政策，累计为企业减负超6400亿元。但与全国标杆城市相比，江西省营商环境在市场化、法治化、国际化、便利化等方面仍存在一定差距，营商环境仍有一定的提升空间，需要继续付出艰苦努力。

实践证明，营商环境评价已成为准确把握营商环境现状、推动营商环境持续改善的重要抓手。加快构建符合江西省情的营商环境评价指标体系，健全营商环境评价机制，充分调动各地区、各部门优化营商环境积极性，推动"放管服"改革向纵深推进，是《江西省优化营商环境条例》作出的一项重要制度安排，是江西对标国际国内先进水平，打造一流的市场环境、一流的政务环境和一流的法治环境，实现政策优、成本低、服务好、办事快的营商环境目标的具体举措，彰显了省委、省政府对持续优化营商环境的坚定决心。

自 2018 年以来，江西省工商联委托课题组，每年持续性开展营商环境评价工作，课题组每年均形成内涵丰富的营商环境评价报告，报告获得省主要领导高度肯定。特别是 2019 年，就报告反映的企业问题，省主要领导专门组织召开专题协调会，推动有关问题解决。自 2020 年起，由省优化营商环境领导小组办公室牵头，出台《江西省营商环境实施方案（试行）》，明确省工商联负责每年的营商环境"企业评"工作，因此，课题组借此机遇，有幸参与江西营商环境"省评"工作。经过持续 5 年的摸索、实践和创新，江西省营商环境评价工作持续创新和完善，企业评结果多次被省优化营商环境工作领导小组办公室采纳，评价成果获得省委、省政府的高度肯定，有力推动了江西优化营商环境工作向基层"下沉"，助推营商环境持续优化。基于以上工作的丰富经验，课题组将有关成果整理成书，以期为营商环境研究工作贡献一定的江西经验。

《营商环境评价指标体系与实证研究：以江西省为例》是"江西观察报告"课题"构建营商环境创新试点跟踪体系，助推'江西经验'复制推广落地生花"（23SQ02）研究成果，系统梳理了营商环境内涵和指标体系、国内外优化营商环境做法等理论脉络。同时，基于江西实际，全面展现了近年来江西全力打造营商环境服务品牌取得的显著成效，深刻剖析当前江西省优化营商环境面临的新形势、新任务，并科学、动态、创新地制定符合江西省省情的评价指标体系，通过常态化开展全省营商环境企业评价和政策落实评估调研，指导部分设区市、县（市、区）开展营商环境自评价，形成了立体式多维度全流程评价方法。最终基于实践探索，前瞻性地提出江西优化营商环境思路举措，有效助力江西优化营商环境多项决策部署，促进营商环境持续优化。

最后，衷心希望《营商环境评价指标体系与实证研究：以江西省为例》，能够促进各方交流互鉴，广泛凝聚社会共识，不断增强工作合力，进一步推动形成各地区、各部门竞相优化营商环境的生动局面，加快打造一流的市场环境、一流的政务环境和一流的法治环境，实现政策优、成本低、服务好、办事快的营商环境！同时，因笔者水平有限，书中可能存在疏漏之处，敬请各位专家与读者批评斧正，以便进一步完善本书。

目录

第一章

优化营商环境的背景与内涵

厚植民营经济发展"沃土"，持续优化营商环境，是助力企业健康、稳定、持续发展的重要任务。在党中央的战略部署下，全国各地主动对标国际先进经验，积极掀起争创一流营商环境的热潮，整体营商环境显著改善、持续向好，为我国高质量发展注入强劲动力。

第一节　营商环境的内涵

民营经济作为我国市场经济的重要组成部分，是吸纳就业、推动技术创新、提高政府税收收入、增强地方经济活力的关键力量。营商环境是民营企业的生命线，对民营企业发展至关重要。从理论层面掌握营商环境的内涵，有利于扎实开展营商环境评价工作，指导优化营商环境的具体实践。21 世纪以前，"营商环境"一词在我国并不流行，其前身是"投资环境"。改革开放初期，政府部门和学术界普遍关注投资环境，用其表示一个国家或地区投资条件的完备程度。直至 2003 年世界银行首次发布《营商环境报告》，"营商环境"一词取代"投资环境"，在政府官方新闻、政策文件中多次出现，并逐渐进入学术研究领域。

通过梳理相关研究，营商环境既可以从微观企业生命周期视角进行解读，也可以从外部宏观环境出发，强调外部条件对企业生产经营的影响。相比较而言，从微观层面讨论营商环境更具可操作性和实践性，但因涉及范围有限，相关研究主要从企业生产经营角度解读，并未包括市场主体活动的全部领域；与此对应，宏观层面上的营商环境涉及范围更加广泛，在体现国家或地区的综合实力方面更具价值。

一、微 观 层 面

2001 年，为评估全球各地区营商环境的优劣，世界银行成立了"Doing Business"小组，负责营商环境指标体系创建和全球营商环境调研工作。多年来，世界银行持续跟踪收集各国中小企业经济数据并多次发布《营商环境报告》，依据研究活动将营商环境定义为：企业在开办、经营、纳税、贸易、破产、执行合约等生命周期内，根据地方相关政策法规开展经济经营活动所需的时间、成本、手续等要素的总和。基于定义中的几个方面，世界银行从开办企业、劳动力市场监管、办理施工许可、获得电力、登记财产、获得信贷、保护中小投资者、纳税、跨境贸易、政府采购、执行合同、办理破产等 12 个维度确定了相关指标（见图 1-1），科学量化全球各国家和地区营商环境并排名，相关研究与评价为各国家和地区政府推进营商环境优化工作提供了借鉴和参考。可见，世界银行主要从微观的企业生命周期视角定义营商环境，侧重于统计政府对企业运营管理中设置的审批事项程序、费用、时间等要素。

创业阶段　　　　获得场地　　　　获得融资　　　　日常运营　　　在安全的商业环境中运营

开办企业　劳动力市场监管　办理施工许可　获得电力　登记财产　获得信贷　保护中小投资者　纳税　跨境贸易　政府采购　执行合同　办理破产

图 1-1　营商环境涵盖领域

资料来源：世界银行发布的《2020 营商环境报告》。

我国高度重视营商环境优化问题，2019年国务院颁布出台《优化营商环境条例》，对营商环境内涵作出明确说明。该条例指出，营商环境是企业等市场主体在市场经济活动中所涉及的体制机制性因素和条件，主要包括市场主体保护、市场环境、监管执法、法治保障等方面内容。从这一概念理解，营商环境实际是影响企业等市场主体的一系列制度性规范，涵盖体制机制、法律法规、政策规则等。其主要特征包括以下几方面。

第一，营商环境具有制度性。营商环境具有公开性、规范性，很大程度上关系到企业等市场主体的健康成长。企业主体在办理注册登记、开拓资金创新融资方式、按照流程缴纳税款、债权债务清偿等市场活动中，都需要遵循各项规章制度和规则程序。

第二，营商环境具有领域性。市场主体准入、生产经营活动、市场主体退出等涵盖企业生命周期的所有领域，都属于营商环境的范畴，包括政府政务服务、市场主体创新创业、市场准入门槛、监督管理执法规则及相应法律等。

第三，营商环境具有价值性。一个地区营商环境的优劣，关乎企业生产经营活动的兴衰、发展动力的强弱，直接影响市场经济的健康成长、创新发展和投资效率，对地区经济水平提升和民生福祉改善起到重要推动作用，是整个国家竞争力的综合体现。

二、宏观层面

立足于宏观层面，营商环境主要强调外部宏观要素为企业生产经营活动提供的环境支持，具体可以细分为市场化营商环境、法治化营商环境、国际化营商环境，数字经济营商环境，税收营商环境等。

"市场化、法治化、国际化的营商环境"在党的十九届五中全会中被正式提出。营商环境的市场化指遵循市场经济规律，破除制约市场发挥资源配置决定性作用的体制机制障碍，充分激发市场主体活力，主要包括简政放权深入、市场准入放宽、市场准入公平保障、现代市场体系建立、重塑市场与政府关系等。营商环境的法治化指通过法治建设为市场主体活动提供公正、稳定、可预期的法治环境，从立法、执法、司法、守法等多个层面，建立完备的法律制度体系、保护各类所有制企业合法权益、破除歧视性和差异化限制等。营商环境的国际化指扩大对外开放，对标国际先进水平推动相关领域改革创新，包括国际通行经贸规则对接、推动规则制度型开放、促进投资贸易便利化等。"三化"不是简单并列关系，而是相互融合、相辅相成的有机整体。市场化是基础和核心要义。破除不合理的体制机制障碍、健全市场机制、发挥市场在资源配置中的决定性作用，是激发市场主体活力、促进投资兴业、促进经济发展的必由之路。法治化是保障和基本方式。全方位的法治保障可以将市场化改革成果以法律规范形式进行固化，营造公正、透明、稳定、可预期的营商环境，促进各种市场主体创新创业发展。国际化是开放和改革的动力。我们要对标国际通行规则和一流标准，不断改进我国营商规则，增强改革动力，不断提升营商环境水平。优化营商环境需要全方位和整体性推进市场化、法治化和国际化改革，各项改革要协同推进、相互促进、相得益彰。

数字经济营商环境也是营商环境的重要组成部分，习近平总书记在亚太经合组织第二十七次领导人非正式会议上首次提出这一概念，并强调"倡导优化数字营商环境，激发市场主体活力，释放数字经济潜力"①。数字经济营商环境，主要包括数字基础设施、市场准入便利性、数字平台服务、网络平台治理、恶意软件监管、数字知识产权保护、网络安全和数字经济监管体制等要素。营造优质的数字经济营商环境，可以有效规范市场竞争、防范市场风险、维护市场主体权益，对于数字化产业转型升级和把握数字经济发展前沿有着重要作用。考虑到全球经济下行趋势，数字经济在为各国经济发展带来红利的同时，也对配套数字经济营商环境以适应数字化产业转型提出了更高的要求，于是世界银行、联合国、国际电信联盟

---

① 习近平在亚太经合组织第二十七次领导人非正式会议上的讲话 ［M］. 北京：人民出版社，2020：15.

等六个国际组织在开展国别评价时纷纷将相关指标列入评价框架。自此，数字经济营商环境在营商环境评价中的地位大幅提升。

税收营商环境是影响企业遵守税法规定、合理纳税的税收制度安排，也是营商环境的重要要素，关系着纳税人创造财富的精神动力，对市场主体投资决策、经济增长及产业结构调整影响深远。良好的税收营商环境，可以激发企业等市场主体的创新活力，提高国际竞争水平，为高质量发展强基固本。至于税收营商环境的内涵，可以从广义和狭义两方面理解。广义的税收营商环境涵盖的内容，主要指：企业在遵从税法规定、依法纳税的前提下，所有影响国家税收政策运行及纳税企业的因素，如企业进行纳税活动时所处的政治、经济、法律、人文、管理等外部环境，税德体系，税德培养机制和运行状况等；狭义的税收营商环境，重点在"税收"二字，主要指影响财富创造主体创业动力与首创精神的税法、司法机制、执法方式、国家税收制度等所有税法要素。相较广义层面，狭义的税收营商环境相关性更强，更具有针对性，对于税收活动的影响更加深刻。

第二节　国际国内发展趋势

营商环境好比企业在市场中赖以生存的土壤、阳光和空气，良好的营商环境可以使企业释放潜在活力、焕发蓬勃生机，对于稳定市场经济具有重要保障作用。因此，营商环境问题一直备受各国关注，"优化营商环境"成为党和政府决策部署的重要环节。2018年，国务院成立专门的优化营商环境专题组负责牵头优化、评价工作，对营商环境建设重点发力；2019年10月，国务院发布《优化营商环境条例》，该条例于2020年正式实施，"建设一流营商环境"成为新时代民营经济发展的明确要求；2022年，党的二十大报告再次重申"营造市场化、法治化、国际化一流营商环境"，首次明确提出"促进民营经济发展壮大"，全国上下优化营商环境氛围更浓、干劲更足。

当今时代，中华民族伟大复兴战略全局和世界百年未有之大变局相互作用、相互激荡，我国进入新发展阶段，以国内大循环为主体、国内国际双循环相互促进的新发展格局加快形成。为融入世界发展格局，亟须优化国际国内营商环境，为新时代我国民营经济高质量发展注入生机与活力。

一、国内发展现状及趋势

国内营商环境的建设，可以上溯到改革开放时期，那时主要依靠吸引外资推动，我国加快承接国际产业转移，对外贸易格局初步形成。2001年加入世界贸易组织后，为融入世界经济发展大局，党中央决定进行行政审批制度改革，数次调整行政审批事项，提高审批效率，从此中国营商环境建设驶入新航道。党的十八大以来，党中央、国务院持续深化"放管服"改革，持续为市场主体松绑减负，对行政监管机制进行优化创新，加快推进向服务型政府的角色转变，并取得实质性改善。截至2021年7月底，我国市场主体年均净增长在1000万户以上，总体活跃度基本稳定在70%，企业平均开办时间压缩至4个工作日以内①，持续向好的营商环境为民营企业经济发展创造了良好条件。

世界银行多次对全球经济体的营商环境进行综合评估。由图1-2和图1-3可知，2019年度，我国在全球各类经济体中排名第31位，较上一年的第46位提高了15位。相较以往年份，此次获得了77.9分的综合得分，开创了历史最好成绩。具体来看，我国"执行合同""保护中小投资者"指标排名分别上升至全球第5位、第22位，"开办企业"指标从2013年的第158位提升至2019年的第27位，"办理施工许可"指标也跃升至第33位，较2018年提升了88位。充分体现了中国"放管服"改革和优化营商环境建设取得的成效，中国已经成为全球投资建设的重要高

---

① 曾诗阳. 年均净增长超1000万户活跃度稳定在70%左右我国市场主体总量增至1.46亿户［EB/OL］. https：//www. gov. cn/xinwen/2021－09/07/content_5635785. htm.

地，国内营商环境向为民服务、便企利企、公平高效转变。但也应看到，我国"获得信贷"指标排名不升反降，"纳税""办理破产""跨境贸易"指标排名仍然相对靠后，企业在发展过程中依旧面临负担重、资源要素不足、体制机制不够完善等问题。2021年底，我国在北京、上海、重庆、杭州、广州、深圳6个城市开展营商环境创新试点工作，提出10个方面101项改革举措。第二年，诸多试点经验在全国复制推广，从深从实推动营商环境建设。

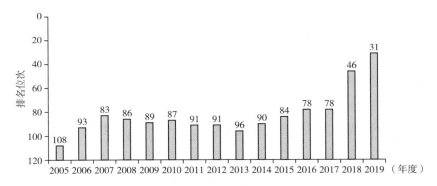

图1－2 2005～2019年度中国营商环境排名情况

资料来源：世界银行历年发布的《营商环境报告》。

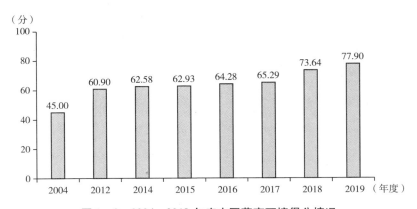

图1－3 2004～2019年度中国营商环境得分情况

资料来源：世界银行历年发布的《营商环境报告》。

近年来，一些省份营商环境建设取得了突破性进展。例如，浙江省始终注重问题导向，持续优化市场准入准营机制，强化服务和监督管理，营商环境水平居于全国前列。截至 2022 年底，浙江省中国民营经济 500 强企业数量连续 24 年居全国首位①；在国家发改委 2020 年中国营商环境评价及全国工商联 2022 年"万家民营企业评营商环境"中，浙江省标杆指标数量和营商环境得分均排全国第一。广东省持续推进"放管服"改革，推进行政审批服务"马上办、网上办、就近办、一次办、自助办"，可网上办理所有省级高频行政许可事项。自 2019 年以来，广东省制定或修订了《广东省促进中小企业发展条例》《广东省外商投资权益保护条例》《广东省优化营商环境条例》等多部相关法规条例，进一步改善营商环境，激发市场主体活力和创造力。在深圳前海，诞生了 110 项以上法治创新成果②，制定了《深圳经济特区前海蛇口自由贸易试验片区条例》《深圳经济特区前海深港现代服务业合作区条例》，设立了粤港澳联营律师事务所、粤港澳大湾区国际仲裁中心、深圳知识产权法庭等，持续优化的法治营商环境为当地高质量发展提供了坚实基础和重要保障。上海市持续出台优化营商环境改革方案，为经济发展增添强劲动力，"当年开工、当年竣工、当年投产"的"特斯拉速度"成为上海营商环境的金字招牌。全市日均新设企业从 2016 年的 1100 多户增加到 2021 年的 1800 多户，千人拥有企业数量居全国首位，央企、民企总部加快集聚。开放型经济优势更加明显，截至 2021 年底，外资企业超过 6 万家，跨国公司地区总部达到 831 家③。根据国家发展改革委公布的《中国营商环境报告 2021》，上海全部 18 个指标均入选前 20 "标杆城市"，营商环境优化取得阶段性进展。但是，我国营商环境仍存在一些问题，与企业、群众期望还有一定差距。例

①　方臻子. 浙企入选数量连续 24 年居首［N］. 浙江日报，2022 - 09 - 08（01）.
②　前海法治建设专题展馆亮点纷呈［N］. 深圳特区报，2019 - 11 - 19（A05）.
③　宰飞. 584 项改革举措优化营商环境，日均新设企业增加到 1800 多户——五年来，扩大开放"上海速度"再加速［EB/OL］. https://www.gov.cn/xinwen/2022 - 06 - 24/content_5697613.htm.

如，政府服务效率低，办事大厅排队等候时间长，企业不了解找谁办事，办公电话无法接通，办事环节来回跑多趟，影响企业办事进度等现象还不同程度存在。另外，一些惠企政策宣传力度不够、企业搜寻成本高，监管执法频次多、检查随意性大等问题仍不同程度存在，影响营商环境的进一步优化。

未来，在《优化营商环境条例》的支撑下，随着"一带一路"建设走深走实，我国持续深化国家和地区间的贸易磋商和经贸合作，充分借鉴国外优秀营商环境建设经验，有望补短板、强弱项，在获得信贷、办理破产、跨境贸易等方面提质增效，吸引更多企业来华投资，打造公平公开、执法规范、高效便捷、政商亲清的一流营商环境，为加快融入新发展格局奠定扎实基础。

二、国际营商环境发展现状及趋势

国际营商环境是全球企业创新驱动发展的重要依托，也是国内民营企业开展对外交流、积极助力"一带一路"建设的生态基础。近些年，国际营商环境不断优化、持续向好，整体水平呈现上升趋势。根据世界银行发布的《2020营商环境报告》，排名前20的经济体中，有一半以上来自经济合作与发展组织中的高收入群体，此外还包括东亚、欧洲、中东几个地区，而非洲撒哈拉以南地区，仅毛里求斯一个经济体进入前20名（见表1-1）。与此相反，排名后20的经济体中不含欧洲国家，亚洲、北美洲的也仅是个别，大多数位于撒哈拉以南的非洲地区（见表1-2）。总体而言，营商环境的优劣分布与全球经济发展水平较为吻合，欧洲、亚洲、北美洲、大洋洲的营商环境相对较好，而非洲表现出明显差距，是营商环境得分偏低的集中区域。

表 1 - 1　　　　2020 年营商环境便利程度全球排名前 20 的经济体

排名	经济体	所属洲	分数	排名	经济体	所属洲	分数
1	新西兰	大洋洲	86.8	11	立陶宛	欧洲	81.6
2	新加坡	亚洲	86.2	12	马来西亚	亚洲	81.5
3	中国香港	亚洲	85.3	13	毛里求斯	非洲	81.5
4	丹麦	欧洲	85.3	14	澳大利亚	大洋洲	81.2
5	韩国	亚洲	84.0	15	中国台湾	亚洲	80.9
6	美国	北美洲	84.0	16	阿联酋	亚洲	80.9
7	格鲁吉亚	亚洲	83.7	17	北马其顿	欧洲	80.7
8	英国	欧洲	83.5	18	爱沙尼亚	欧洲	80.6
9	挪威	欧洲	82.6	19	拉脱维亚	欧洲	80.3
10	瑞典	欧洲	82.0	20	芬兰	欧洲	80.2

资料来源：世界银行发布的《2020 营商环境报告》。

表 1 - 2　　　　2020 年营商环境便利程度全球排名后 20 的经济体

排名	经济体	所属洲	分数	排名	经济体	所属洲	分数
171	苏丹	非洲	44.8	181	东帝汶	亚洲	39.4
172	伊拉克	亚洲	44.7	182	乍得	非洲	36.9
173	阿富汗	亚洲	44.1	183	刚果（金）	非洲	36.2
174	几内亚比绍	非洲	43.2	184	中非	非洲	35.6
175	利比里亚	非洲	43.2	185	南苏丹	非洲	34.6
176	叙利亚	亚洲	42.0	186	利比亚	非洲	32.7
177	安哥拉	非洲	41.3	187	也门	亚洲	31.8
178	赤道几内亚	非洲	41.1	188	委内瑞拉	南美洲	30.2
179	海地	北美洲	40.7	189	厄立特里亚	非洲	21.6
180	刚果（布）	非洲	39.5	190	索马里	非洲	20.0

资料来源：世界银行发布的《2020 营商环境报告》。

　　一些排名较低的经济体也在积极改革，追求更优的营商环境（见表 1 - 3）。例如，沙特阿拉伯、约旦、多哥、巴林、塔吉克斯坦、巴基斯坦、科威特、中国、印度和尼日利亚 10 个经济体的监管改革项目总和占全球的 1/5，营商环境改善程度居世界前列。其中，印度将营商环境指标作为其改革战略的重要组成部分，通过"印度制造"运动吸引了大量外国投资，营商环境排名从第 130 位上升至第 63 位。缅甸在采取了一系列创新性的改革措施后，也在开办企业、办理施工许可、登记财产、保护中小投资者和执行合同五大领域取得了实质性进展，全球排名从倒数 20 名上升到第 165 名。然而，撒哈拉以南非洲、中东、北非经济体的平均营商环境得分仅提高了 1～2 个百分点，拉丁美洲和加勒比地区在改革实施和影响方面也比较落后，全球营商环境地区差异仍然突出。

表 1－3　　2018～2019 年在三个或更多领域改善的全球十大经济体

经济体	排名	分数变化	改革优化营商环境									
			开办企业	办理施工许可	获得电力	登记财产	获得信贷	保护中小投资者	纳税	跨境贸易	执行合同	办理破产
沙特阿拉伯	62	7.7	√	√	√		√	√		√	√	√
约旦	75	7.6					√		√			√
多哥	97	7.0	√	√	√	√				√	√	
巴林	43	5.9			√			√		√		
塔吉克斯坦	106	5.7	√				√			√		
巴基斯坦	108	5.6	√		√				√	√		
科威特	83	4.7	√		√			√		√		
中国	31	4.0	√	√	√			√	√	√		√
印度	63	3.5	√	√					√	√		√
尼日利亚	131	3.4	√	√	√					√	√	

资料来源：世界银行发布的《2020 营商环境报告》。

　　未来，在全球经济水平增长和经济体间联系密切的前提下，各经济体积极推行营商环境改革，学习借鉴先进经验，国际营商环境将会持续优化，企业发展将迸发出充沛活力。虽然各经济体间的差距或将持续存在，但欠发达经济体的营商环境优化还有很大潜力，有望迎头赶上。

第三节　优化营商环境与高质量发展

目前经济全球化仍在持续，但逆全球化浪潮侵袭，国际形势错综复杂，叠加 2020 年新冠肺炎疫情的巨大冲击，全球经济复苏面临严峻考验。因此，我国外部风险明显增多，内部人口红利不断衰减，投资出口拉动经济增长动力减弱，经济发展挑战性显著增强。新变局下，为破除民营企业发展困境，党和国家政府提出优化营商环境的重要部署，积极倡导营商环境优化，为高质量发展赋新能。在此背景下，厘清优化营商环境与高质量发展之间的关系显得尤为必要。一方面，优化营商环境是高质量发展的重要保障，为高质量发展提供坚实的现实基础；另一方面，优化营商环境是构建新发展格局的重要体现，也是高质量发展的核心要义，三者相辅相成，全力助推经济社会高质量发展（见图 1－4）。

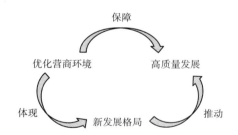

图 1－4　优化营商环境与高质量发展的关系

高质量发展需要高质量的营商环境、制度环境做保障。当前，全国经济已由高速增长阶段转向高质量发展阶段，追求的不再是国内生产总值的高增长率，而是集公平性、高效性和可持续性于一体的高质量发展，具体体现为产品服务质量高、技术水平不断提升、产业结构优化升级、资源配置效率提高等。这一阶段，是我国转变发展方式、优化经济结构、转换增长动力的攻关期，对发展过程和发展成效有更高要求，所以迫切需要通过创新创业创造，培育高质量发展新引擎。可以说，营商环境是推动现代化经济体系、促进高质量发展的重要基础，是地区市场环境、法律环境、文化环境、政务环境等的综合表现。是否具备良好营商环境，也是地区吸引投资要素的关键，哪个地方营商环境好，人才资金就往哪里流，企业就往哪里走，民营经济就能不断壮大，为高质量发展增添活力。通过营造公平高效、诚实守信、民主法治、稳定有序的营商环境，可以激活各类发展要素，从体制机制上破除企业等市场主体发展障碍，解决其在资金筹集、技术短缺、人才流失等方面的痛点、难点、堵点；通过优化创新的体制环境，可以加强知识产权保护，提高自主创新能力，推动新旧动能转换，让创新创业创造的活水在全社会充分涌流。例如，在国际形势严峻、经济增速放缓、跨国投资低迷的形势下，我国社会主义市场经济展现出强劲韧性，国内生产总值稳居世界第二，吸收外资出现逆势增长，货物进出口总额居世界前列，这些成绩都离不开营商环境不断优化，新设立市场主体逐渐增多。因此，优化营商环境可以为高质量发展提供坚实的战斗基础，是推动经济可持续增长的重要保障。

持续优化市场化法治化国际化营商环境，是高质量发展的重要内容，也是立足新发展阶段、贯彻新发展理念、构建新发展格局的重要体现。无论是促进国内消费的内循环，还是吸引外商投资的外循环，优化营商环境都有着加速循环畅通的功能：一是加快居民消费品或服务进入市场，满足国内消费市场升级的需要；二是增加中间产品或仪器设备的进口，推动国内产品升级换代，实现进口与出口相互拉动；三是增强海外投资者在中国投资的信心，提高我国投资吸引力，促使其产业链转移到中国或继续留在中国，促使国际交流合作频繁，推动经济高质量发展。因此，大力推动营商环境优化升级，扫除阻碍国内大循环和国内国际双循环畅通的制度、观念和利益羁绊，破除妨碍生产要素市场配置和商品服务流通的机制体制障碍，为各类市场主体提供强有力的劳动力、技术、资金等要素支持，通过内外联动提升非公有制经济发展空间，充分激发我国竞争优势和内需潜力，进一步形成高效规范、公平竞争、充分开放的全国统一大市场，使我国成为全球优质资源的聚集高地和共享高地，让民营企业家放心投资、安心创业、顺心发展，才能为民营经济高质量发展开好局、起好步，甚至为全国形成高质量发展新局面提供源源不断的动力。

第二章

中国优化营商环境的政策脉络

本章探讨改革开放以来我国优化营商环境政策的发展脉络，以及迈入高质量发展阶段之后的优化营商环境政策方向。

第一节　改革开放初期：从无到有（1978～2000 年）

改革开放以来，中国共产党坚持解放思想、实事求是的科学精神，通过深刻总结我国社会主义建设的正反两方面经验、借鉴世界社会主义的历史经验，党的十一届三中全会作出把党和国家工作重心转移到经济建设上来的历史性决策。一系列促进个体私营经济和外商投资发展的政策陆续出台，改革开放初期各类政策的突破为我国优化营商环境政策的诞生奠定了基础。

一是鼓励个体私营经济的发展。1980 年，国务院出台《关于开展和保护社会主义竞争的暂行规定》，提出应当逐步改革现行的经济管理体制，积极开展竞争，保护竞争的顺利进行。1981 年，国务院出台《关于城镇非农个体经济若干政策性规定》，鼓励各地政府相关部门认真扶持个体经济的发展，保障城镇非农业个体经济健康发展。1983 年，国务院再次出台《关于城镇非农个体经济若干政策性规定》的补充规定，明确了支持个体经济各项政策的具体规定。1984 年，国务院出台《关于农村个体工商业的若干规定》，提出要结合本地区的资源和经济技术条件，继续放宽登记管理范围，允许个体工商户请帮手并保证其合法权益。1993 年，《关于促进个体私营经济发展的若干意见》指出，除国家法律、法规明令禁止个体工商户、私营企业经营的行业和商品外，其他行业和商品都允许经营。随着这些具体措施的颁布实施，我国个体私营经济逐渐复苏并发展壮大。

二是明确非公有制经济是我国社会主义市场经济的重要组成部分。1982 年的《中华人民共和国宪法修正案》（以下简称《宪法》）第十一条规定，在法律规定范围内的城乡劳动者个体经济是社会主义公有制经济的补充，国家保护其合法的权利和利益。1988 年修正后的《宪法》确定了私营经济的合法地位，提出私营经济是社会主义公有制经济的补充。1991 年，《经济体制改革"八五"纲要和十年规划》提出，初步建立社会主义有计划商品经济新体制和计划经济与市场调节相结合运行机制的总目标。1992 年党的十四大报告提出，以公有制包括全民所有制和集体所有制经济为主体，个体经济、私营经济、外资经济为补充，多种经济成分长期共同发展，不同经济成分还可以自愿实行多种形式的联合经营。1993 年，党的十四届三中全会审议通过《中共中央关于建立社会主义市场经济体制若干问题的决定》，其中提到，国家要为各种所有制经济平等参与市场竞争创造条件，对各类企业一视同仁。1995 年，党的十四届五中全会中指出，在积极促进国有经济和集体经济发展的同时，允许和鼓励个体、私营、外资等非公有制经济的发展，并正确引导、加强监督、依法管理，使它们成为社会主义经济的必要补充。1997 年党的十五大报告首次提出社会主义基本经济制度概念，将公有制为主体、多种所有制经济共同发展确立为我国社会主义初级阶段的基本经济制度，并提出个体、私营等非公有制经济是我国社会主义市场经济的重要组成部分。1999 年修正的《宪法》规定，在法律规定范围内的个体经济、私营经济等非公有制经济，是社会主义市场经济的重要组成部分。国家保护个体经济、私营经济的合法的权利和利益。国家对个体经济、私营经济实行引导、监督和管理。这一时期的方针政策推动了非公有制经济在城乡就业数量、工业生产增加值、社会固定资产投资等方面实现大幅增长。

三是鼓励外商来华投资，吸引外资企业进入中国市场。1979 年，《中华人民共和国中外合资经营企业法》颁布，允许境外公司、企业和其他经济组织或个人，按照平等互利的原则，经中国政府批准，在中华人民共和国境内，同中国的公司、企业或其他经济组织共同举办合营企业。1986 年，《中华人民共和国外资企业法》颁布，允许境外的企业和其他经济组织或者个人在中国境内开办外资企业。1988 年，《中华人民共和国中外合作经营企业法》颁布，依法保护合作企业和中外合作者在中国境内的合法权益。至此，"外资三法"形成，成为此后我国利用外资、拓展国际经济技术合作的基础性法律。1992 年，邓小平同志南方谈话后，中国对外开放进入了加快步伐的历史新阶段。1994 年 1 月，中国政府取消对出口的所有财政补贴，进出口企业转变为完全自负盈亏，为我国与国际贸易规则接轨创造了条件。人民币官方汇率与市场调剂汇率并轨，实行以市场供求为基础、单一的、有管理的浮动汇率制度。外贸经营领域进行了企业股份化和进出口代理制试点。同年，《中华人民共和国对外贸易法》正式颁布实施，确立了维护公平、自由的对外贸易秩序等原则，奠定了对外贸易的基本法律制度。

第二节　探索时代：从小到大（2000～2012 年）

此阶段以围绕如何更进一步支持和促进民营经济实现更具活力与竞争力的创新发展，推进经济政策发展为主线，主要通过出台促进私营经济发展、推动国内企业与国际接轨和深化行政审批制度改革等政策，减少行政桎梏，突破体制性障碍，建立包括民营经济、外资经济等各种所有制经济公平竞争的市场体系。

一是促进私营经济进一步发展，消除私营经济生产经营过程中的壁垒，形成各种所有制经济平等竞争的市场格局。2002年，颁布的《中华人民共和国中小企业促进法》为改善中小企业经营环境、保障中小企业公平参与市场竞争、维护中小企业合法权益，以及发挥中小企业在国民经济和社会发展中的重要作用创造了有利条件。2007年，《中华人民共和国物权法》的颁布保护了包括个人在内的所有物权人的合法物权，民企可以更加放心地去创造更多财富，为社会主义市场经济贡献力量。2008年，《中华人民共和国企业所得税法》统一了多元化的企业所得税制，实现了企业所得税制的统一和规范，结束了外资企业的"超国民待遇"，让内资企业从原先高赋税中解放出来，更多投入产品研发生产，提高竞争力。2010年，国务院出台《关于鼓励和引导民间投资健康发展的若干意见》，鼓励引导民间资本参与国有企业改革，进入基础产业和基础设施、公用事业等领域，积极推动民营企业加强自主创新，加快转型升级。2011年，《个体工商户条例》取消了身份限制，放宽了经营范围，实行了负面清单管理，给民营经济发展开放了更大的空间。

二是坚持公有制经济主体地位、巩固国有经济主导作用的同时，更好地协调其与民营经济的发展关系。2002年11月，党的十六大首次提出"必须毫不动摇地巩固和发展公有制经济，必须毫不动摇地鼓励、支持和引导非公有制经济发展"，并将民营经济的所有从业人员都定义为"中国特色社会主义事业的建设者"。两个"毫不动摇"以及"社会主义事业建设者"的提出，解除了人们的后顾之忧，这不仅是中央对民营经济态度的宣示，更预示着中央将加大政策力度，鼓励、支持和引导民营经济的发展。随后，为进一步促进民营经济发展，2005年，国务院下发《关于鼓励支持和引导个体私营等非公有制经济发展的若干建议》（以下简称"非公经济36条"），这是新中国成立以来第一份以促进非公经济发展为主题的中央政府文件，也是再一次以国家政策的形式，把非公有制经济与公有制经济放在一个公平的发展平台上，被誉为民营经济发展进入一个新阶段的标志。"非公经济36条"就民营经济市场准入、财税金融支持以及合法权益等诸多问题提出许多原则性和方向性建议。2007年，党的十七大提出要形成各种所有制经济平等竞争、相互促进的新格局。2010年，出台的"新非公经济36条"进一步细化推进公平市场准入、改善融资条件等方面的措施，在拓宽民间投资准入范围的总体要求，以及鼓励和引导民间资本进入的具体行业和领域、具体途径和方式、保障措施等方面有所突破。各地政府和相关部门后续推出一系列"新非公36条"配套措施的实施细则。这些政策文件在很大程度上为我国民营经济的发展初步提供了较为平等的法律环境和市场环境，有效破除或缓解了一些阻挡非公有制经济前进的障碍。

三是致力于对标世界贸易组织规则，为与国际贸易接轨创造良好的体制环境。2004年4月，新修订的《中华人民共和国对外贸易法》颁布实施，为扩大对外开放、发展对外贸易、维护对外贸易秩序、保护对外贸易经营者的合法权益提供了更强有力的法律支持。同年7月，《对外贸易经营者备案登记办法》正式实施，提出从事货物进出口或者技术进出口的对外贸易经营者，应向中华人民共和国商务部或商务部委托的机构办理备案登记，我国外贸经营权开始由审批制转为备案登记制。

四是改革行政审批制度，减少行政审批事项，引导行政审批步入法治化轨道。2001年9月，国务院行政审批制度改革工作领导小组成立，行政审批制度改革在全国范围内启动。同年10月，国务院批转《关于行政审批制度改革工作实施意见》作为改革工作的指导文件，提出对不符合政企分开和政事分开原则、妨碍市场开放和公平竞争以及实际上难以发挥有效作用的行政审批予以取消，对可以用市场机制代替的行政审批通过市场机制运作；对于确需保留的行政审批，要建立健全监督制约机制。在一定程度上构成了"放管服"制度改革的雏形。同年12月，国务院行政审批制度改革工作领导小组发布了《关于印发〈关于贯彻行政审批制度改革的五项原则需要把握的几个问题〉的通知》，明确"行政审批是行政审批机关作为行政主体对相对人实施的具体行政行为"，行政审批权的设定和实施必须依法进行。2002 年，党的十六大报告提出要转变行政观念，减少和规范行政审批。2003 年，第十届全国人大常委会第四次会议通过了《中华人民共和国行政许可法》，该法的公布施行，对于保护公民、法人和其他组织的合法权益，深化行政审批制度改革，推进行政管理体制改革，从源头上预防和治理腐败，保障和监督行政机关有效实施行政管理，都有重要意义。2007 年，党的十七大报告提出，规范行政行为，加强行政执法部门建设，减少和规范行政审批，减少政府对微观经济运行的干预。2008 年，党的十七届二中全会提出，到 2020 年建立起中国特色社会主义行政管理体制的改革目标，行政改革取得新突破。2002～2012 年，国务院发布系列政策，分六批取消和调整了两千余项行政审批事项。政府职能转变取得积极进展，在探索实行职能有机统一的大部门体制方面迈出新步伐。

第三节　新时代：从大到强（2012 年以来）

一、全面深化改革阶段（2013～2016 年）

此阶段主要通过出台完善现代市场体系和构建开放型经济体系的政策，规范政府权力，界定政府、市场和社会的边界，激发市场活力和社会创造力。2012 年，党的十八大报告明确"两个毫不动摇"——毫不动摇巩固和发展公有制经济，毫不动摇鼓励、支持、引导非公有制经济发展，为民营经济发展提供政策保障。2013 年，党的十八届三中全会召开，对我国全面深化改革作出顶层设计和全面部署。

一是通过完善现代市场体系，规范行政裁量权，加强市场监管，进一步推进形成公平竞争的市场体系。2013 年修订版《中华人民共和国公司法》和 2014 年《注册资本登记制度改革方案》的出台，调整了公司设立制度，降低了公司设立门槛。2014 年，国务院印发《关于促进市场公平竞争维护市场正常秩序的若干意见》，就促进市场公平竞争和维护市场正常秩序提出具体要求。2015年，国务院印发《关于"先照后证"改革后加强事中事后监管的意见》，提出创新监管方式，构建权责明确、高效透明的事前事后监管机制。同年，国家对价格机制再次进行了完善，目的是为民营经济松绑，促进和推动民营经济作出更大的贡献。2016年，关于民营经济的产权保护制度得以进一步补充和完善。

二是致力于推进口岸便利化，促进国际国内市场的深度融合和要素的自由流动，构建开放型经济体系，加快形成国际经济合作竞争新优势。2013年11月，党的十八届三中全会通过的《中共中央关于全面深化改革若干重大问题的决定》，明确提出加快自由贸易区建设，以周边为基础，形成面向全球高标准自由贸易区网络。2014年，在外贸发展形势严峻、下行压力较大的背景下，国务院办公厅印发《关于支持外贸稳定增长的若干意见》，以增加对先进技术设备、关键零部件和与群众生活密切相关、必要的一般消费品进口的支持。2015年4月，国务院印发《关于改进口岸工作支持外贸发展的若干意见》，部署了在新形势下进一步加强和改进口岸工作，推动外贸稳定增长和转型升级，促进经济平稳健康发展。同年12月，国务院印发《关于加快实施自由贸易区战略的若干意见》，提出了我国自由贸易区建设的总体要求、基本原则、目标任务、战略布局等，这标志着我国自由贸易区理论体系已经形成。至此，我国已经形成了自由贸易区建设的战略布局。

二、高质量发展阶段（2017年至今）

此阶段主要通过出台深化"放管服"改革的便利化措施，打造更高水平的市场化法治化国际化营商环境，推动有效市场和有为政府更好结合，促进我国经济高质量发展。党的二十大报告提出，要"优化民营企业发展环境，依法保护民营企业产权和企业家权益，促进民营经济发展壮大"。

一是持续推进营商环境便利化改革进程，深化简政放权、放管结合和优化服务，减少政府对市场的直接干预，降低企业的制度性交易成本。2017年，党的十九大把"两个毫不动摇"写入新时代坚持和发展中国特色社会主义的基本方略，提出"深化国有企业改革，发展混合所有制经济，培育具有全球竞争力的世界一流企业"。全面实施市场准入负面清单制度，清理废除妨碍统一市场和公平竞争的各种规定和做法，支持民营企业发展，激发各类市场主体活力。2018年11月，习近平总书记主持召开民营企业座谈会并发表重要讲话，他指出，"把公有制经济巩固好、发展好，同鼓励、支持、引导非公有制经济发展不是对立的，而是有机统一的。公有制经济、非公有制经济应该相辅相成、相得益彰，而不是相互排斥、相互抵消"①。我国在减轻税费负担、破解融资难题、营造公平竞争环境、完善政策执行方式、构建亲清新型政商关系、保护企业家人身财产安全等方面提出了一系列支持民营经济发展壮大的举措，表明了党中央鼓励、支持、引导民营经济发展的鲜明态度。2019年，国家发展改革委、商务部印发的《市场准入负面清单（2019年版）》明确要求，持续优化管理方式，提高审批效率，严格落实"全国一张清单"管理模式。2020年，国务院办公厅印发《关于进一步优化营商环境更好服务市场主体的实施意见》，针对持续提升投资服务水平、降低市场准入和创业就业门槛、简化企业办事审批手续、减轻企业生产经营压力、提升智慧政务服务效率和加强市场主体权益保障六个方面制定了20条措施。2021年，国务院出台《关于开展营商环境创新试点工作的意见》，鼓励有条件的地方进一步瞄准最高标准、最高水平开展先行先试，加快构建与国际通行规则相衔接的营商环境制度体系。2022年，国务院办公厅出台《关于进一步优化营商环境降低市场主体制度性交易成本的意见》，针对进一步破除隐性门槛、规范涉企收费、优化涉企服务、加强公正监管、规范行政权力五个方面制定了23条措施。

---

① 十九大以来重要文献选编（上）[M]. 北京：中央文献出版社，2019：674.

　　二是以市场主体需求为导向，优化市场资源配置，激发中小企业发展活力，推动营商环境市场化改革。2018 年，国务院办公厅印发《关于聚焦企业关切进一步推动优化营商环境政策落实的通知》，目的是破解企业投资生产经营中的"堵点""痛点"，回应市场主体的期待和需求。2019 年，中共中央办公厅、国务院办公厅印发的《关于促进中小企业健康发展的指导意见》提出，要坚决破除各种不合理门槛和限制，积极拓宽中小企业融资渠道，疏解中小企业在政策、融资、营商环境等方面的实际困难；《中共中央、国务院关于营造更好发展环境支持民营企业改革发展的意见》要求破除制约民营企业参与市场竞争的各类显性和隐性壁垒。2020 年，党的十九届五中全会召开，提出要优化民营经济发展环境，依法平等保护民营企业产权和企业家权益，破除制约高质量发展体制机制障碍。同年，中共中央、国务院印发的《关于构建更加完善的要素市场化配置体制机制的意见》就土地、劳动力、资本、技术、数据五大要素制定了具体的市场体系改革方案，明确了 29 项重点改革任务。2022 年，国家发展改革委出台《关于印发长三角国际一流营商环境建设三年行动方案的通知》，更大程度地激发了市场主体活力和发展内生动力，推动长三角更高质量一体化发展。

　　三是推进科学立法，强调依法行政，推动营商环境法治化改革。2019 年，党的十九届四中全会通过《中共中央关于坚持和完善中国特色社会主义制度推进国家治理体系和治理能力现代化若干重大问题的决定》，重申要提高党依法治国、依法执政能力。同年，国务院公布的《优化营商环境条例》，将"放管服"改革中行之有效的优化营商环境实践经验上升为系统性、纲领性的法规，并推动部分省份制定出台适用于各地的地方营商环境优化条例，为各类市场主体营造稳定、公平、透明、可预期的良好环境。2021 年，国家知识产权局出台《关于深化知识产权领域"放管服"改革优化创新环境和营商环境的通知》，在持续压缩商标、专利审查周期，切实提高商标、专利申请质量，提高知识产权公共服务效能，进一步提升知识产权保护能力，加强知识产权服务业监管，促进知识产权转化运用六个方面制定了 16 条措施。

四是遵循国际贸易通行规则，保障外商投资权益，吸引高质量外商投资，建设更高水平的对外开放，推动营商环境国际化改革。2017 年，党的十九大报告提出实行高水平的贸易和投资自由化便利化政策，全面实行准入前国民待遇加负面清单管理制度。2018 年，国务院印发的《关于积极有效利用外资推动经济高质量发展若干措施的通知》提出，在吸引外资方面要注重综合改善营商环境，给予内外资企业公平待遇，避免恶性竞争，从而更好地适应我国在高质量发展阶段对外商投资的需求。2019 年，第十三届全国人大二次会议通过的《外商投资法》，对外商投资在中国境内的投资准入、投资促进、投资保护、投资管理等作出了统一规定，这是我国外商投资领域新的基础性法律。同年，国务院印发的《关于进一步做好利用外资工作的意见》指出，切实推进国家级经济技术开发区"审批不出区""互联网＋政务服务""最多跑一次"改革，创新和完善面向内外资企业的服务体系。2020 年，党的十九届五中全会召开，提出建设更高水平开放型经济新体制的目标，推动贸易和投资自由化便利化，推进贸易创新发展，增强对外贸易综合竞争力。同年，国家发展改革委、商务部印发的《外商投资准入特别管理措施（负面清单）（2020 年版）》提出，在负面清单之外的领域，给予内外资企业平等待遇；施行外商投资法在总结"外资三法"实施经验的基础上，规定对外商投资实行准入前国民待遇加负面清单管理制度，明确国家支持企业发展的各项政策同等适用于外商投资企业，以此加强对外资企业合法权益的保护力度。2022 年，海关总署联合多个部门出台《关于进一步深化跨境贸易便利化改革优化口岸营商环境的通知》，针对优化通关全链条全流程、降低进出口环节费用、提升口岸综合服务能力、改善跨境贸易整体服务环境四个方面制定了 27 条措施。

改革开放 40 多年来，我国营商环境持续优化，相关制度体系不断健全，市场准入大幅放宽，公平监管加快推进，政务服务持续优化。各级政府加快职能转变，深入推进"放管服"改革，着力破除阻碍市场公平竞争的体制机制，有效激发了市场主体蕴藏的巨大活力。

第三章

营商环境评价指标体系

营商环境评价对于优化营商环境具有重要指导性意义，现有的评价指标体系研究已稳步进入中国特色营商环境评价构建阶段。本章将系统总结现有营商环境评价指标体系特点，梳理国际上和学术界关于营商环境评价指标体系的研究进展情况，以及政府部门关于营商环境评价的探索与实践。

第一节　国际上的营商环境评价指标体系

关于营商环境评价体系构建，国外研究机构、国际组织起步较早，研究较为成熟，以便利化、国际化为主要维度（谢红星，2019）。对营商环境评价指标体系内涵的研究，可以分为两类：一类是世界银行推行的世界营商环境评价指标体系，以中小企业为研究主体，以调查问卷形式获取指标数据，该体系能以微观测度数据反映企业发展情况，但很难大规模进行问卷调查；另一类是将国家经济发展、竞争力与营商环境相结合的评价指标体系，如经济学人智库的《营商环境排行榜（BER）》、福布斯的 *Best Countries for Business*，将社会法制、政府政务、基础建设、生态文明等因素纳入评价体系（刘叶芬，2021）。国外营商环境评估体系以"自由市场作为资源最佳配置方式""欧美发达国家作为最佳市场实践标杆""经济体内市场具备均质化""治理能力均等化"为假设前提（孙源等，2021），评估标准受西方中心主义价值观影响（徐越倩和李拓，2019）。

一、世界营商环境评价指标体系

"营商环境"一词，源于世界银行集团国际金融公司（IFC）"Doing business"项目。该项目始于 2002 年，旨在对全球 100 多个国家和地区的企业进行考察，并对企业全生命周期内所适用的法规进行评估，通过收集并分析全面的定量数据对各经济体不同时期的商业监管环境进行比较，主要采用"前沿距离法"（DTF）来测算。因其样本经济体覆盖面广、评价指标多元、评估方法成熟、发布周期稳定、测评时间久远，逐渐成为公认度最高、权威性最强、影响力最大的国际营商环境评价体系（侯佳儒，2020）。

世界银行发布的《营商环境报告》将一个企业的生命周期划分为创立阶段、建设阶段、融资阶段、日常运营阶段和容错处理阶段五个时期，对各个阶段的营商环境便利度进行评估，从而建立起较为全面和完善的评价指标体系。2020 年以前，世界银行指标主要突出法治化、便利化两大维度，11 项一级指标，共分为两类：一类反映监管过程的复杂程度和费用支出，包括开办企业、办理施工许可、获得电力、登记财产、纳税、跨境贸易等 6 项指标；另一类反映法治保障程度，包括获得信贷、保护中小投资者、执行合同、办理破产和劳动力市场监管等 5 项指标。《2020 营商环境报告》首次将"政府采购"列入排名指标体系，如表 3 – 1 所示。

表 3 − 1　　　　　　　　　**世界银行营商环境指标体系**

生命周期	一级指标	二级指标
开业阶段	开办企业	手续（数量）、时间（天数）、成本（官方费用及服务费等）、最低资本金（人均收入百分比）
	劳动力市场监管	不参与便利度计分与排名
建设阶段	办理施工许可	手续（数量）、时间（天数）、成本（仓库价值百分比）、建筑质量控制指数（0～15分）
	获得电力	手续（数量）、时间（天数）、成本（人均收入百分比）、供电可靠性和电费指数透明度（0～8分）
	登记财产	手续（数量）、时间（天数）、成本（财产价值百分比）、土地管理质量指数（0～30分）
融资阶段	获得信贷	合法权利力度指数（0～12分）、信贷信息深度指数（0～8分）
	保护中小投资者	披露指数（0～10分）、董事责任指数（0～10分）、股东诉讼便利度指数（0～10分）、股东权利指数（0～6分）、所有权和管理控制指数（0～7分）、公司透明度指数（0～7分）
日常运营阶段	纳税	纳税次数（每年）、纳税时间（小时数/每年）、总税率和社会缴费率（利润百分比）、归档指数（0～100分）、申报增值税退税时间（小时数）、增值税退税到账时间（周数）、企业所得税审计申报时间（小时数）、企业所得税审计完成时长（周数）
	跨境贸易	进口/出口时间：单据合规（小时）、边境合规（小时数）进口/出口成本：单据合规（美元）、边境合规（美元）
	政府采购	政府采购监管框架下参与并获得政府采购合同的流程及实践（公共采购指标）
容错处理阶段	执行合同	时间（天数）、成本（诉讼额百分比）、司法程序质量指数（0～18分）
	办理破产	回收率（收回债务占债务额的百分比）、破产框架力度指数（0～16分）

资料来源：世界银行发布的《2020营商环境报告》。

　　世界银行营商环境评价指标体系具有一定的指导意义，但是也存在一些局限（见表 3 − 2）。一是采用实验法测量数据，操作上难度较大，未充分考虑不同经济体的现实国情；二是忽视了政府监管的积极面，对政府监管的质量重视不够，未衡量影响经济体商业环境质量或其国家竞争力的所有制因素、政策和制度等；三是指标体系不够全面，忽略了许多重要的领域，比如产权保护、市场规模、金融体系发展、宏观经济稳定性、市场经济条件下的政商关系等。世界银行报告指出，其研究样本主要针对为企业提供服务的中介机构如会计师、律师等，并未直接对企业进行问卷调研。此外，该报告在每个经济体选取两个主要城市作考察评估，无法充分反映每个经济体国家营商环境建设的真实情况和内部差异性。

表 3 - 2 世界银行营商环境计算方法的优势和局限

指标特征	优势	局限
标准化案例场景的使用	经济体间数据可比、方法透明	缩小数据范围；仅有监管领域内测量到的变革可以被系统地追踪
聚焦最大商业城市	数据集可管理、可比较	假如地区间存在显著性差异，一个经济体的数据代表性会被减弱
聚焦国内和正式部门	持续关注正式部门——规则具有相关性、企业有生产力	无法反映非正式部门的真实情况——规模大、外企面临不同限制
依赖专家受访者	确保数据反映可量化交易丰富的专家们的知识	指标不能反映企业家间经验差异
聚焦法律	确保指标可操作——政策制定者可以改变法律	当经济体不严格遵守法律时，监管变化达不到充分的预期结果

资料来源：根据 2018 ~ 2020 年世界银行营商环境报告整理而成。

各国政府以世界银行评价结果为基础，结合本国实际开展了多种形式的国内营商环境评价，为推动本国改革政策落实、营商环境改善提供了有力支撑。自 2009 年起，法国商务投资署推出了《法国吸引力报告》，通过国家比较方式对法国的营商环境境况进行对比及说明。自 2014 年起，俄罗斯战略倡议署对各联邦主体开展投资环境评价并推出《地区投资环境国家排名》，从管制环境、商事制度、基础设施与资源、中小企业支持力度4 个维度来评价各联邦主体政府创建良好商业环境的实践。自 2015 年起，印度工业政策与促进局推出《印度营商环境便利度排名》，对地方政府推进、落实国家"营商环境改革行动计划"及吸引投资的意愿进行评价。自

2018 年起，国家发展改革委按照国务院部署，本着国际可比、对标世行、中国特色原则，以深刻转变政府职能、创新行政方式、提高行政效能、激发各类市场主体活力为评价重点，构建中国营商环境评价体系，并在 22 个城市分批组织开展试评价（国家发展和改革委员会，2020）。

二、"宜商环境" 评估指标体系

2021 年世行停止运营相关数据和营商报告，2022 年世行发布报告《宜商环境概念说明书》（*Business Enabling Environment Concept Note*），公布其制定的评估全球经济体的商业和投资环境的新的"宜商环境"评估指标体系——"宜商环境"（"商业扶持环境"）（Business Enabling Environment，BEE）指标体系，以替代原来的"营商环境"（Doing Business，DB）评估指标体系及《营商环境报告》，标志着新的商业和投资环境评估方法正式确定，营商环境评估进一步升级，正式开启全球经济体"宜商环境"评估的新篇章。世界银行新的《宜商环境评估体系》值得我们高度关注和重视，这对于我国进一步优化营商环境，进一步激发市场主体活力和动力，进一步推动经济高质量发展具有重要意义。BEE 项目包含企业准入、经营地点、公用事业连接、劳动力、金融服务、国际贸易、纳税、争端解决、促进市场竞争和企业破产等方面，将跨领域的数字技术和环境可持续性内容几乎融入每项一级指标中（见表 3 - 3），对商业环境进行更全面的评估（潘思蔚和徐越倩，2022）。

表 3 - 3　　　　　　　　BD 项目与 BEE 项目的指标比较

指标类型	DB	BEE
一级指标	开办企业	企业准入
	办理施工许可	获取经营场所
	获得电力	公用服务连接
	登记财产	劳动力
	获得信贷	金融服务

续表

指标类型	DB	BEE
一级指标	保护中小投资者	国际贸易
	纳税	纳税
	跨境贸易	争端解决
	执行合同	市场竞争
	办理破产	办理破产
其他指标	劳动力市场监管（观察指标）	数字技术（跨领域指标）
	政府采购（观察指标）	环境可持续（跨领域指标）

资料来源：彭德雷，王达坡. 数字营商环境国际评价体系与中国法治化实践 ［J］. 北京航空航天大学学报（社会科学版），2022（36）：1 – 11。

"宜商环境"评估指标体系的主要特点可以概括为以下 4 个方面：一是从总体上观察商业环境友好性，从观察单个企业发展业务的营商便利性，到观察整体私营企业群体发展的商业环境友好性。二是侧重于关注监管与服务的平衡，从主要关注政府监管，到不仅关注政府监管，也关注政府服务，通过促进二者之间的平衡来优化商业环境。三是力图全面收集信息，不仅收集法律法规信息，也收集反映实际执行情况的事实信息和测量结果，平衡专家咨询信息和来自企业的调查信息。四是指标基于原始数据，通过设置通用参数指导数据收集（例如，企业规模、行业、类型和所有权，以实现专家咨询的可比性或企业抽样调查的代表性），努力在各国数据可比性和特定经济体的数据代表性之间取得平衡，克服指标单一的局限性。

"宜商环境"评估体系的十个一级指标（见表 3 – 4）是按照企业全生命周期设计的：开业、运营、关闭企业。每个一级指标项下统一设计三个二级指标组，即监管框架、公共服务和整体效率，合计 30 个二级指标。每个评估指标的设置将遵循以下原则：一是针对每个评估主题，设置综合衡量法规层面的指标和事实层面的指标。二是综合衡量以单个企业为重点的指标和以整个私营机构为重点的指标。三是指标应被视为具有代表性的，并不是详尽无遗。四是指标应该是基于原始数据可量化的，并且具有可操作性。

表 3 - 4　　　　　"宜商环境"评估指标体系（2022 年）

一级指标	二级指标
企业准入	企业准入的监管质量；开办企业的数字服务及信息透明度；开办企业的效率
获得经营场所	不动产租赁、不动产买卖以及城市规划的监管质量；公共服务质量和信息透明度；获得经营地点的效率
公用服务连接	公用服务监管质量；公共服务表现及透明度；公共服务监管和服务的效率
劳动力	劳动法规质量；劳动力市场公共服务的充足性；雇佣劳动力的便利性
金融服务	担保交易、电子支付及绿色金融的监管质量；信用报告框架的质量；金融服务便利性
国际贸易	国际货物贸易和电子商务法规的质量；促进国际货物贸易的公共服务质量；进出口商品和电子商务的效率
纳税	税务法规质量；税务服务质量；税务负担及税务系统效率
争端解决	商业争端解决机制的质量；商业诉讼中公共服务的充分性；解决商业争端的便利性
市场竞争	促进市场竞争的法规质量；促进市场竞争的公共服务充分性；促进市场竞争的关键服务效率
办理破产	破产程序规则的质量；破产程序体制及机制的质量；破产司法程序的便利性

资料来源：世界银行 2022 年 12 月发布的《宜商环境概念说明书》。

三、经济学人智库营商环境评价指标体系

经济学人智库（EIU）从宏观视角出发，致力于全面宏观分析样本国家或地区的营商环境发展素质和潜力，其发布的《营商指标模型》重在考察发展的市场化程度。EIU 每五年编制一次营商环境排名，通过对 82 个国家的政治环境、宏观经济环境、市场机会、政府对自由市场及外国投资的政策、外贸和外汇管制、税收、融资、劳动力市场和基础设施等领域的研究，对各国营商环境的质量、吸引度进行排名（见表 3 - 5）。此排名不仅基于一个国家过去的表现，而且基于经济学人智库对该国家营商环境未来五年的预测，重在考察区域发展的市场化程度。因周期长、研究对象和范围受限，难以对比各经济体发展实况。

表 3 - 5 经济学人营商环境评估指标

一级指标	二级指标
政治环境	政治稳定性
	政策有效性
宏观经济环境	通货膨胀率
	财政支出占 GDP 比重
	宏观经济决策质量
市场机遇	以购买力平价计的 GDP
	占世界货物贸易额比重
	区域一体化程度
自由市场及竞争政策	私有财产保护
	对民营企业的进入限制
	知识产权保护
外资政策	国家文化开放度
	对境外投资者的保护
外贸及汇率管制	资本项目的开放
	贸易保护政策
税率	企业赋税
	对投资的补贴与鼓励
	税收系统复杂度
融资	金融部门开放度
	金融监管体系
劳动市场及基础建设	劳动法规制度
	网络通信设施、交通及其他基础设施

资料来源：娄成武和张国勇．基于市场主体主观感知的营商环境评估框架构建——兼评世界银行营商环境评估模式［J］．当代经济管理，2018，40（6）：60 - 68。

四、全球竞争力评估体系

自 1979 年以来，世界经济论坛每年发布一份全球竞争力报告，2015 年发布了全球竞争力指数。全球竞争力体系以全球竞争力指数为基础，采取逐级加权平均法，测度各经济体的生产水平与长期经济增长发展的影响因素，评价指标内容侧重于宏观层面，与直接影响企业经营活动的因素相关性较弱（曾慧等，2022）。《2019 全球竞争力报告》从基础环境、人力资本、市场、创新生态系统等 4 个维度构建全球竞争力指数 4.0，该指数由 12 个竞争力支柱项目构成（见表 3 - 6），对每项基础标准采取 0 ~ 100 分计分方式，为识别处于不同发展阶段的世界各国竞争力状态提供了全面图景。各国的评分主要基于国际货币基金组织和世界卫生组织等国际公认的机构的定量调查结果，并增加了经济、社会专家和高级企业高管的定性评估，量化反映国家间经济发展水平的差异，为各国调整、优化经济结构提供重要依据（翟金芝，2020）。2020 年世界经济论坛暂停长期以来的全球竞争力排名，阐述了复苏和复兴的优先事项，从有利环境、人力资本、市场和创新生态系统 4 个方面构建转型准备评估框架，评估各国为复苏和未来转型做的准备。

表 3 - 6　　　　　　　　全球竞争力指数构成（2019 年）

指数	指数构成
制度	安全、社会资本、权力制衡、公共部门绩效、透明、财产权、公司治理、政府未来定位
基础设施	交通基础设施、公用事业基础设施
信息通信技术采用	移动蜂窝电话订阅、移动宽带订阅、固定宽带互联网订阅、光纤互联网订阅、互联网用户
宏观经济稳定	通货膨胀、债务动态
卫生	健康预期寿命
技能	现有劳动力、现有劳动力技能、未来劳动力、未来劳动力技能
产品市场	国内竞争、贸易开放
劳动力市场	灵活性、任人唯贤和激励
金融体系	深度、稳定
市场规模	国内生产总值、进口
商业活力	行政要求、创业文化
创新能力	互动和多样性、研发、商业化

资料来源：世界经济论坛发布的《2019 全球竞争力报告》。

另一份颇有影响力的"全球竞争力报告"来自瑞士洛桑管理学院（IMD）的"世界竞争力手册"，于1989年首次发布。2022年度报告选取经济表现、政府效率、营商效率、基础设施4大评价要素，主要通过统计数据和高管的调查回应衡量经济福祉进行排名（见表3-7）。

表3-7　　　　　　　　世界竞争力指数构成（2022年）

指数	指数构成
经济表现	国内经济、国际贸易、国际投资、就业、物价
政府效率	公共财政、税收政策、制度框架、商业法规、社会框架
营商效率	生产力和效率、劳动力市场、金融、管理实践、态度与价值观
基础设施	基本基础设施、技术基础设施、科学基础设施、健康与环境、教育

资料来源：瑞士洛桑管理学院（IMD）发布的《IMD世界竞争力手册2022》。

第二节　学术界关于营商环境评价指标体系的研究

传统营商环境的研究热潮始于20世纪70年代，世界银行发起的"Doing Business"项目调查活动是目前学术界公认的比较权威的全球营商环境研究，《营商环境报告》是国际上公认的对传统营商环境的评价（孙莉莉和李锋，2023）。营商环境相关研究主要从3个方面展开（谢菁和关伟，2023）：一是构建营商环境指标体系，早期研究多以国际主流指标体系为基础（王志荣，2018；李清池，2018），近年来逐渐构建起具有中国特色的营商环境指标体系，不断融入中国改革创新的时代要求和地方特色（王德振，2022），如政务营商环境（孙萍和陈诗怡，2020）、营商法治环境指标体系（郑方辉等，2019；谢红星，2019；冯向辉和李店标，2021），政治环境、经济金融环境、文化环境、生态环境、创新环境等因素被逐渐纳入（丁鼎等，2020；杨枝煌等，2020）。二是开展营商环境评价，各类实证分析方法运用于评价过程，直观、动态地测量并反映营商环境水平及差异，如效用值法（刘帏韬，2020；中国城市营商环境评价研究课题组等，2021）、灰色模糊综合评价法（王智新，2020）、爬虫技术（谢红星，2021）、熵值法（赵德森等，2021）等。三是进行营商环境比较分析，如城市营商环境差异（张三保和曹锐，2019；李志军等，2019）、省域营商环境差异（张三保等，2020）、区域营商环境差异（顾雪芹等，2020；邱康权等，2022；胡税根等，2022；李志军，2022）。

表 3-8　　　　国内学术界关于营商环境指标体系的研究示例

评价体系	一级指标	来源
政务营商环境的评价指标体系	需求识别、服务职能、服务能力、服务供给	彭向刚和马冉（2018）
"放管服"改革背景下的营商环境评价指标体系	政商关系、廉洁高效、经济环境、对外贸易、融资规模、研发投入、研发产出、生活服务、医疗卫生、教育	张洽和曹玉臣（2021）
基于市场主体主观感知的营商环境评价指标框架	总体评价、政府效能、行政审批、市场监管、法治环境、信用环境、金融环境（融资环境）、人力资源环境、社会环境、基础设施环境	娄成武和张国勇（2018）
我国营商环境评价指标体系	金融环境、对外开放环境、市场环境、政务环境、创新环境、人口与劳动环境、收入与消费环境、基础设施环境、商业供给与服务环境、生活设施供给环境	吕雁琴等（2021）
营商环境评价指标体系	市场化指标、便利化指标、法治化指标、国际化指标	许晓冬和刘金晶（2021）
营商环境优化指标体系	政府服务能力、产业转型升级情况、居民生活居住情况、人才环境	俞潇（2022）；张语恒（2020）
营商法治环境指数评价指标体系	营商法治环境、营商执法环境、营商司法环境、营商守法环境	郑方辉等（2019）
法治化营商环境评估指标体系	市场环境、法律环境、生态环境、软环境	冯烨（2020）

评价体系	一级指标	来源
法治化营商环境评估体系基本框架	立法与政策环境、司法环境、法治政府建设与执法环境、守法与信用环境、法律基础设施与社会环境	白牧蓉和陈子轩（2023）
税务营商环境测度指标体系	税收法治指数、税收效率指数、纳税成本指数、税收满意度指数	王绍乐和刘中虎（2014）
税收营商环境评价指标体系	税制质量、税务行政效能、税法遵从度、税务司法效能、纳税便利度、总税费负担率	冯守东和王爱清（2023）
政府采购营商环境指标初设	市场准入、采购过程管理、问题处理、监督管理、信用与法治环境情况	姜爱华等（2021）
我国保险业营商环境评价指标体系	政策维度、法治维度、诚信维度、投资/经营维度、人才维度、税费维度、认知维度、舆情维度	南京大学课题组等（2020）
数字贸易营商环境评价指标体系	基础载体、海关环境、金融服务、技术支撑、人力资本、法律法规	王智新（2020）
我国省域层面数字经济营商环境评价指标体系	数字基础设施建设、政府监管和服务、市场环境、法治保障、数字化人才供给	马晓瑞和畅红琴（2021）
数字营商环境评价体系	数字基础设施建设、数字化法治环境、数字化人才供给、数字化政务发展、数字化金融环境、数字化市场环境	赵红梅和王文华（2022）
数字营商环境评价指标体系	营商成本、营商要素市场、宏观环境、生态环境、数字支撑体系	梁圣蓉和王文娟（2023）
"21 世纪海上丝绸之路"投资贸易便利化评价指标体系	市场准入、海关环境、基础设施、营商环境	刘镇等（2018）
区域营商环境评价指标体系	经济实力、市场规模、市场分配资源、非国有经济、对外开放、交通运输、生活设施、科技发展、劳动力、金融环境、税收负担	彭迪云等（2019）
自由贸易港营商环境指标体系	基础设施与基本营商环境、对外贸投制度、金融服务效率、政府效率	陈林和周立宏（2020）
地方营商制度环境评价指标体系	引资制度环境、引技制度环境、引才制度环境	赵海怡（2020）

评价体系	一级指标	来源
区域营商环境评价指标体系	开办企业、办理建筑许可、获得电力、获得用水、获得用气、登记财产、获得信贷、纳税、跨境贸易、执行合同、办理破产、注销企业	胡税根等（2022）
四大经济圈营商环境评价指标体系	政务环境、商务环境、法治环境、社会环境	谢菁和关伟（2023）
营商环境 SMILE 指数	营商法治环境、政务效率、市场环境、创融环境、社会环境	刘江会等（2019）
国家中心城市营商环境评价指标体系	企业选择期、企业进入期、企业成长期、企业成熟期、企业展望期	刘帷韬（2020）
城市营商环境评价指标体系	政府保障工作力度、政府服务质量、政府对企业税收优惠扶持力度、交通运输能力、生活设施建设、金融便利程度、金融市场规模、资本市场规模、人力规模、科技创新基础、科技研发投入力度、科技研发成果产出、经济实力、对外开放程度	丁鼎等（2022）
我国城市营商环境评价指标体系	公共服务、人力资源、市场环境、创新环境、金融服务、法治环境、政务环境	李志军（2022）
中国城市营商环境指标评价体系	人力资源、公共服务、市场环境、政府效率、金融服务、创新环境	李凯杰和杜志英（2022）
我国省域营商环境评价指标体系	市场环境、便利环境、法治环境、国际化	钱丽等（2022）

第三节　有关政府部门关于营商环境评价的
探索与实践

　　2013 年，党的十八届三中全会《中共中央关于深化改革若干重大问题》中首次提出"建立法治化营商环境"。2015 年，党的十八届五中全会关于国民经济和社会发展"十三五"规划建议提出，坚持开放发展，完善法治化、国际化、便利化的营商环境。2017 年，中央财经领导小组第十六次会议上，习近平总书记强调"营造稳定公平透明、可预期的营商环境"①。2018 年 11 月 28 日召开的国务院常务会议决定，按照国际可比、对标世行、中国特色原则，围绕与市场主体密切相关的开办企业、办理建筑许可、获得信贷、纳税、办理破产等方面和知识产权保护等，开展中国营商环境评价，支持开展第三方评估。自此，各级政府及有关部门对营商环境评估工作的重视程度逐渐提高。

2018 年以来，国家发改委按照《优化营商环境条例》有关要求，牵头构建了以市场主体和社会公众满意度为导向的中国营商环境评价体系，组织开展了多批次营商环境评价。区别于世界银行"问"与"查"的评价方式，国家发改委的评价方式是数据采集与验证相结合，大部分数据取自政府的统计数据。2018 年以来，全国工商联每年组织开展"万家民营企业评营商环境"调查，由民营企业直接填报问卷，覆盖我国 31 个省（区、市）各行业的大中小微民营企业，根据有效问卷数据和官方统计数据加权计算，最终得出营商环境总得分。

各省份在充分借鉴世界银行和中国营商环境评价指标体系的基础上，结合省域实际，建立了营商环境评价指标体系和方法（见表 3 - 9）。例如，2023 年 1 月 4 日，上海市人民政府办公厅印发《上海市加强集成创新持续优化营商环境行动方案》，标志着上海在营造市场化、法治化、国际化一流营商环境上又迈出重要一步。以官方网站公开数据、统计数据和业务系统数据为采信原则，通过客观数据与对应政策落地效果、市场主体感受度相互印证，保障评估结果的公正。改变简单汇总数据、应考应答式的评价方法，重点采取网上公开信息分析、实地暗访、问卷调查、部门数据分析、现场磋商五种方法开展评价，基本实现"无感"参评。

---

① 中共中央 国务院关于加快建设全国统一大市场的意见［M］. 北京：人民出版社，2022：25.

表 3 − 9　　　部分政府部门关于营商环境评价指标体系的探索与实践

名称	指标体系构成	来源
中国营商环境评价指标体系	开办企业、办理建筑许可、获得电力、获得用水用气、登记财产、纳税、跨境贸易、办理破产、获得信贷、保护中小投资者、执行合同、劳动力市场监管、政府采购、招标投标、政务服务、知识产权创造保护和运用、市场监管、包容普惠创新	国家发展改革委发布的《中国营商环境报告 2020》
2021 年度中国贸促会营商环境评价指标体系	基础设施环境、生活服务环境、政策政务环境、社会信用环境、公平竞争环境、社会法治环境、科技创新环境、人力资源环境、金融服务环境、财税服务环境、海关服务环境以及企业设立和退出环境	中国国际贸易促进委员会发布的《2021 年度中国营商环境研究报告》
2022 年度万家民营企业评营商环境指标体系	各类公共资源要素、融资支持情况、用工环境、涉企政策、政商关系、政务服务水平、企业生命周期中办理事项便利度、2022 年推出的助企纾困举措、市场准入、产业发展、市场监管、立法、执法、司法、创新资源、创新氛围、创新政策落实效果、科技研发与科技成果转化、创新人才服务、数字化转型情况	中华工商业联合会发布的《2022 年度万家民营企业评营商环境报告》
四川省 2021 年度营商环境评价指标	开办企业、办理建筑许可、获得电力、获得用水用气、登记财产、纳税、跨境贸易、办理破产、获得信贷、保护中小投资者、执行合同、劳动力市场监管、政府采购、招标投标、政务服务、知识产权创造保护和运用、市场监管、包容普惠创新、民营经济	四川省发展改革委发布的《四川省 2021 年度营商环境评价实施方案》
陕西省优化营商环境三年行动计划（2021—2023 年）改革目标年度分解表	开办企业、办理建筑许可、获得电力、获得用水用气、登记财产、纳税、跨境贸易、办理破产、获得信贷、保护中小投资者、执行合同、劳动力市场监管、政府采购、招标投标、政务服务、知识产权创造、保护和运用、市场监管、包容普惠创新、数字营商	中共陕西省委办公厅、陕西省人民政府办公厅发布的《陕西省优化营商环境三年行动计划（2021—2023 年）》
江西省营商环境评价指标体系	开办企业与注销、办理建筑许可、获得电力、获得用水用气、登记财产、纳税、跨境贸易、保护中小投资者、办理破产、获得信贷、执行合同、劳动力市场监管、政府采购、招标投标、政务服务、知识产权创造、保护和运用、市场监管、包容普惠创新	江西省降成本优环境专项行动领导小组发布的《江西省营商环境评价实施方案（修订）》

续表

名称	指标体系构成	来源
2022 年广东省营商环境评价指标体系	开办企业、办理建筑许可、获得电力、获得用水用气、登记财产、获得信贷、保护少数投资者、纳税、跨境贸易、执行合同、办理破产、政府采购、招标投标、市场监管、知识产权创造运用和保护、政务服务、劳动力市场监管、包容普惠创新、市场主体满意度	广东省发展改革委发布的《2022 年广东省营商环境评价工作方案》
海南自由贸易港营商环境评价指标	开办企业、劳动力市场监管、办理建筑许可、政府采购、招标投标、获得电力、获得用水用气、登记财产、获得信贷、保护中小投资者、知识产权创造、保护和运用、跨境贸易、纳税、执行合同、办理破产、市场监管、政务服务、包容普惠创新、贸易自由便利、投资自由便利、跨境资金流动自由便利、人员进出自由便利、运输来往自由便利、数据安全有序流动	海南省人民政府办公厅发布的《海南自由贸易港营商环境评价工作方案》
北京市区级营商环境评价指标	市场准入、办理建筑许可、登记财产、市政公用基础设施报装、外商投资、获取金融服务、纳税、解决商业纠纷、促进市场竞争、市场监管、政务服务、知识产权、创新创业和劳工	北京日报报道的《本市启动区级营商环境试评价》
浙江省营商环境无感监测规范指标体系	开办企业、办理建筑许可、获得电力、获得用水用气、登记财产、获得信贷、纳税、跨境贸易、执行合同、办理破产、注销企业、市场开放、政府采购、公共资源交易、市场监管、信用体系和信用监管、公共服务、知识产权活力	浙江省市场监督管理局发布的《营商环境无感监测规范指标体系》
山东省营商环境创新主要任务	开办企业、工程建设项目审批、获得电力、登记财产、纳税服务、跨境贸易、获得信贷、保护中小投资者、办理破产、执行合同、劳动力市场监管、政府采购、招标投标、政务服务、知识产权创造保护和运用、市场监管、包容普惠创新、减税降费、法治保障	山东省人民政府办公厅发布的《营商环境创新 2022 年行动计划》

第四章

江西持续优化营商环境的工作成效
及瓶颈问题

江西省委、省政府高度重视营商环境建设。2018 年以来，从努力打造"四最"营商环境，到深入推进营商环境优化升级"一号改革工程"，再到将营商环境纳入九大工程，江西省各级党委、政府始终将优化营商环境作为重点工作来抓，有关部门推出一系列政策举措，加快建设一流营商环境，强力推进全省经济提速提质高效增长。

第一节　江西优化营商环境工作历程

（一）努力打造"四最"营商环境

党的十九届五中全会指出，要优化民营经济发展环境，构建亲清政商关系，促进非公有制经济健康发展和非公有制经济人士健康成长。2018年 4 月 25 日，时任江西省委书记刘奇在全省市厅级主要领导干部学习习近平新时代中国特色社会主义思想和党的十九大精神专题研讨班上，首次提出着力优化营商环境，努力打造政策最优、成本最低、服务最好、办事最快"四最"营商环境。当时，江西省没有对"四最"营商环境更进一步解读，也并没有相关测量指标，本课题组根据国务院《营商环境条例》提出的构建"以市场主体和社会公众满意度"为标准的营商环境要求，通过对标前沿、参照先进、自我对照，率先从软件与硬件相结合的角度提出江西省建设"四最"营商环境的标准体系（见表4-1），并开展有关研究形成高质量调研专报，为推动江西"四最"营商环境建设提供了理论依据和具体落实方案。

表4-1　　　　　　　江西省"四最"营商环境标准体系

维度	指标	主要评价内容		标准
政策最优	政策执行力	落实中央和省级层面惠企政策并及时出台具体实施方案		是
		企业对政府落实中央和省级层面惠企政策的满意度评价		全国前30%
	政策主动性	政府是否结合本省实际，主动改革，强调市场化政策，而不是行政命令式政策		是
		企业政策及政策落实情况的满意度评价		全国前30%
	政策公平性	政府政策制定时，是否考虑了所有的市场主体，在执行时，是否有统一的执行标准，而不是选择性执行		是
成本最低	生产要素成本	企业对水、气、电、地、工、融资、物流等"降成本"举措的满意度		全国前30%
		是否对标周边省份，做到逐年有下降		是
	制度行政成本	是否制定并公开标准化的行政收费清单，全面清理清单外的收费项目		是
		企业对政府行政收费的满意度评价		全国前30%
		认为税费负担上升的企业所占比例		低于15%
服务最好	监管满意度	监管措施落实与满意度	落实"双随机、一公开"、事中事后等监管要求	是
			企业对监管措施落实的满意度评价	全国前30%
		企业对监管公平性的满意度评价		全国前30%
		企业对监管规范性的满意度评价		全国前30%
		企业对监管简约性的满意度评价		全国前30%
		企业对监管是否负面反馈比率		低于5%

续表

维度	指标	主要评价内容		标准
服务最好	政务满意度	企业对"亲""清"型政商关系建设的满意度评价		全国前30%
		企业对政府政务服务水平的满意度评价		全国前30%
		企业对政府政务服务的负向评价比率		低于15%
		企业对政府办事人员服务态度、专业性、提供便利性满意度评价		全国前30%
	法治满意度	企业对政府各部门行政执法的满意度评价		全国前30%
		企业对公安执法的满意度评价		全国前30%
		企业对人民检察院服务的满意度评价		全国前30%
		企业对人民法院服务的满意度评价		全国前30%
		企业对司法局服务的满意度评价		全国前30%
办事最快	办事速度	企业非生产服务	企业开办与就业参保、发票申领等程序全部归集	企业最快2天可营业
			进一步完善一站式服务大厅建设，让企业办一件事只和一个窗口、一个部门打交道	完善"一网、一门、一次、一窗"服务
			财产登记办理	10天
			企业纳税办理	线上办理
			跨境贸易全面改革，在环节与费用上做减法，与国内一流口岸服务水平看齐	外省出口转为省内出口企业数量逐年上升
			执行合同方面，推进网上立案，加快结案以及执行速度	全国前30%
			企业贷款一周给回复，贷款办理过程中的每个环节都让企业随时可查	是
		企业生产服务	获得电力方面，接电成本逐年下降，供电可靠性逐年上升	接电成本逐年下降至0，户均年停电时长不超过1小时
			用水、用气等成本逐年下降，基础设施建设水平逐年上升	全国前30%
		企业投资服务	一般企业投资项目审批	最多80天
			企业投资低风险小型项目审批	最多20个工作日
	信息化水平	各部门电子材料共享程度		逐年上升
		一般政务服务网上可办结率		90%

注：该表部分指标标准如"全国前30%"参照全国工商联营商环境调查数据。

一是以"市场化+公平化"为抓手，营造最优政策环境。强调企业发展由市场决定、由企业能力决定，营造公平竞争的市场环境和稳定的政策环境，不断提升政策的执行力，加强政策的主动性，维护政策的公平性。二是以"标准化+强改革"为突破，打造最低营商成本。建立健全标准化收费清单和环节，杜绝清单外收费，让企业办事"不花冤枉钱""不走冤枉路"。从政策式降成本转向改革式降成本，"推动资源要素自由高效流动"，破除不利于要素市场化改革的制度瓶颈和制度壁垒，运用市场之手形成最低的要素均衡价格，向改革要红利。三是以"法治化+定制化"为渠道，建设最好服务品牌。进一步精简办事环节，一般性事务要有标准化流程，提高办事效率；政府着重解决企业的"疑难杂症"，主动提供定制化、指向化企业服务，提升服务效能。加快提升法治社会建设，提升法治服务能力和效率，营造公平、法治的营商环境。四是以"互联网+电子化"为基础，跑出最快办事速度。进一步精简"纸质证明材料的使用"，逐步建立网上电子档案，让企业办事无须打印、复印，将网络与电子信息技术最大化利用于企业办事。

实施好新一轮优化提升营商环境行动，要按照方案要求，全力抓重点、补短板、强弱项，持续推进减税减费减租减息减支行动，建立健全企业问题化解快速反应和企业帮扶"白名单"机制，深入实施企业开办、注销、建筑许可以及用水用电用气等办事便利度提升工程，整合各类政务服务平台和热线，以核心环节的突破带动江西全省营商环境的整体提升。要着力打造一流市场环境，以实施高标准市场体系建设行动为抓手，完善要素市场，畅通市场循环，打破各种各样的"卷帘门""玻璃门""旋转门"。着力打造一流政务环境，深入开展政务服务提升行动，努力建设全国政务服务满意度一等省份。着力打造一流法治环境，把优化营商环境全面纳入法治化轨道，加快营造稳定、公平、透明、可预期的法治化环境，让各类市场主体放心投资、安心经营、专心创业。着力打造一流开放环境，以江西内陆开放型经济试验区建设为统领，加大制度型开放力度，推进更大范围、更宽领域、更深层次的全方位高水平开放。

营商环境是影响市场主体活动的制度性安排，营造市场化、法治化、国际化的营商环境首先需要明确其中内涵及关系，把握改革重点及方向（沈荣华，2021）。"四最"营商环境即政策最优、成本最低、服务最好、办事最快，是在直面江西省情前提下打造"江西最优"的营商环境，也是在资源约束情况下实现江西营商环境效率最大化，画出江西省营商环境最大同心圆，让广大企业基于江西红色热土创造江西财富，成长为江西的伟大企业。当前，江西正处于重要的历史机遇期，是国家批准设立的第三个内陆开放型经济试验区。高标准高质量的试验区建设需要"四最"营商环境，江西需要抢占营商环境制高点。因此，江西推进"四最"营商环境建设适应了中国经济向高质量发展转型的时代要求，也适应了江西建设"五型"政府、推动高质量跨越式发展的现实需要。

（二）深入推进营商环境优化升级"一号改革工程"

营商环境是民营经济的晴雨表，也是促进民营经济发展的根本要求。2021 年 11 月，中国共产党江西省第十五次代表大会上的报告中强调，始终坚持把优化营商环境作为"一号改革工程"，聚焦企业全生命周期服务，对标国际国内一流水平，持续深化"放管服"改革，拓展提升"赣服通""赣政通"功能，加快数字政府建设，打响"江西办事不用求人、江西办事依法依规、江西办事便捷高效、江西办事暖心爽心"营商环境品牌，争当全国政务服务满意度一等省份。

2022 年伊始，江西省委、省政府高规格召开全省深化发展和改革双"一号工程"推进大会，以"新春第一会"形式开局发力，在转型蝶变、崛起赶超的优化营商环境道路上加速前行。时任江西省委书记易炼红同志指出，大力实施数字经济"一号发展工程"和营商环境"一号改革工程"，是省委、省政府立足江西发展新方位、新阶段，把握发展新态势、新趋势，作出的重大决策部署①。《中共江西省委江西省人民政府关于深

---

① 魏星. 强力推动数字经济大发展营商环境大提升 充分激发高质量跨越式发展新动能新活力［N］. 江西日报，2022－02－08（01）.

入推进营商环境优化升级"一号改革工程"的意见》对江西省营商环境优化工作提出新的要求。一是总体目标。（1）一年求突破。到2022年底，营商环境优化升级取得突破性成效，营商环境在全国位次前移进档，江西省2～3项评价指标进入全国标杆城市行列，一批政务服务领域的创新举措在江西全省推广。（2）两年大提升。到2023年底，2～3个城市进入全国一流水平行列，多项评价指标进入全国标杆城市行列。（3）五年树品牌。经过5年左右努力，江西省营商环境整体进入全国一流水平行列，市场主体活跃度和发展质量显著提高，江西营商环境品牌在全国打响，形成一批营商环境改革样板。二是主要任务。打造公平竞争的市场环境、便捷高效的政务环境、平等保护的法治环境、更高水平的开放环境、包容创新的人文环境。三是重点行动。开展营商环境对标提升行动、政务服务满意度一等省份建设行动、降成本升级行动、"新官不理旧账"问题专项治理行动、行政审批中介服务规范治理行动、招标投标领域专项治理行动、公职人员不作为乱作为专项治理行动等。

之后，"一号改革工程"硬核推进，2022年8月3日，江西省发展数字经济和省优化营商环境工作领导小组会议提出，要对标先进水平，改革创新、奋力赶超，全面打响江西营商环境一流品牌；[①] 2022年8月16日召开的江西省营商环境优化升级"一号改革工程"工作推进会议再次强调，全力推动"一号改革工程"取得更大成效，以一流营商环境锻造集聚资源要素的"强大磁场"，为江西省经济发展提速提质提效注入澎湃动力；[②] 2022年9月7日，在2022庐山全球商界领袖大会上，江西省委领导表示，江西始终秉持"企业之所想，政府之所为"的理念，深入推进忠诚型、创新型、担当型、服务型、过硬型"五型"政府建设，全面打响江西

---

① 魏星. 以精准务实之策深入推进发展和改革双"一号工程"加快实现数字经济爆发式发展营商环境跨越式提升［N］. 江西日报，2022－08－04（01）.

② 刘勇. 以一流营商环境锻造集聚资源要素的"强大磁场"为全省经济发展提速提质提效注入澎湃动力［N］. 江西日报，2022－08－17（01）.

营商环境品牌①。

基于此，江西省营商环境优化升级"一号改革工程"强力推进，为激发市场主体活力、支撑实体经济发展、稳定全省经济大盘发挥了重要作用。

（三）着力实施九大工程

经过深入实施营商环境优化升级"一号改革工程"，江西营商环境建设亮点纷呈，市场活力得到更大激发。2023 年 1 月 11 日，江西省第十四届人民代表大会第一次会议政府工作报告中，简要回顾了 2022 年优化营商环境取得的显著成效，也对今后五年工作提出了总体构想。即江西将着力实施九大工程，即"一号发展工程"、"一号改革工程"、"创新四率"提升工程、市场主体培育工程、开发区改革创新工程、招大引强工程、"两山"转化工程、稳岗扩岗工程、惠民暖心工程。自此，营商环境优化升级"一号改革工程"被列为九大工程之一，深化营商环境对标提升行动，争创全国政务服务满意度一等省份，加快打造市场化、法治化、国际化一流营商环境，仍是当前优化营商环境的重点工作。

2023 年 5 月 22 日，江西省优化营商环境工作推进大会召开，省委书记尹弘同志指出，要紧紧扭住重点任务，聚焦关键环节，深入开展对标提升行动，全力扬优势、补短板、强弱项，推动全省市场化、法治化、国际化营商环境水平迈上新台阶。要全面提升政务服务质效，全面提升要素供给能力，全面提升助企惠企实效，全面提升法治建设水平，全面提升亲清政商关系。②

在省委、省政府的坚强领导和省主要领导的高度重视下，江西正深入推进营商环境优化升级"一号改革工程"，通过把好谋篇布局"方向盘"，

---

①　刘小荣，魏星.2022 庐山全球商界领袖大会举行［N］.江西日报，2022 – 09 – 08（01）.
②　魏星.深入推进营商环境优化升级"一号改革工程"凝心聚力加快提升全省营商环境整体水平［N］.江西日报，2023 – 05 – 23（01）.

用好战略决策"指挥棒"，凝心聚力，踔厉奋发，朝着努力提升全省营商环境水平的正确方向勇毅前行。

（四）有关部门优化营商环境的系列举措

党中央、国务院高度重视优化营商环境工作，作出重要部署。江西省认真贯彻落实，坚持问题导向和需求导向，对照企业和群众期盼，对标一流和先进地区，以改革创新为动力，以数字赋能为牵引，着力打造国际一流、公平竞争的营商环境，取得积极成效，形成了一系列好的典型经验做法。

1. 注重统筹谋划、高位推动

江西省委、省政府高度重视营商环境优化工作，高规格推动全省营商环境在转型蝶变、崛起赶超的道路上加速前行。一是把好谋篇布局"方向盘"。江西省主要领导多次主持召开全省优化营商环境工作推进大会，围绕营商环境专题深入企业调研，将营商环境优化工作纳入政府工作报告，在抓好政策落实、提升营商环境竞争力上有部署。二是建立高效能组织架构。省、市、县三级均成立党政主要领导任"双组长"的优化营商环境工作领导小组，省直有关部门抽调人员组建工作专班，审议和研究优化营商环境工作重大事项、重要制度和工作计划，统筹协调、加快落实营商环境优化各项重点任务，推动优化提升营商环境的各项改革措施落地见效。三是开展营商环境评价工作。加强营商环境评价工作统筹，组织参评城市参加中国营商环境评价，启动江西省营商环境智慧监测评价系统建设，制定并完善《江西省营商环境评价实施方案》，构建日常监测与年度评价相衔接、指标量化考核与企业满意度调查相结合的评价机制，评价结果被纳入江西省高质量发展考核，助推形成全省干部主动为企服务良好氛围。

2. 注重政策引导、体系建设

一是出台优化营商环境系列政策措施。2018 年以来，以江西省委、省政府名义出台一系列具有江西特色的优化营商环境政策。产权保护方面，出台完善产权保护制度依法保护产权的实施意见、保护企业家合法权益激发优秀企业家精神的实施意见等。民营企业发展方面，出台支持民营经济健康发展若干意见、优化营商环境支持民营企业改革发展实施意见等。优化营商环境举措方面，出台全面实施优化发展环境三年行动方案、实施优化提升营商环境十大行动方案、制定优化营商环境评价实施方案等，因时因势出台降本增效"30条"、助企纾困"28条"、稳经济"43条"、接续措施"24条"等系列政策（见表4－2），千方百计推动一揽子"真金白银"政策落地落实，持续为企业释放政策红利。二是统筹推进用好体系建设"指挥棒"。围绕"一号改革工程"意见，35家省直单位细化政策举措300余条，各设区市和各行业主管部门相继出台具体措施2000余条，形成"1＋N"政策体系。三是凝聚合力树好推进机制"风向标"。压紧、压实相关单位责任，细化建立351项改革任务台账和71项监测指标，实行"每月一调度、每季一通报、半年一讲评、全年一考核"工作模式。江西省人大开展《江西省优化营商环境条例》执法检查，江西省政协将"一号改革工程"作为调研督导重点内容，各民主党派、无党派人士开展为期五年的营商环境民主监督，"人人都是营商环境"氛围空前高涨，"个个都是店小二"共识空前凝聚。

表4－2　　　　　　　　　江西优化营商环境政策示例

发文单位	发文时间	政策名称
中共江西省委、省人民政府	2016－04－25	关于开展降低企业成本优化发展环境专项行动的通知
省人民政府	2016－11－04	关于进一步降低企业成本优化发展环境的若干政策措施
省人民政府	2017－11－09	关于精准深入推进降低企业成本优化发展环境的补充意见
省人民政府	2018－11－02	关于进一步降低实体经济企业成本补充政策措施的通知
省政府办公厅	2019－06－03	江西省优化提升营商环境十大行动方案
省人民政府	2019－09－19	关于进一步降低企业成本30条政策措施的通知

续表

发文单位	发文时间	政策名称
省政府办公厅	2020-03-21	关于印发纵深推进"放管服"改革全面优化政务服务助力经济社会发展若干措施的通知
中共江西省委、省人民政府	2020-05-14	关于优化营商环境支持民营企业改革发展的实施意见
省政府办公厅	2020-08-31	关于印发进一步优化营商环境更好服务市场主体政策措施的通知
省人民政府	2020-11-25	江西省优化营商环境条例
省政府办公厅	2020-11-30	关于印发全省深化"放管服"改革优化营商环境重点任务分工方案的通知
中共江西省委、省人民政府	2020-12-31	江西省关于构建更加完善的要素市场化配置体制机制的实施意见
江西省优化营商环境工作领导小组	2021-03-31	关于印发《江西省优化营商环境攻坚行动方案》的通知
省人民政府	2021-04-20	关于减税减费减租减息减支32条政策措施的通知
省政府办公厅	2021-06-30	关于印发培育壮大市场主体三年行动计划（2021—2023年）的通知
省人民政府	2022-03-30	关于有效应对疫情帮助中小企业纾困解难若干政策措施的通知
省政府办公厅	2022-05-31	关于进一步帮扶文旅企业纾困发展的若干措施
省政府办公厅	2022-11-22	关于印发全省深化"放管服"改革持续优化营商环境重点任务分工方案的通知
省政府办公厅	2022-12-14	关于进一步优化营商环境降低市场主体制度性交易成本政策措施的通知
省政府办公厅	2023-05-20	关于加强数字赋能优化营商环境若干措施的通知

3. 注重多措惠企、干字为先

一是降低制度性交易成本。江西省营商办从开办企业、劳动力市场监管、办理建筑许可、政府采购等18个领域，逐年推出一批改革硬举措。对照中国营商环境评价指标体系，借鉴先进地区做法，出台《2022年江西省优化营商环境对标提升方案》，明确228项重点任务，推动办事环节再简化、时间再压缩、费用再降低、服务再提升。二是扎实推进"四大专项治理"。聚焦"新官不理旧账"、招标投标领域、行政审批中介服务、营商环境领域腐败和作风问题，靶向发力、重点整治。建立营商环境诉求"1个工作日电话联系、一般问题5个工作日办结、疑难问题10个工作日回复"的快速处置机制，严厉查处一批损害营商环境的行为。拓宽社会监督渠道，定期遴选一批正反面典型案例公开报道，全面释放祛除营商环境"作风病毒"和"害群之马"的明确信号。三是提升政府治理效能。坚持刀刃向内，自我革新，进一步深化简政放权、放管结合、优化服务，制定了纵深推进"放管服"改革进一步提升政务服务的若干措施，在设立通用综合窗口、一件事一次办、惠企政策兑现、异地通办等方面提出更加便捷高效的举措，以政府的"真心耐心"，来换取企业群众的"爽心暖心"。

4. 注重转变作风、优化服务

一是围绕企业全周期优化服务。江西省全面推行"企业安静日"（每月1日至20日或25日原则上不到企业开展行政执法检查），大力实施"人生十件事"、"不动产登记＋水电气过户"一链办、"拿地即开工、交房即交证"等改革，推行"船边直提""抵港直装"改革，首创赣深组合港运行模式。各地多点发力护航企业全生命周期。例如，南昌创新破产审判机制，助力"僵尸企业"破茧重生；吉安率先在江西省打造"吉事即办·吉岗即聘"就业创业服务平台，获央视、中国组织人事报等媒体多次专题报道；上饶广丰区推行智能自助申报模式，真正实现企业办证24小时"不打烊"。二是深入开展"入企走访连心"活动。2022年以来，省政协副主席、省工商联主席谢茹及省工商联领导班子成员带队，先后深入省内外民营企业开展"入企走访连心"活动，宣讲党的二十大精神，传递党和政府的关心关怀，宣传解读关于税收优惠、军民融合等方面的涉企惠企政策，增强民营企业政策获得感。三是不遗余力助企维权。出台《关于进一步规范诉求办理流程的意见》，认真受理每个企业诉求，规范执行诉求办理流程，精准分析研判，加强跟踪、协调、督办，有效提升诉求办理实效，截至2022年12月31日，江西省维权服务中心累计接到非公企业诉求反映 3075 次，对政策法规咨询类诉求及时给予解答，受理实质性维权诉求 766 件，办结率达 85% 以上①。办理涉非公经济控告申诉案件 301 件。

经过持之以恒的营商环境优化工作，江西有效解决了一批企业和群众反映强烈的堵点、难点和痛点问题，推动全省上下形成高度重视营商环境工作的社会共识，全方位形成"四个转变"：由企业反映问题转变为地方政府主动找企业解决问题；由相关部门重视转变为地方主要领导重视；由重视园区内企业转变为重视地区所有企业；由重视规模以上企业转变为重视所有市场主体。

第二节　江西持续优化营商环境工作成效

经过多年来高位推动、系统谋划，全省上下营商环境显著改善，江西民营经济实现高质量发展。

（一）民营经济增长快，占比高

近年来，民营经济有效应对外部困难，实现逆势增长。江西省统计局发布的 2022 年非公有制经济统计快讯和江西省工商联发布的 2022 江西民营企业 100 强榜单显示，江西省非公经济发展呈现以下特征：一是非公经济产值稳中有进。2022 年，江西省非公有制经济增加值 19902.4 亿元，较上年增加 1571.41 亿元，增长 8.57%；占全省 GDP 比重 62.1%，较上年提高 0.2 个百分点，经济压舱作用越发凸显。二是非公主体规模逐年扩大。2022 年，江西省个体私营企业户数 464.1 万户，较上年增长 20.5%，活力持续迸发。三是非公企业实力更加强劲。2022 年江西民营企业 100 强入围门槛达 38.18 亿元，为 10 年来最高值，较上年增加 12.29 亿元；江西省制造业民营企业 100 强入围门槛达 27.82 亿元，较上年增加 12.1 亿

---

　　① 资料来自 2022 年江西省非公经济发展服务中心年度工作报告。

元；有 9 家企业入围中国制造业民营企业 500 强，较上年增加 1 家，企业发展势头良好。

（二）民营经济贡献大，韧性足

民营经济为江西省经济发展贡献持续扩大，对经济社会支撑作用更加明显。江西省统计局发布的 2022 年非公有制经济统计快讯显示：第一，非公经济投资占比高。2022 年江西省非公经济固定资产投资增长 5.8%，占全省固定资产投资比重为 76.2%，主导地位稳固。第二，非公经济税收贡献大。2022 年江西省非公经济上缴税金为 2950.4 亿元，占全省税收总额比重为 77.0%，非公经济为财政增收作出重大贡献。第三，非公经济工业发展强。2022 年江西省非公经济工业增加值 9072.0 亿元，占工业增加值比重为 77.1%，非公经济已成为江西省工业发展的"顶梁柱"。第四，非公经济出口创汇多。江西省非公经济出口创汇 749.6 亿美元，占出口总额的 98.1%，为国内外市场开拓发挥重要作用。

（三）产业发展活力足，后劲强

江西省民营经济产业结构优，产业活力持续迸发。一是企业来赣投资意愿增强。江西省统计局发布的 2022 年非公有制经济统计快讯显示，2022 年，江西省新增私营企业 17.5 万户中，外省来赣投资企业有 4.1 万户，超过全部新增的两成。其中，第一产业占 1.07%、第二产业占 16.46%、第三产业占 82.47%。特别是，吸引比亚迪、宁德时代、吉利科技等一批知名企业用实际行动对江西省产业活力投下"信任票"，注入"新动能"。二是新兴工业茁壮发展。从 2022 江西民营企业 100 强看，近七成为制造业企业。其中，江西省工商联发布的江西上规模民营企业调研分析报告显示，参与上规模民营企业调研的前十大行业共有 569 家企业，有 175 家集中在有色金属冶炼和压延加工业，同比增加 69 家；有 69 家电子信息企业，同比增加 34 家，总体上涵盖数字经济、智能制造、电子信息、现代农业、新能源新材料等新兴产业企业，"2+6+N"产业高质量跨越式发展行动成效初显，民营经济产业结构得到进一步优化。三是企业培育效果明显。2018～2022 年，省级专精特新中小企业增长保持较高增速。根据中国中小企业发展促进中心、中国信息通信研究院、中国工业互联网研究院联合发布的《专精特新中小企业发展报告（2022）》，在 2021 年，江西省级专精特新中小企业增加 526 家，增幅达 93.93%。根据江西联合股权交易中心公布的数据，2022 年 3 月，江西"专精特新板"设立，截至 2022 年底，入板企业 101 家，覆盖江西省 11 个地市，入板企业 2021 年平均营业收入 1.97 亿元，净利润 0.12 亿元，两项指标分别增长 21.92% 和 39.37%。

第三节　江西营商环境面临的瓶颈问题和主要成因

在对标对表以评促建、奋力优化营商环境的过程中，江西营商环境建设还存在一些瓶颈问题亟须破解，主要包括以下几个方面。

一、江西营商环境建设的瓶颈问题

（一）市场环境瓶颈：生存发展空间较为局限，企业易受"资源困扰"

一是民企竞争加剧。市场不断饱和，低门槛领域竞争持续加剧，民企在要素资源、市场开拓等方面容易陷入恶性竞争。企业普遍反映，省内民营企业招工难，用工荒，留住人才难，本省高校学生流出省外，外省高校学生又不愿进入本地，导致高层次人才的需求难以满足，例如，财务、法律、金融等方面的专业性人才缺口较大。二是资源供给服务待提升。江西省非居民用气、工业用电价格在全国处于中等偏高水平，省内部分园区产业配套不全。企业反映，由于产业链不全，企业要从外省运输原材料，较大幅度提高生产成本；部分园区周边基础设施配置不足，如新设立的工业园区中生活配套不完善。还有个别企业反映，现在政府部门办事人员态度虽大为改善，但部分资源供给型企业还存在"事难办"的问题，他们新引进生产线需要通燃气，处理时间过长，至今未解决。三是本土民营企业较新招商企业更不易享政策红利。部分地方政府更看重"外引"，缺乏"内培"关怀，让一些企业难免产生"不如换个地方发展"的"放弃式"想法。企业反映，一些地方存在对于新招商的企业热情高、相关政策也到位，但对园内企业的优惠政策打折扣，技改资金不能及时到位等现象。

（二）法治环境瓶颈：监管执法水平较为老旧，企业经常"有苦难言"

一是部分基层执法缺乏依据。有些司法判决因缺少明确法律条文作为依据，导致存在一定执法空间，企业只能"各凭本事"争取"宽容处理"。二是个别任性执法成顽疾。有些执法部门罚款裁量权较大、寻租空间广。有企业反映，企业积极执行最新行业办证规定，但办理后反而受到主管部门"过度"监管，反观未办新证的企业，却因未办证而未被纳入监管范围。三是有些监管水平偏低偏旧。部分行政执法还不够规范，个别地方和部门还存在多头执法、重复执法等问题；监管方式不够创新，对企业的信用分级分类监管机制尚未形成，"互联网＋监管"推广力度不大。例如，由于创卫活动要求，部分市县规定街道统一招牌、统一门头，拉横幅、挂招租广告、开业活动等都明令禁止，一定程度阻滞商业活力和商业文化；监管方面还存在名目较多、效率较低的问题，重复执法、执法扰民现象有待进一步解决。

（三）政务环境瓶颈：政策制定落实存在背离，企业难享"政府红利"

一是部分政策制定前瞻性、灵活性不足。有的部门落实上级政策时，缺乏根据当地实际的配套政策、缺乏对企业的针对性帮扶措施，导致政策空转，企业只能望"政"兴叹，有些政策制定不够接地气。部分政策缺少"真金白银"，涉补企业申请时难度较大，而且往往涉及多个部门，存在部分部门"互相扯皮"的情况。二是审批改革未完全到位，效率有待提高。审批事项"放"得还不到位，"空放假放""你放我不放"等现象仍然存在。部分权限存在"一放了之"的情况，有的权力事项下放后基层接不住、用不了，由于县级行政服务中心缺乏具备相应能力素质的技术服务人员，导致一些与企业相关的事务办理审批时间长，反而不利于企业办事。三是数字化服务水平不强。政府办事大厅网办自助交件、自助取件服务模式尚未全部推广；有的数字平台流于形式、含金量较低，如某地斥资千万搭建县级优化营商环境大数据综合服务平台，仅能用于数据展示，无法打通跨部门数据共享。部门间信息系统不完全畅通，"数据壁垒"和"信息孤岛"现象仍然存在。企业反映，有些网上办公应用程序，系统开发、内容更新不成熟就上线，"一次不跑"难以完全落到实处。

（四）人文环境瓶颈：创业环境氛围不够浓厚，企业难有"创新热情"

一是所有制歧视尚未消除。社会面"商文化"氛围不浓、"学而优则仕"观念较重，青年创业主动性不强。优秀人才择业时首选还是体制内单位，社会上尊重企业及企业家的氛围尚未形成。二是解决企业疑难杂症手段还不够有力。企业反映，参加各类企业座谈会，企业问题解决的时效性还不够快，会后开展专项整治，处理专项问题的渠道还不够畅通。企业主动进取精神尚不浓厚，在决策上倾向小富即安、自律不足。少数地方和部门对改革认识不够、责任不清、措施不实，或等待观望、亦步亦趋，或被动应付，导致一些改革任务进度缓慢、迟迟没有成效；少数地方还停留在开会部署、下发文件上，并没有真正行动起来。三是有关部门思想偏保守，缺乏创新思维。个别干部对执法或约束性政策"走上限"，对宽容性政策"走下限"，外出招商习惯"出差式"对接，基层干部熟练掌握项目、融资、市场化运作实操的不多。有些政策制定不够接地气，例如，政企纠纷的历史遗留问题缺少相应的指导性意见和具体操作办法，部分干部存在怕担责的心理。四是部门协作不够系统集成、配合高效。各市和县

（市、区）并联审批、联合验收的比例还不高，中介和市政公用服务管理制度还不够健全，一些能合并的审批事项没有完全合并、能集中的审批流程没有完全集中、能串联的审批环节没有完全串联；职能部门协作不力，部分业务办理过程中出现部门推诿现象；联合执法时，部分涉企相关职能部门检查较多，影响了企业正常生产经营。表4-3列示了部分本课题组调研时收集的企业反映的突出问题。

表4-3　　　　　　　　　　江西营商环境存在的主要问题

地区或机构	主要问题	企业意见及建议
南昌	1. 企业对政策的获得感不高，政策兑现难、时效性不强的问题偶有发生。 2. 政务服务质量有待提高。施工许可证办理时效偏慢；有关部门对企业宣传用词不规范行为的处罚过高；执法部门虽然对经济案件的执行力度有所加大，但是部分判决存在执行难题。 3. 企业用工难。①企业专业性、高层次人才的需求难以满足，例如，财务、法律、金融等方面的专业性人才缺口较大。②留住人才难，本省高校学生流出省外，外省高校学生不愿进入本地	1. 不断完善政策兑现的机制和时效性，打通惠企政策落地的"难点""堵点"。 2. 鼓励干部与企业正常交往，积极作为，认真履职，真正构建"亲""清"新型政商关系。 3. 加大对企业融资方面的改革创新力度，切实为企业融资难提供有效解决方案。 4. 落实好《南昌市市场监管领域轻微违法行为免罚清单（第一版）》，加强法治宣传教育，引导企业规范经营，健康发展。同时，进一步加大经济案件的执行力度，维护民营企业合法权益。 5. 进一步加大对人才引进政策的支持力度
九江	1. 建筑工程审计较难。第三方审计公司审计不合理，审计核减量大、服务费高。 2. 物流企业第三方评估公司评级手续复杂，耗时长、费用高，导致有些评级奖励政策较难兑现。 3. 部分行业市场不公平。一些行业中的民营企业市场份额占比越来越少，政府在招标时，倾斜于国企、央企（有些国企、央企中标后再转包给民营企业，民营企业地位相对弱势）。民营企业家地位越来越低，外地人来九江投资意愿不强	1. 加大民营企业维权力度。 2. 建议政府出台某些特定政策时，前期多征询商协会、企业家的建议；政策实施要经常"回头看"，及时向与政策有关的企业或人群开展调研，了解政策落实情况，以及是否有需要改进或完善之处；建议解决政企问题时，政府要联合企业一同召开协调会，多倾听企业声音。 3. 人大组织的"问询会"很有成效，希望可以推广借鉴；希望政府官员多下基层，多走访企业，与企业交流。 4. 建议借鉴推广瑞昌市货物审计方面的优良做法，先支付款项的70%，后30%的账款在审计报告出具后支付，减轻企业回款压力

续表

地区或机构	主要问题	企业意见及建议
景德镇	1. 企业招工难，特别是专业技术人才，流失严重。 2. "景德镇制"陶瓷品牌市场使用状况混乱，陶瓷文化的推广推介比较零散，没有形成规模，导致对外传播有效性不足。 3. 对小微企业支持力度不够。70%以上的陶瓷企业是小微企业，虽然景德镇非常重视陶瓷行业，但忽视了这部分群体，申报展示地办理难。经营活动中，联系了大批美协副主席参与展览，不少外来艺术家表示想长期落户在景德镇，但找不到合适的地方	1. 建议人社部门组织企业和院校对接培养专业对口的人才。 2. 建立景德镇品牌溯源机制（线上），由景德镇各品牌及窗口（非遗项目）入驻，塑造品牌文化；增加主流媒体和新媒体融合推广覆盖面，特别是可视化、沉浸式体验推介窗口。 3. 期望各职能部门能更好地起到传声筒、二传手作用，便于企业及时获取信息，更好更快发展；积极落实峰谷用电优惠政策。 4. 根据自身区域特点，制定相关奖励扶持政策，大力推动和促进区域各产业发展。 5. 降低准入门槛，优化营商环境，加大招商引资力度
萍乡	1. 环评等第三方评估机构收费高、服务价格缺乏一定监管和行业规范。 2. 天然气价格比湖南省醴陵市高，企业用气成本偏高，导致电瓷企业产品竞争力被削弱。 3. 少数政府部门对中小微民营企业区别对待	1. 降低天然气收费。加快推动天然气直销政策落地；借鉴佛山做法，允许具有一定规模的企业自建LNG点供设施。 2. 加强政策宣传力度，做到精准宣传。 3. 规范第三方评估机构市场，严格审核其资质
新余	1. 技工难招，员工流动性比较大、年龄偏大，平均在45岁，年轻人不愿意来做车间技术工作。 2. 融资难。①融资方式创新性不够，也不够灵活，很多企业资金主要来源于自筹，外省金融产品相对丰富很多。例如，药品批文这类无形资产不能抵押。②私有房产抵押贷款，小企业贷款利率比大企业高出不少，并且银行要求账上留存一定比例（15%~20%）的存款才能放贷。 3. 物流不发达，亟须引进专业物流公司。 4. 项目从验收到结算时间太长，存在拖欠工程款现象	1. 建议人社部门要加强职业院校与企业之间的有效合作。 2. 加快企业融资方面的改革创新，切实为缓解企业融资难提供有效解决方案。 3. 加大对无证企业的打击力度，建立规范的市场环境

续表

地区或机构	主要问题	企业意见及建议
鹰潭	1. 工伤保险问题较为突出。江西工伤赔付比广东、浙江高，容易滋生"盈利受伤"行为。 2. 建筑业问题。鹰潭市建材市场规划不规范，缺少大型市场，不利于企业投资。 3. 人才问题。①人才吸引力不够，留住人才更难，有注册证的人员年龄普遍偏大，跟不上技术变化，年轻的技术人员选择外地就业。②引进对口专业人才时，因教育、医疗等原因不愿意留鹰潭	1. 加大银行金融支持政策，省级金融管理机构要多赋予地方金融机构权力。 2. 建议参照浙江"总额补差"做法，不管按照交通事故赔偿还是工伤险赔偿，以最高赔付为准。 3. 消防、环保、规划部门要提高自身业务能力和水平，业务性强的部门主管也应取得相关业务资格证。政府部门多组织企业家走出去学习交流。 4. 政府部门要加强管理，尤其是领导应该提高管理和服务意识，执法人员应切实提高素质
赣州	1. 行政服务效能有待提高。①个别部门间职能交叉，存在推诿现象。②窗口服务人员对于补交材料没有一次性告知，办一次事情要跑几次。 2. 用工难，招工难。①农民工特别难请，主要以"60后""70后""80后"为主。②人才短板显现，给高薪也未必能请到需要的人才。③人才支持力度不够，人才房门槛较高，入住率偏低。④环保领域亟须技术、研发人才，招聘培养一个专业技术人才要花2～3年。 3. 企业征信行政处罚问题。相关部门来调研企业征信情况，没有提醒企业应该如何整改而是直接扣分，后续也没有任何反馈意见。 4. 用电问题。①在全国同行业（稀土新材料）中用电成本较高，稀土新材料用电成本占总成本40%～50%，导致企业竞争力有所下降。②限电问题。短时间降负荷比较难，电力供应缺口比较大	1. 希望政府提供功能性服务，通过政府赋能商协会，促进商协会发展。 2. 在执法中增强人文关怀，不搞一刀切，让企业生存下去，对于一些小问题，多一些灵活处理。 3. 加强营商环境政策落实督查工作。 4. 政府给企业机遇，不能大水漫灌，要对产业和企业发展趋势作出精准判断，弄清企业在哪个阶段需要帮扶、如何帮扶。 5. 建议建立企业信息库，根据企业规模和需求针对性推送政策，并提高非公人士对非公维权中心的知晓率。 6. 加快人才培养。①加大职业教育校企合作，推动新型学徒制落地。②对高层次人才福利政策加强宣讲，对技能型人才的政策尽量放宽松一些。 7. 脐橙销售时间短，建议研究如何延伸加工产业链，成为全年可销售的产品
宜春	1. 存在部分职能部门碰到问题互相推诿的情况。	1. 领导干部要有担当能力，要有识变、应变和作出专业判断决策的能力。

地区或机构	主要问题	企业意见及建议
宜春	2. 燃气问题。①燃气公司存在"霸王条款"，如果燃气价格涨了，以前用的气要补交差额，如果跌了，却不退回差额。②燃气开户费高。③燃气单价较高，负担较重。 3. 用地问题。企业原有土地在2018年调标成基本农田，导致该土地无法使用，影响企业经营。 4. 企业获取政策信息的渠道比较少，不懂怎么使用政策。 5. 生产要素欠缺，零部件配套不够，需要从外省运输过来	2. 优化工业园区基础配套和生活设施，建议园区多配套一些公租房，解决乡镇打工一族的租住需要。 3. 由政府牵头，建立企业共享员工机制，让企业的闲置员工实现在企业间的人力资源共享。 4. 对企业多一些跟踪式的服务，多关注小微企业的发展。 5. 加大力度解决一些历史遗留问题
上饶	1. 政务服务意识还有提升空间。基层办事难，窗口办理时间短，办事程序烦琐，部分窗口、科长办公室存在门难进、脸难看、事难办现象。 2. 融资难、贵。银行贷款要求条件多，存贷比高，甚至断贷、抽贷；某些银行信用贷政策变化大，企业难以负担。 3. 政策的制定不够接地气，政策落地难。例如，企业员工缴纳社保问题多；商业街门头招牌要求统一，缺少特色；人才引进政策享受的路费补贴没有落实到位	1. 加强政务服务意识，加大政策宣传，在办事大厅印发办事手册，增设工作人员在办事大厅现场指导，延长窗口办理时间，打通部门数据壁垒。 2. 转变工作理念，提升服务意识；解放思想，向发达地区靠拢。 3. 加大对企业金融方面的改革创新，切实为企业融资难提供有效解决方案。 4. 政策制定时要考虑更多实际情况，加大政策落实力度。 5. 加大对人才的政策支持力度，支持民营企业健康发展
吉安	1. 希望政策制定更加人性化。例如，很多厂房建设只允许有7%的宿舍配套，宿舍数量不足只能多人混住，难以满足现在年轻人对居住环境私密性的要求。 2. 企业社保负担重。 3. 原材料供应配套不足。电子元器件的采购供应链在江西还很欠缺，企业原材料要去广东沿海一带采购。 4. 建筑业企业问题。①当地政府仍然要求企业在项目所在地设立独立核算的分（子）公司。②工程结算问题，评审的环节是痛点和堵点，第三方评估公司评审过程较为漫长	1. 政府要营造好软环境，如改善服务态度、改变行为方式和工作方法（能少收费尽量少收费，就宽不就严，办事说清楚和透彻，办事效率要高）。 2. 行业检查力度应适当调整，对于不涉及违规违法的操作，第一次应给予警告，而不是一上来就强力度惩罚。 3. 提高政策服务的精准度，及时传达有效政策至企业。 4. 做好"老树发新芽"工作，对现有企业要精准帮扶，特别是对有扩展需要的企业能给予大力支持

续表

地区或机构	主要问题	企业意见及建议
抚州	1. 政策宣传面不广、不深入。企业对营商环境的相关政策、地方贷款的有关政策、维权服务信息了解渠道不多。 2. 基础设施配套不够完善。①当地企业招聘本科层次人才面临困难。②园区配套生活设施较差，难以满足公司高管生活需求，导致企业需要提供更高工资做弥补。 3. 部分执法部门管理不够规范。例如，实体店依靠厂家推广、活动宣传，每年都会举办周年庆等大型活动，但城管没有明确的活动管理规定，并且城管要求门店招牌标准统一，企业要花费大量时间与城管去沟通。 4. 银行贷款门槛较高，小企业贷款难。企业需要流动资金，和沿海地区相比，当地银行抵押融资产品较少，某些银行不能进行信用贷款、设备或订单抵押	1. 建议完善东乡的工业园区周边的生活配套设施和公共服务平台，设立休闲区和商业区，改善员工生活环境。 2. 建议考虑不改变用地性质，利用园区围墙对工业用地和商业用地进行界定，参照福建厦门的做法，鼓励企业将闲散厂房出租，鼓励企业将固定资产变现，增加收益。 3. 建议明确城管执法细则、公开并标准化招商政策，减少因人为因素产生的沟通成本。 4. 在大型活动人多的时候推荐农产品，比如汤显祖纪念日举办农副产品展销会，建立农产品展示馆。 5. 建议在不影响交通、不占道的区域多预留通道和停车区。 6. 在符合规定、美化城市的情况下，允许企业个性化装饰门店，城管执法不应该按条文一成不变，应该更灵活、包容。 7. 建议银行进一步解放思想，区别对待良性企业，多出台贷款融资产品，对授信好、有订单、有爆发力的企业适当放宽贷款条件；建议产品贷、合同贷按资产比例贷款
赣江新区	1. 招聘人员和引进人才困难。目前，企业员工平均年龄高，因新区离市区远，地方交通配套、娱乐设施、公共设施不完善，年轻人不愿来新区。 2. 道路交通问题。一些比较破旧的道路，希望尽快维修，合理设置大货车转弯、掉头路口；加强物流运输车辆管理。 3. 变压器验收费用高，希望引入专业、规范的第三方检测机构	1. 建议引入生物医药和医疗器械企业、药检机构、生物医药研究院入驻新区，发挥产业集群的规模效应，让企业抱团发展。 2. 建议出台真金白银的优惠政策，为企业增加绿色通道。 3. 建议打通知识产权、发明专利申报的绿色通道。 4. 建议提升优化到南昌市区的公交线路，延长公共交通线路时间。 5. 建议管委会组织企业到大学进行现场招聘，接送大学生来赣江新区实地了解企业的生产环境；组建区域性招聘服务平台，以便家属就近择业。 6. 建议政府部门加快产学研一体化建设，尽快建立医药类研究中心

续表

地区或机构	主要问题	企业意见及建议
国有企业	1. 建筑业问题。①各大项目的招标方式不够合理。省内部分地区为了规避廉政风险，将所有项目招标统一定为"摸球"的形式，准入要求没有明确，涌入大量资质较差的企业参与竞标。②各地市仍然要求或变相要求建筑企业跨地区承揽业务在当地设立分（子）公司。③结算难，工程资金回收难。部分地区地方性政策要求结算需通过多轮审核（预算财审、结算财审、结算审计等），花费大量时间和人力，降低了结算办理效率。④信用体系建设、信用监管方面还存在不足，难以达到"一次检查、全面通行"。 2. 二手车行业问题。①政策导向不明确，制度执行不到位，行业集中度不高，二手车交易市场存在散、小、乱的情况。②管理手段较单一，存在多头管理，政策执行不一的现象。③存在区域布局不合理、监管手段不细致、市场准入门槛低，以及市场无序竞争的现象。 3. 农业问题。①企业融资存在"重复问"。金融机构要求的材料过多，有些材料重复提供。例如，同一家银行，每次授信都要重复提供公司的基础材料、财务报表分析、水电费发票合同、人员工资表等。②涉农企业人才引进"难"。农业传统产业的人才引进关注度不高，惠企政策不突出，制约了企业发展。③政策传递不及时，一些政策去申报时就已经到了截止时间；不同地区农业支持力度不一。 4. 环保绿色产业问题。涉及民生应急项目没有容缺受理手续，从项目报批报建、立项、施工许可、环评、安评要七八个月。 5. 行政事项审批改革问题。①办事大厅服务态度好，但办事业务不熟练。②行政事项审批服务方面，建立各种库、中介超市，涉及政府投资、财政性的项目都要入库中介超市，但入库标准不明确	1. 建筑行业。①希望省委、省政府能加大对省属国有企业的扶持力度，给予行之有效的扶持政策。②希望政府部门能够实施中央出台的各项简化结算办理工作、减轻企业负担的文件，简化结算办理流程，不以审计结果作为竣工结算唯一依据。③建议由省政府出台相应政策，由省住建厅主管，省建筑协会建立监督投诉机制，组织省级专家组对第三方机构的司法鉴定进行专家评定后再提交给法院。④建议加大基础大数据评价体系建设力度，首先在省内实现全省、跨行业互联互通，针对省属特大型建筑企业，采取定期一次评价，限定评价期内全省免检通行。 2. 二手车市场。①建议成立由商务、公安、税务、市场监督管理部门等职能部门组成二手车行业管理协调机制，完善省二手车产业政策和相关法规、实施细则、管理措施、二手车市场发展规划，协调解决二手车行业发展中的重大问题，监督检查各职能部门履行市场监管的法定职责情况，督促各职能部门依法纠正检查中发现的问题，并向有关部门提出处理意见和建议。②建议充分发挥行业协会作用，明确好二手车行业各相关主体的设立条件与程序、行为规范、监督与管理等内容。 3. 农业。大力推动企业合作机制形成，进一步优化营销环境。一是积极推动江西省与粤、港、沪、江、浙等发达地区建立农产品产销区域合作关系。二是充分利用电视台、科普刊物、报纸、政务网和微信等，加大对江西特色农产品知识普及和公益宣传，带动省内农产品拓展国内外市场。三是鼓励成立产业联盟，加强"江西名优"品牌建设，增强江西制造竞争力。例如，对于农业产品企业，可由政府主管部门牵头成立产业联盟，授予"江西公用品牌"，给予一定的财政补助，统筹推进、合理扶持，避免"劣币淘汰良币"的恶性无序竞争

续表

地区或机构	主要问题	企业意见及建议
外资外贸企业	1. 金融服务水平有待提高。①申请银行资金贷款时，由于企业资产少，审批较困难。②供应链金融有待突破，利率高。③外资股东在二级市场减持时，需要企业开 NRA 账户，3 月抛售股票 7 月才到账，效率太慢，影响资金使用；同时，银行工作人员对该业务不熟练，希望加强业务培训。④资金周转压力大，3～4 个月的账期太长，希望本地银行在资金、授信条件等方面对重点企业有所倾斜。 2. 政企联动有待加强，政务服务水平有待提升。①政策变化快，希望通过相关平台给予介绍，实现信息即时共享，简化一些流程。②提高行政窗口（出入境大厅）人员的英文业务水平，例如出入境大厅等场所，公司外籍人员办理事项时沟通不够顺畅。 3. 供应链管理方面问题。企业资金需求大，而外资企业进入的资质审核严格，且银行资金结算慢，最后导致一些企业进入不了。 4. 开发区问题。①南昌经开区交通不够便利，需要政策支持。很多线路绕开了经开区，也没有地铁；基础设施有待提高，供电系统供电能力不足；医院覆盖率不高，只能看小病，看大病要到距离很远的大医院；学校质量不高，高级人才引入后，担忧其子女入学问题；酒店质量不高，配套不好。②建议小蓝工业园针对中小企业运营提供专门的问题解决平台，集中解决问题，降低管理成本。比如，排水系统问题，停电频繁问题，停水困扰等。③化工企业难入园问题。由于环保原因企业还没入园，问题一直未有效解决	1. 建议对重点企业、重大项目再倾斜，例如，企业核心技术攻关项目。 2. 建议出台智能制造政策，加速企业发展

续表

地区或机构	主要问题	企业意见及建议
商协会	1. 物流问题。商贸行业物流成本高，卖场服务费上升，物价上涨，建议在南昌的四个角建立运输仓储库，把物流企业集聚在一块，实现物流服务平台化管理。 2. 知识产权方面。江西知识产权很有影响力，申请数量全国第一，但是商标申请在全国排倒数。 3. 装修行业问题。装修没有行业工程施工标准，质量良莠不齐；施工证办理权利划分到住建局之后，公司在网上申请了，但没有下文，最后还是要和城管协商；消防审批权限也放到了住建部门，原来办理消防一个月，现在要半年时间。 4. 办理垃圾清运许可证的主管部门不明，本地每次招标要求该资质证明，导致本地企业错过很多机会。 5. 省级层面已经出台容缺受理机制，但是基层很难执行	1. 建议加强到基层进行政策宣讲。 2. 加快产城融合，完善交通、商业、学校配套

资料来源：江西省工商联发布的《2021年江西省营商环境企业评价报告》。

二、江西营商环境建设瓶颈问题的主要成因

（一）生产要素不够高效

存在生产要素在价值实现上缺乏渠道或不够畅通，造成要素闲置以及生产效率损失的现象。一是人力价值缺乏实现渠道。人力资本缺乏市场评价体系及变现途径，许多创业创新项目缺乏"第一桶金"。受高物价、低资产等因素影响，劳动力在城乡、行业间流动存在一定壁垒。二是资金配置效率有待提升，资金流动存在梗阻。我国融资仍以间接融资为主、国有银行为主，资金流向实体经济机制有待完善，资金下乡渠道不畅，社会资

金缺乏投资渠道与项目缺乏资金并存。三是部分国有企事业单位等机构的资产、房屋、设备等要素闲置，没有发挥其应有经济作用。四是现代生产要素知识、技术、管理、数据等产权保护不足。

（二）法治思维不够系统

一是从法治环境看，当前，江西省部分行业市场准入门槛较高，尚不具备统一完善的市场准入负面清单制度。在市场准入负面清单以外的领域，各类市场主体无法平等进入，存在阻碍统一市场运转的体制机制障碍。监管部门运用大数据、人工智能等信息技术推广"互联网＋监管"力度不大，市场监管执法水平有较大提升空间。知识产权侵权惩罚性赔偿制度还不健全，市场主体经营自主权存在安全隐患，市场秩序不够规范，束缚市场主体活力、阻碍市场充分发挥作用的各种体制机制弊端依然存在。二是部分公职人员法治思维和为企服务意识不强。少数公职人员权力意识太强，对企业管得多、管得严，简单执法、任性执法现象仍有发生，企业"求人办事"的现象仍偶有发生。还有少数地方主要领导还存有人治思想，少数地方仍有"新官不理旧账"现象。

（三）政务服务不够主动

一方面，部分公职人员服务不够主动，对深化"放管服"改革、优化营商环境的重大意义理解不透。少数地方和部门干工作只一味强调"上级要求"，未充分考虑发展实际和民营企业愿望，搞成上下"一般粗"、左右"一样齐"，执行政策"一刀切"，照搬照抄、生搬硬套，不注重因地施策、具体问题具体分析，导致惠企政策在执行时走了样、变了形、打了折。少数干部图形式、走过场、做虚功，习惯于依赖开会发文抓落实，制定政策习惯性仿效兄弟省份的先行先试做法，对于来办事的习惯性地要求出个证明、报个材料，遇到问题，经常问"外省怎么做"，或者用"以前就这么干"来解决，怕创新、步骤慢、手段少。另一方面，公共服务平台不够"硬"，部门协同的推进力度略显不足。少数部门在推进"互联网＋政务服务"建设时，较多考虑本部门利益得失、工作便捷，存在公共服务平台建设标准不一、业务不协同、层级服务断层的部门壁垒，导致公共服务效果难尽如人意。随着互联网应用的不断深入，评估政府公共服务的方式也应该与时俱进，当前政府在建设公共服务平台时尚未嵌入电子化绩效评估系统，监督政府服务内容和平台服务效果还不够直观。部分地市政务服务事项标准化成果运用还不到位，办事指南内容存在不全面、不准确问题，影响企业和群众办事的舒适度和获得感的增强。

（四）思想观念不够新

改革开放 40 余年，赣鄱文化的思想、意识、价值观都有了前所未有的改变，但受到传统耕读文化的影响，少数潜意识中的传统思维和习性，如小农意识和小市民习性，会制约商业文化的发展。少数干部价值观上以"自我"为核心，作风上明哲保身、维护自身利益，心态上胸襟不够开阔、善于计较，在一定程度上排斥变革。部分江西民营企业主因经历过无约束、无协作、无交换的非市场环境，而形成了部分错误的思想观念和行为习惯，需要加强法治思维、市场思维的教育培训，强化企业规范化管理。还有少数干部的自我要求不够高，有些地方和部门创特色、增优势的意识不强，认为只要完成国家布置的"硬任务"就行，满足于有改进、过得去，自我感觉良好，不能主动对标先进，不愿与强者比、向高处攀，不求大的突破和提升。

第五章

江西营商环境综合评价

为促进江西营商环境进一步优化，自 2018 年起，本课题组受江西省工商联委托，持续开展营商环境企业评价工作，深入江西省 11 个设区市、赣江新区及 100 个县（市、区）开展蹲点式调查，评价江西省营商环境发展状况。现总结过往经验，以评促改、以评促优，形成一套江西营商环境指标体系，并开展一系列跟踪性研究，为江西优化营商环境工作向纵深发展贡献智慧与力量。

第一节　江西营商环境指标体系

本课题组自 2018 年起，持续开展江西营商环境评价系列研究，江西营商环境指标体系的构建越发完善。

2018 年，对标世界银行和国家发改委营商环境评价指标，坚持市场主体、社会公众满意度导向，设计民营企业营商环境评价问卷，在江西省率先给出民营企业评营商环境的省域方案。开展江西省设区市营商环境研究工作，重点是发现典型做法和查找共性问题。这一阶段还未形成系统性的评价指标。

2019 年，进一步构建并完善主观问卷和客观指标相结合的营商环境评价体系，构建了一套包含宏、微观两方面的营商环境评价指标体系。宏观指标（见表 5 - 1）从民营经济发展、要素环境、法治环境、政务环境、融资环境和生活环境 6 个维度，设计了 32 项具体指标，由各设区市提供客观数据；微观指标从总体评价、要素环境评价、法治环境评价、政务环境评价、市场环境评价、生活环境评价和融资环境评价 7 个维度，设计了 50 道题的调查问卷（见附录），然后对问卷中满意度题赋权，获取江西省民营企业家微观满意数据。并按照表 5 - 2 的权重，结合宏、微观数据，计算得出江西省 11 个设区市营商环境排名结果。此次指标体系的初步设计对于江西省营商环境评价工作的开展具有开创性意义。

表 5 -1　　　　　　　　2019 年江西省营商环境评价宏观指标体系

一级指标	二级指标	三级指标
民营经济发展指标	非公有制经济 GDP 占比（正向）	—
	非公有制经济 GDP 增长率（正向）	—
	非公有制经济税收占比（正向）	—
	非公有制经济税收增长率（正向）	—
	非公有制经济固定资产投资占比（正向）	—
	非公有制经济固定资产投资增长率（正向）	—
	私营企业、个体工商户户数增长率（正向）	—
	非公出口创汇占比（正向）	—
	非公出口创汇同比增长率（正向）	—

续表

一级指标	二级指标	三级指标
要素环境	土地成本（负向）	商业土地均价（万元/亩）
		工业土地均价（万元/亩）
	劳动力成本（负向）	2017年城镇私营单位就业人员工资（元）
	公路运输成本（负向）	整批货物基本运价（元/吨千米）
	用水成本（负向）	工业用水（元/吨）
	能源成本（负向）	商业用水（元/吨）
		工业用电（元/度）
		商业用电（元/度）
		天然气价（元/立方米）
法治环境	执行案件平均执行时间（负向）（天）	—
政务环境	注册企业时间（负向）（天）	—
	办理施工许可时间（负向）（天）	—
	获得电力时间（负向）	无电网配套工程低压用户用电接入时间（天）
		需电网配套工程低压用户用电接入时间（天）
	企业注销时间（负向）（天）	—
融资环境	担保公司数（正向）（家）	—
	担保金额（正向）（亿元）	—
	小额贷款机构数（正向）（家）	—
	小额贷款额（正向）（亿元）	—
生活环境	全年空气优良天数（正向）（天）	—
	人均绿地面积（正向）（平方米）	—
	消费价格指数（负向）	—
	人均公园面积（正向）（平方米）	—

表 5 – 2   **2019 年江西省营商环境微观与宏观指标的权重**

微观问卷：权重 0.6				宏观指标：权重 0.4			
一级指标		二级指标		一级指标		二级指标	
指标名	权重（%）	指标名	权重（%）	指标名	权重（%）	指标名	权重（%）
营商环境总体评价	20			民营经济发展指标	60		
六大子环境	80	要素环境	17.82	五大子环境	40	要素环境	22.01
		政务环境	22.22			政务环境	27.44
		市场环境	19.03			法治环境	19.43
		法治环境	15.73			生活环境	11.08
		生活环境	8.97			融资环境	20.04
		融资环境	16.23				

注：1. 一级指标权重由专家法得出。

2. 二级指标的权重是在 2018 年全国工商联营商环境评价指标体系权重的基础上修改而成的，修改主要体现在两个方面：一是将全国工商联的社会环境指标的权重借用到生活环境的指标权重中；二是把创新环境指标的权重借用到融资环境的指标权重中。

3. 宏观指标的五大子环境指标权重是在问卷的六大子环境指标权重的基础上修改而成，修改方法是把问卷中市场环境的权重平均分摊至其他五个指标中去。

2020 年，根据《江西省营商环境实施方案（试行）》任务分工，江西省工商联开始负责每年的营商环境企业评工作，所占权重为 40%。本课题组受江西省工商联委托，依据江西省优化营商环境工作领导小组办公室设计的营商环境评价指标体系和以往营商环境评价工作经验，开展江西营商环境企业评工作。企业评主要侧重微观层面，各指标数据由企业填报问卷获得。指标体系分为总体指标和分项指标，首先考察企业对营商环境的总体满意度，其次从企业生命周期、投资吸引力、服务监管、企业信心与政策落实四个一级指标，涵盖企业情况、开办企业、办理建筑许可、获得电力等 19 个二级指标构建江西营商环境指标体系，各项指标的权重详见表 5 – 3。

表 5 – 3　　　　　　　　**2020 年江西省营商环境企业评价指标及权重**

一级指标	二级指标	权重（%）
1. 营商环境总体满意度	—	10
2. 企业生命周期	2.1 开办企业	5
	2.2 办理建筑许可	5
	2.3 获得电力	6
	2.4 获得用水	4
	2.5 获得用气	4
	2.6 登记财产	4
	2.7 纳税	5
	2.8 跨境贸易	4
	2.9 企业注销	3
3. 投资吸引力	3.1 获得信贷	6
	3.2 执行合同	4
	3.3 政府采购与招标投标	5
4. 服务监管	4.1 政务服务	7
	4.2 知识产权创造、保护和运用	4
	4.3 市场监管	6
	4.4 包容普惠创新	6
	4.5 劳动力市场	5
5. 企业信心与政策落实	5.1 企业信心	3
	5.2 政府政策与落实	4

　　2021 年，根据《江西省营商环境评价实施方案（修订）》分工，由江西省工商联继续负责企业评部分，分值权重占 20%，在延续 2020 年评价工作的基础上，进行了一定修订。该指标体系仍然分为总体指标和分项指标，区别于 2020 年，总体指标中增加了二级指标"企业认为我省营商环境最好的 1～3 个地区"，分项指标中删除了一级指标"企业信心与政策落实"，并对"政府政策与落实"等二级指标进行整合。综上所述，2021 年江西营商环境评价除涉及总体指标外，还包括企业生命周期、投资吸引力、监管服务 3 个一级指标，这 3 个一级指标涵盖开办企业与注销、办理

建筑许可、获得电力、获得用水用气、登记财产等 19 个二级指标。在此基础上，设计了 20 个模块 80 道题的调查问卷并确定权重，各项指标的权重详见表 5－4。

表 5－4　　　　　　2021 年江西省营商环境企业评价指标及权重

一级指标	二级指标	权重（%）
1. 总体满意度	1.1 企业对所在地营商环境总体评价	7
	1.2 企业认为我省营商环境最好的 1～3 个地区	3
2. 企业生命周期	2.1 开办企业与注销	4
	2.2 办理建筑许可	6
	2.3 获得电力	4
	2.4 获得用水用气	4
	2.5 登记财产	4
	2.6 纳税	4
	2.7 跨境贸易	5
	2.8 办理破产	2
3. 投资吸引力	3.1 获得信贷	6
	3.2 执行合同	4
	3.3 保护中小投资者	2
	3.4 劳动力市场监管	4
	3.5 政府采购	4
	3.6 招标投标	4
4. 监管服务	4.1 政务服务	7
	4.2 知识产权创造、保护和运用	3
	4.3 市场监管	7
	4.4 包容普惠创新	11
	4.5 政府政策与落实	5

2022 年，相较于 2021 年略有不同，总体满意度指标主要包括"企业对所在地营商环境、政策落实情况总体评价""企业认为我省营商环境口碑最好的 3 个地区"。后一个指标为外地企业评价本地和本地企业评外地

的综合结果，确切体现当地营商环境的真实画像。此外，为保证指标体系的科学性和严谨性，将"保护中小投资者"调整为企业生命周期指标的细分二级指标；为减少问卷填报时长，将"获得电力"指标和"获得用水用气"指标合并为"获得用电用水用气"，统一考察企业对获得水电气的综合满意度。基于此，设计了 17 个模块 47 道题的调查问卷并确定权重，各项指标的市级、县域权重详见表 5 - 5。

表 5 - 5　　2022 年江西省设区市及赣江新区营商环境企业评价指标及权重

一级指标	二级指标	权重
1. 总体满意度	1.1 企业对所在地营商环境、政策落实情况总体评价	10
	1.2 企业认为我省营商环境口碑最好的 3 个地区	10
2. 企业生命周期	2.1 开办企业与注销	2
		2
	2.2 办理建筑许可	6
	2.3 获得用电用水用气	2
		2
		2
		2
	2.4 登记财产	4
	2.5 纳税	2
		2
	2.6 跨境贸易	1.5
		1.5
		2
	2.7 保护中小投资者	2
	2.8 办理破产	3
3. 投资吸引力	3.1 获得信贷	2
		2
		1

一级指标	二级指标	权重
3. 投资吸引力	3.2 执行合同	4
	3.3 劳动力市场监管	4
	3.4 政府采购	4
	3.5 招标投标	2
		2
4. 监管服务	4.1 政务服务	3
		4
	4.2 知识产权创造、保护和运用	4
	4.3 市场监管	6
	4.4 包容普惠创新	3
		3

回顾几年来江西营商环境评价指标体系的变化，由最初要素环境、法治环境等6个维度的设计到宏微观领域的结合，再到后来总体指标与分项指标相结合，指标体系设计逐渐科学完善，营商环境真实情况逐步体现。

第二节 江西营商环境企业评演变趋势

一、江西营商环境的总体发展趋势

2018～2022年，从企业满意度、投资信心及优化营商环境政策落实情况来看，江西省营商环境总体上逐年改善，趋势向好，企业对营商环境总体评价较高。

就总体满意度而言，调查问卷显示绝大多数企业对江西省营商环境现状予以肯定。2019～2022年，江西省内对营商环境非常满意的企业分别为27.8%、66.97%、88.27%和94.85%，企业满意度逐年提高，投资积极性显著增强。

就投资信心而言，2018 年企业继续投资的信心指数平均分为 8.48 分（信心指数评分区间为 1~10 分），2019 年这一指标达到 8.59 分，较上一年增加 0.11 分，并且 67% 的企业表示会继续投资，其中 42% 的企业表示会大力投资。2020 年，表明继续投资的企业上升至 70%，企业投资信心显著增强。

就优化营商环境政策落实情况而言，84% 的企业表示对 2019 年以来出台的一系列优化营商环境政策有一定了解，并认为近年来密集出台的政策实施效果显著，2021 年这一比重达到 84.38%，总体呈现上升趋势。同时，2020 年有 92% 的企业对这些政策给营商环境改善带来的成效予以认可，2021 年这一指标达到 98.36%，同比增加 6.36 个百分点，2022 年仍保持在 94% 以上的较高水平。

二、江西营商环境的动态发展趋势

基于江西省营商环境评价指标体系，江西营商环境的发展趋势从政务环境、法治环境、要素环境、市场环境、政策环境 5 个方面进行评价，具体情况如表 5-6 所示。

表 5-6　　　　　2018~2022 年江西省营商环境变化趋势

营商环境	2018 年	2019 年	2020 年	2021 年	2022 年
总体环境	总体较好，超过一半企业认为营商环境有明显改善	趋势向好，对营商环境很满意的企业占 27.8%，投资积极性高	趋势向好，66.97% 的企业对营商环境非常满意	总体环境较好，88.27% 的企业对营商环境非常满意	市场主体对江西营商环境评价满意度再创新高
政务环境	加快推进"放管服"改革，政务环境不断优化	政务环境不断改进，政务环境方面的满意度高	改革成效日益凸显，"一网""一门""一窗"改革成效日益凸显	有 88.35% 的企业对政务服务感到"非常满意"，政务服务满意度高	对政务环境非常满意的民营企业占 94.25%

营商环境	2018 年	2019 年	2020 年	2021 年	2022 年
法治环境	法治保障不断加强，设立非公有制企业维权服务中心并正式运行	法治环境持续优化，执法公平公正有力彰显，法治环境总体评价较高	企业整体满意度较高，62.23%的企业对本地的法治环境感到非常满意	发生纠纷时，企业认为最有效的解决途径是司法诉讼，司法途径认可度高	有92.55%的企业对本地法治环境非常满意
要素环境	降本增效取得了一定成绩，企业税负有所下降	要素保障总体评价趋好，土地保障较为有力	—	—	有92%以上的企业对水电气等要素获取表示"非常满意"，要素环境整体较好
市场环境	企业评价中选择"很满意""较满意"的企业超过65%	市场环境日益改善，认可度较高	信贷产品或服务的满意度较高，市场环境改善	跨境贸易指标得分在所有指标中排名靠前，位列第二位	有94%以上的企业对跨境贸易"非常满意"
政策环境	政府诚信建设有所加强，企业对政府诚信评价较好	—	92%的企业对优化营商环境政策带来的成效予以认可	92.7%的企业对优化营商环境政策带来的成效予以认可	企业对出台优化营商环境政策及政策落实的满意度超94%

政务环境方面。江西持续推进"放管服"改革，2018 年政务环境取得了明显成绩。从企业对降成本政策实施效果的满意度来看，认为"非常好""比较好"的企业有 740 家，说明大部分企业（71.29%）认为降成本等政策落实较好。对政务环境方面的满意度主要表现在：行政权力事项大幅精简，项目报建审批满意度较高，"减证便民"行动感受明显，权责清单制度体系全面建成，政务环境向服务高效、数据赋能、"一次不跑"持续转化。调查显示，2019 年对政务环境非常满意的江西民营企业占 34.8%，而这一指标在 2021 年上涨到 88.35%，2022 年持续上升至 94.25%，政务环境明显改善，行政权力事项方面大幅精简，"减证便民"行动感受明显。

法治环境方面。法治保障不断增强，明显的违法违纪现象得以遏制，企业家合法权益得到保护。经调查，2018 年"通过法律途径"进行维权的企业有 642 家（占比 61.85%），说明企业运用法律武器维护自身合法权益的意识较强。在维护企业合法权益方面，设立非公有制企业维权服务中心并正式运行；在完善联合信用惩戒机制方面，江西省高级人民法院执行局、江西日报社、中国江西网携手 18 家金融机构联合打造的"法媒银"平台上线，在全国首创以"褒扬诚信、惩戒失信"为主题，法院、媒体、金融机构三方联动打击"老赖"的新模式。2019 年，有 29% 的企业对本地法治环境非常满意，2020 年这一比重达到 62.23%，2022 年继续上升至92.55%，企业整体满意度较高，说明法治环境持续优化。

要素环境方面。降本增效取得了一定成绩，企业税负有所下降，如2018 年共为企业减负 1135 亿元，其中税费减免 947 亿元。江西省规模以上工业企业每百元主营业务收入成本 87.13 元，同比下降 1.13 元，规模以上工业企业利润总额增长 18.4% 以上。2019 年，对本地区的生产要素环境状况表示"很好""较好"的企业分别占 26.3%、44.6%，两项合计达 70.9%。2022 年，有 92% 以上的企业对水电气等要素获取表示"非常满意"，说明要素环境整体较好，土地保障、物流保障较为有力。

市场环境方面。投资进一步开放，信用环境较好。2018 年，"财园信贷通"和"惠农信贷通"累计发放贷款上亿元，惠及企业超十万户，对市场环境评价"很满意""较满意"的企业超过 65%。2019 年这一指标达到 68.8%，市场环境认可度普遍较高，还有 74.4% 的企业认为本地区融资环境较上一年有所改善，优化融资环境效果明显。同时，投资领域进一步开放，83.4% 的企业认为当地落实了《关于支持民营经济健康发展的若干意见》，开放了相应投资领域，83.9% 的企业认为在政府准入的投资领域中不存在人为障碍。2020 年，企业对信贷产品或服务的公开程度以及办理贷款资格审查合理程度的满意度较高，均有超过 60% 的企业给予非常好的评价。2021 年，跨境贸易指标得分在所有指标中排名第二位，全省平均得分为 95.158 分，其中进出口审核时限获得"非常满意"的占比最高（90.62%）。2022 年，有 94% 以上的企业对跨境贸易"非常满意"，说明经过多年营商环境优化工作的开展，市场环境持续改善。

政策环境方面。2018 年，企业对政府诚信评价较好，从问卷调查情况看，在企业是否遭遇过"新官不理旧账"（指有明确合同或协议的事项）一项上，江西省 84.2% 的企业表示没有遭遇过，总体上政府诚信建设有所加强。调查发现，2020 年有 92% 的企业对优化营商环境政策带来的成效予以认可，认为江西密集出台的系列政策改善了营商环境。2021 年这一指标上升到 97.72%，另外有 98.36% 的企业对本地政府优化营商环境的政策感到满意，1.64% 的企业感到不满意。不满意的原因主要有政策宣传不到位（49.01%）、政策不够稳定和连续（31.19%）、政策贯彻落实不到位（30.69%）、政府政策不太贴合企业的发展需求（29.21%）、部门间政策不协调、不一致（27.23%）、政府提供的企业研发支持的力度不够（21.29%）等。相比 2020 年不满意的原因，政策宣传不到位（19.11%）、部分政策不够稳定和连续（12.31%）、政策贯彻落实还有最后一公里（13.59%）、部分政策不太贴合企业发展需求（15.92%）、部门间政策不协调、不一致（16.14%），2021 年各项指标占比均有下降，2022 年企业对本地政府出台优化营商环境政策及政策落实方面的满意度超 94%，政策环境显著改善。

综上所述，2018～2022 年，江西省政务环境、法治环境、要素环境、市场环境、政策环境皆有一定程度改善，例如企业负担明显降低，办事时限大幅压减，政务服务水平明显提升。这说明优化营商环境成效显著，这为民营经济跨越式发展提供了强有力的支撑，也为加快推进中部崛起、奋力谱写江西高质量发展新篇章创造了良好环境。

第三节　江西 11 个设区市和赣江新区营商环境企业评趋势分析

自 2018 年起，江西省工商联高度重视营商环境企业评价工作，成立专门领导小组，科学设计问卷，连续四年赴全省 11 个设区市和赣江新区、部分商协会、国有企业和外资企业调研，详细调研了解企业遇到的营商环境问题和优化营商环境建议。经过问卷调研和实地调研的叠加分析，发现江西省营商环境存在空间性差异。按照区域对江西省地域进行划分，分为赣北（南昌、九江）、赣东北（上饶、抚州、景德镇、鹰潭）、赣西（宜春、萍乡、新余）、赣南（赣州、吉安），对江西省营商环境的空间差异进行全面、分指标分析。

一、江西省营商环境区域总体评价结果

因 2018 年调研报告未对江西省营商环境企业评结果进行地域划分，2019 年调研报告的评分结果采取等级制评分方法，未采用百分制计算评价结果，所以，本节仅对 2020 ~ 2022 年营商环境的空间差异性进行分析（见表 5 - 7 ~ 表 5 - 9）。

表 5 - 7　　　　　　　2019 年各设区市营商环境得分及类型

项目	南昌	吉安	赣州	抚州	宜春	九江	上饶	萍乡	新余	鹰潭	景德镇
加权得分	7.27	7.22	7.17	6.68	6.67	6.65	6.61	6.51	6.50	6.48	6.25
类型	A 类			B 类						C 类	

分类标准：7 分（含）以上为 A 类；6.5 分（含）~7 分（不含）为 B 类；6.5 分（不含）以下为 C 类。

表 5 - 8　　2020 ~ 2022 年江西省营商环境企业评分区域评价结果（百分制）

区域	2020 年得分	2021 年得分	2022 年得分	三年分值变化
赣北	87.45	93.57	97.11	+ 9.66
赣西	87.37	92.36	97.48	+ 10.11
赣南	84.1	91.27	97.46	+ 13.36
赣东北	82.8	90.01	97.40	+ 14.6
平均分	85.43	91.80	97.36	+ 11.93

表 5 - 9　　2020～2022 年各地营商环境企业评价得分及排名情况（百分制）

地区	2020 年（百分制）		2021 年（百分制）		2022 年（百分制）		三年对比	
	分数	排名	分数	排名	分数	排名	分数	名次
南昌	83.2	7	93.67	1	96.93	10	+13.73	↓3
九江	91.7	1	93.47	2	97.28	8	+5.58	↓7
景德镇	77.8	11	85.87	11	97.71	3	+19.91	↓8
萍乡	91.5	2	92.56	5	98.02	1	+6.52	↑1
新余	82.2	9	92.53	6	96.84	11	+14.64	↓2
鹰潭	89.3	3	90.78	8	96.71	12	+7.41	↓9
赣州	82.3	8	92.86	4	97.08	9	+14.78	↓1
宜春	88.4	4	91.99	7	97.57	5	+9.17	↓1
上饶	83.2	6	90.50	9	97.49	6	+14.29	–
吉安	85.9	5	89.67	10	97.83	2	+11.93	↑3
抚州	80.9	10	92.88	3	97.67	4	+16.77	↑6
赣江新区	71.4	12	83.25	12	97.41	7	+26.01	↑5

就区域性总体评价得分而言，赣北区域 2021 年和 2021 年营商环境企业评得分最高，其次为赣西区域，再其次为赣南区域，最后为赣东北区域；2022 年赣西区域营商环境企业评得分最高，其次为赣南区域，再其次为赣东北区域，最后为赣北区域。就三年总体评价对比而言，2022 年赣北、赣西、赣南、赣东北营商环境企业评总体得分比 2020 年分别提高了 9.66 分、10.11 分、13.36 分和 14.6 分，进步最大的是赣东北和赣南地区。就地区总体评价而言，与 2020 年相比，2022 年所有设区市、赣江新区得分均有较大提升。抚州名次提升最多，相对 2020 年提升 6 名，其次是赣江新区，相对 2020 年提升 5 名，再其次是吉安，相对 2020 年提升 3 名。在 2022 年"贵企业对所在地营商环境总体情况、惠企政策出台及落实的满意度"一题中，萍乡、抚州、吉安的总体得分最高，企业认为以上地区的资源、政策具备一定的优势，其中，吉安获得"非常满意"选项

的占比最高，为96.54%，抚州、景德镇次之，分别为96.40%、96.23%。

二、2018～2022年江西省营商环境区域分项指标评价情况

从2018年区域评估情况看，各设区市在营商环境优化方面各有特色。企业对南昌、上饶的政府诚信评价较好；对抚州政务服务评价总体较好；对鹰潭商业服务整体评价较高，特别是"信息技术服务"方面；对萍乡、上饶的惠农和财园信贷通贷款期限较满意；对抚州的公路运输和通信设施、新余的铁路运输、南昌的空港及空运基础设施评价最高；九江的市场秩序规范方面满意度在江西省最高；吉安企业遭遇"新官不理旧账"的情况最少；萍乡市县两级政企对话做得较好；吉安、宜春两地企业对"一次不跑"清单比较了解；景德镇、赣州新增投资项目储备较多、后劲足。

从2019年营商环境企业评情况看，南昌、吉安和赣州营商环境总体得分靠前，排名在A类。（1）南昌在市场环境、融资环境、政务环境、生活环境等方面的表现突出，尤其是市场环境和融资环境，这两项子环境排名均列全省第一。在融资环境方面，担保金额和小额贷款机构数两项指标，位居全省第一，多项指标名列前茅。如银行贷款审批时间短，位居全省第二；贷款中介机构收费低，位居全省第三。为改善融资环境，南昌创建了全国首家窗口式、一站式的专业性综合性金融服务平台——南昌市金融服务中心，为广大中小微企业上市挂牌、转贷基金、民间资本服务、金融培训、政府补贴申请、PE股权投资等方面提供服务。在市场环境方面，中介服务业发展、PPP项目公平性、政府采购公平性、水电气等生产性配套四项指标均名列全省第一。在市场环境建设方面，探索出"制度保障＋信息平台建设＋激励政策"信用体系建设模式，开展"信易＋"应用，推动"互联网＋民生＋信用"的应用落实。（2）吉安在要素、政务和融资环境等方面的表现突出。在要素环境方面，公路运输成本全省第二低，通过扶持万佶全国物流公共信息平台，帮助物流平台做大做强，该平台利用信息平台定位系统，寻找就近回程车辆，有效降低了物流成本；工业用

水成本在全省第二低，对工业企业用水价格实行优惠政策，在现行非居民用水价格的基础上下降 15%。在政务环境方面，抵押登记业务时间 3 天办结，一般登记业务时间 2 天办结，这两项登记业务时间效率分别与九江、赣州并列第一；办理施工许可 2 天办结，效率在全省排第二。在融资环境方面，吉安 2018 年累计担保金额 40.38 亿元，小额贷款机构数 17 家，均位列全省第三。

从 2020 年的营商环境企业评看，九江、萍乡、鹰潭的营商环境企业评总体成绩和分项指标均排名靠前。（1）在企业生命周期方面，九江、萍乡、宜春的开办企业指标项得分靠前，九江、萍乡、鹰潭的办理建筑许可、获得水电气、不动产登记、纳税、企业注销等指标项得分靠前，九江、宜春、鹰潭的跨境贸易指标项得分靠前。（2）在投资吸引力指标方面，九江、萍乡、鹰潭的获得信贷、执行合同、政府采购与招标投标指标项得分靠前。（3）在服务监管方面，九江、萍乡、鹰潭的知识产权、创造保护和运用、政府服务、市场监管、劳动力市场、包容普惠创新等指标项得分靠前。（4）在企业信心与政策落实方面，九江、萍乡、鹰潭企业对在本地继续经营、投资的信心以及对本地政策的满意度较高。

从 2021 年的营商环境企业评总体得分看，南昌、九江、抚州表现突出，分项指标中每个地区都有亮点。（1）企业生命周期方面。宜春、南昌、鹰潭等地的开办企业得分较高，江西全省企业开办承诺办结时间为1.5 个工作日，大部分地区已经压缩至 1 个工作日，迈入全国第一梯队。萍乡、新余、宜春的企业注销得分靠前，江西全省企业注销都基本实现全程免费，主要流程可以网上办理，但相对其他指标，企业注销方面的举措比较常规。抚州、宜春、萍乡办理建筑许可得分靠前，抚州将社会投资项目中的房屋建筑类和工业类项目耗时压缩至 70 个工作日；萍乡一般社会投资项目不超过 65 个工作日；宜春将审批环节压减至 72 个工作日。抚州、南昌、宜春在获得水电气指标项排名靠前。抚州供电可靠率的提高率排全省第一；宜春、南昌大力降低用电费用，2020 年分别减负 4.04 亿元和 3.2 亿元；南昌打造"南水通"App；宜春水费每吨减免 0.28 元。宜春、抚州、赣州登记财产指标项排名靠前。抚州依托不动产登记集成服务平台，实现"掌上办理"；宜春积极构建"外网申请、内网受理"的登记模式；赣州市本级一般登记实现 3 个工作日内办结。九江、萍乡、宜春纳税指标项排名靠前，九江减免税退还比例达到 100%，萍乡、南昌、宜春等地实现全年纳税缴费次数降为 6 次。新余、鹰潭和赣江新区三地跨境贸易指标项评分获得满分，所有企业都给予"非常满意"评价。南昌、九江、鹰潭、萍乡四地办理破产指标项指标评分为满分，所有企业都给予"非常满意"的评价。（2）投资吸引力方面。抚州、新余、九江获得信贷指标项排名靠前，新余率先在江西省开展"政务大数据＋普惠金融"试点；上饶打造"饶企云"企业融资服务平台；萍乡获评"信易贷"工作示范城市，整合多部门企业数据，积极探索企业融资新路径。萍乡、上饶、南昌执行合同指标项排名靠前，萍乡着力提高司法程序质量，建立云上法庭；上饶开展涉党政机关国有企业拖欠民营企业债务案件清理活动，执行到位率为 91.13%；南昌加大智慧法庭建设力度，商业纠纷从立案到判决平均用时 56 天。九江、新余、抚州保护中小投资者指标项排名相对靠前，主要是开展了一系列帮助企业上市的工作。新余、九江、抚州三地在劳动力市场监管、政府采购、招标投标等指标项排名靠前。（3）监管服务方面。南昌开展了备选库、名录库、资格库的清理工作，保障公平竞争环境；宜春中小微企业合同总金额占本地区政府采购支出的 88.84%；吉安明确要求政府采购中向中小企业预留比例不能低于 30%。江西全省各地基本实现招标投标全流程电子化，规范了投标保证金管理，宜春还开展了远程异地评标试点工作，各地大力维护了市场公平，外地企业中标率明显提升。九江、抚州、新余三地在政务服务、知识产权创造保护和运用、包容普惠创新等指标项排名靠前。九江市实现"园区事园区办""一网选中介"，"一窗受理"率达 100%；抚州市"一次不跑、只跑一次事项"达到 1384 项，占所有事项的 98.79%（占比江西全省最高）；新余市在江西省率先实行 365 天政务服务"不打烊"、率先部署"好差评"系统；抚州、景德镇、宜春实现"帮代办"创新举措；赣江新区在江西省首推项目直接发包备案全流程无纸质电子化服务。新余首创"商标＋专利"混合质押新模式，南昌、萍乡、景德镇建立健全知识产权纠纷多元化解机制，推动知识产权保护体系建设。九江、抚州、南昌三地在市场监管、政府政策与落实指标项排名靠前。九江、赣州、吉安、鹰潭"双随机、一公开"监管检查实施清单覆盖率达100%，抚州、九江、萍乡、上饶创新创业服务平台、新型研发机构、高新企业数量快速增长。

从2022年的营商环境企业评总体得分看，萍乡市、吉安市、景德镇市的营商环境企业评总体得分和分项指标均排名靠前。各设区市和赣江新区在企业生命周期、投资吸引力和监管服务中下设的二级指标得分集中，单项二级指标的最高分与最低分差值为近年来最小差值，说明近年来各地大力实施营商环境优化升级"一号改革工程"部署，坚持对标先进，开展营商环境改革攻坚行动，营商环境持续改善。（1）企业生命周期方面。南昌市全面推行企业开办"四减一优化"，实现企业开办"零成本"，自政策实施以来，已有近10万户企业受益。宜春市探索推进产业项目"全链协同审批"改革，产业项目审批时限全流程审批最长缩减至60个工作日，最短缩减至12个工作日，开工时间平均提前2个月以上。九江市全面推行工程建设领域证照电子化，企业和群众可通过手机直接登录网上办事大厅下载使用。吉安市大力推行消防审批事项改革，实现"一次不跑"网上办理；推行节能定制服务，帮助客户优化用能结构、提升用能效率。南昌市、九江市、赣江新区开通不动产登记信息及地籍图可视化查询服务。吉安市建立"法税协作"联动机制，增强法税联动惩戒合力；加强破产案件全流程管理，不断优化破产案件内部审理流程。九江市推行离港确认转关模式，赣州市创建"跨省、跨关区、跨陆海港"通关新模式。赣州市探索出"1＋2＋3"教学新模式，推动投资者教育纳入国民教育体系。（2）投资吸引力方面。南昌市建立破产重整综合性网络平台，并在省内形成可借鉴、可推广模式。鹰潭市创新"担保基金＋""专项基金＋""投贷联动"三种物联网产业融资模式，有效拓宽物联网企业融资渠道。宜春市率先在省内建成市县两级集工资支付、预警监管、项目用工、投诉维权于一体的

"农民工工资支付预警监控"多功能平台。九江市深入推进"互联网+"公共资源交易行动，加快招投标档案数字化转型。赣州市谋划建设"公共资源交易＋智慧监管"平台——"赣州招投标串通投标犯罪预警模型"。赣州市南康区设立"泛家居行业矛盾纠纷多元化解中心"，加强矛盾纠纷的前端化解、关口把控。（3）监管服务方面。赣江新区开发企业档案"容e查"系统，实现"随时随地、想查就查、即查即得"的新监管服务模式。宜春市试行"承诺即入"极简审批模式，实现即审即批即可营业。鹰潭市强化专利保险工作，为企业创新保驾护航。新余市推行"1＋N"联合抽查新模式，实现"两增两减"新格局。景德镇市实施"村医＋协会"撑起留守老人医养结合保障线，有效解决农村留守老年人医养结合服务问题。九江市引入卫星遥感反演检测鄱阳湖水质，为鄱阳湖以及整个九江辖区范围内水域水质的稳定与提升保驾护航。

表5－10对江西省设区市和赣江新区2018～2021年的营商环境企业评价中排名靠前的分项指标进行了汇总。

表5－10　　2018～2021年江西省设区市和赣江新区营商环境企业
评分排名靠前的分项指标

地区	2018 年	2019 年	2020 年	2021 年
南昌	政府诚信、空港及空运基础设施	市场环境、融资环境、政务环境、生活环境	—	开办企业、获得水电气、办理破产、执行合同、市场监管、政府政策与落实指标项
九江	市场秩序规范	—	开办企业、办理建筑许可、获得水电气、不动产登记、纳税、企业注销、跨境贸易、获得信贷、执行合同、政府采购与招标投标、知识产权、创造保护和运用、政府服务、市场监管、劳动力市场、包容普惠创新、企业信心与政策落实	纳税、办理破产、获得信贷、保护中小投资者、劳动力市场监管、政府采购、招标投标、政务服务、知识产权创造保护和运用、包容普惠创新、市场监管、政府政策与落实指标项

续表

地区	2018 年	2019 年	2020 年	2021 年
景德镇	新增投资项目储备	—	—	—
萍乡	政企对话	—	开办企业、办理建筑许可、获得水电气、不动产登记、纳税、企业注销、跨境贸易、获得信贷、执行合同、政府采购与招标投标、知识产权、创造保护和运用、政府服务、市场监管、劳动力市场、包容普惠创新、企业信心与政策落实	企业注销、办理建筑许可、纳税、办理破产、执行合同
新余	惠农和财园信贷通贷款期限、铁路运输	—	—	企业注销、跨境贸易、获得信贷、保护中小投资者、劳动力市场监管、政府采购、招标投标、政务服务、知识产权创造保护和运用、包容普惠创新
鹰潭	商业服务	—	办理建筑许可、获得水电气、不动产登记、纳税、企业注销、跨境贸易、获得信贷、执行合同、政府采购与招标投标、知识产权、创造保护和运用、政府服务、市场监管、劳动力市场、包容普惠创新、企业信心与政策落实	开办企业、跨境贸易、办理破产
赣州	新增投资项目储备	—	—	登记财产
宜春		—	开办企业	开办企业、企业注销、办理建筑许可、获得水电气、登记财产、纳税、

续表

地区	2018 年	2019 年	2020 年	2021 年
上饶	政府诚信、惠农和财园信贷通贷款期限	—	—	执行合同
吉安		要素环境、政务环境、融资环境	—	—
抚州	政务服务、公路运输和通信设施	—	—	办理建筑许可、获得水电气、登记财产、获得信贷、保护中小投资者、劳动力市场监管、政府采购、招标投标、政务服务、知识产权创造保护和运用、包容普惠创新、市场监管、政府政策与落实指标项
赣江新区		—	—	跨境贸易

资料来源：江西省工商联发布的 2018～2021 年江西省营商环境企业评估报告。

三、江西省营商环境的主要问题

自 2018 年起，本调研组连续四年赴江西省 11 个设区市和赣江新区开展营商环境企业评价工作，详细调研了解企业在生产经营中遇到的营商环境问题，集中梳理了企业反映较为突出的政务、政策、市场、要素和法治环境等五个方面存在的典型问题（见表 5–11），为探寻江西优化营商环境工作的突破路径提供了有益方向。

表 5-11　　2018～2022 年 11 个设区市和赣江新区企业反映较为突出的营商环境问题

地区	政务环境	政策环境	市场环境	要素环境	法治环境
南昌	1. 个别部门对于竣工项目审计时间过长，工程款到账较慢。 2. 行政审批服务方面，办理企业注销有一定难度；施工许可证办理时效偏慢；工商登记核准、开办企业、建设规划、能评、安评、环保消防手续有待精简，有些设置未充分考虑实际情况。 3. 执法和行政处罚方面，在店铺装修办理消防手续、建筑许可环节时，存在个别不合理收费现象；有关部门对企业宣传用词不规范行为的处罚金额比较高。 4. 企业打算开展网络经营直播业务，需要网络经营文化许可证，但要办理权限有办理权限	1. 江西退个税手续费过程是先代扣代缴后再返还，较为麻烦且占用企业资金。 2. 对政策的获得感不高，政策兑现难，时效性不强的问题偶有发生	政府在实施 PPP 项目时不敢与民营企业合作，更倾向把项目交给央企和国企，而有些央企和国企把业务分包给民营企业，形成央企和国企拿项目，民企做事局面	1. "煤改气"后，用气成本大幅上升，并且经常气不够用，造成停产。 2. 由于没有大型的物流公司，快递费比又高40%～50%。 3. 物流供应链较为薄弱，物流网点设置覆盖面不广，一旦企业所处地理位置较偏，物流企业过来的意愿就很低。 4. 银行对企业抵押物要求高，一些资产评估价值偏低，变相增加了企业融资成本。 5. 企业用工难、专业性、高层次人才招求难以满足，留住人才难，本土高校学生流出省外，外省高校学生不愿进入本地	1. 遇到劳动纠纷时，劳动部门比较倾向员工意见；拍卖获取的破产企业厂房，由于上家企业还存在大额、一直有人上门闹事，导致合法拍卖来的厂房不能正常使用。 2. 执法部门虽然对经济案件的执行力度有所加大，但是部分判决执行仍存在执行难题

续表

地区	政务环境	政策环境	市场环境	要素环境	法治环境
九江	1. 当地为"迎检"进行市容市貌整治、拆除楼顶广告牌，给企业造成一定经济损失。 2. "财园信贷通"续贷手续较为频繁，办理难度大于新贷款	1. "营改增"后无法获取增值税进项发票，不能进行抵扣税，导致税负加重。 2. 政策宣贯不够到位；深圳对高新技术企业用电有补贴，而江西省没有这方面政策，企业生产用电量大，造成企业在九江用电成本比深圳高出20%左右	1. 建筑工程审计难。 2. 物流企业第三方评估公司评级手续较为复杂，导致费用高、耗时长，有些评级奖励政策难兑现。 3. 一些行业中的民营企业市场份额占比越来越少，政府在招标时，更倾向于选择国企、央企	1. 基本电价偏高、直供电范围过小，低谷电价比同比沿海地区短几个小时。 2. 环保原因限采河砂，河砂价格飞涨，建筑成本上升。 3. 招工难，人才技能提升需要政府给予支持	—
景德镇	1. 网上政务系统更新频繁，操作不够便利。 2. 政府有关部门针对行业、对企业问题反馈情况回复较少。 3. 投资建设项目因规划部门更改规划内容，项目无法进行，导致前期投资损失大。 4. 行政机构审批权划分不够明确	1. 和其他省份相比，江西省政策制定的标准更高，如在生产设备门槛、工伤赔偿标准等方面。 2. 对小微企业支持力度不够	"景德镇制"陶瓷品牌市场使用状况较为混乱，陶瓷文化的推广推介比较零散，没有形成一定规模，导致对外传播的有效性不足	企业招工难，特别是专业技术人才，流失严重	由于政府拖欠建企业账款，重大工程建设项目出现三角债问题

续表

地区	政务环境	政策环境	市场环境	要素环境	法治环境
萍乡	1. 税务变更时间太慢，有地方担心税源转移，干脆拖着不办。 2. 政府执法的自由裁量权大，环评等第三方评估机构收费高，服务价格缺乏监管和行业规范	1. 政府对新招商的企业热情高，相对现有的园区企业优惠政策打折扣。 2. 有些银行业务要到省里审批，时长10天左右，并且需要提供保函，但在江浙地区就不需要，银行可以直接审批资金。 政策落实不够到位，省政府2019年印发的进一步降低企业成本30条政策措施中，有序开展天然气直销试点政策未落地	有的政府部门对中小微民营企业区别对待	1. 用电高峰期间，如夏天大生产、春节保民生期间经常限电，一年几次保电影响企业生产任务，有些危险品在生产过程中忽然断电易发生安全事故。 2. 天然气价格相比湖南醴陵高出不少，企业用气成本较高，导致生产电瓷产品竞争力削弱	—
新余	1. 镇、村级的司法部门为企业维权力度有待加强	新余招商引资政策不如重庆优惠	—	1. 国有银行对企业惜贷，惜贷。 2. 环评、安评、能评等中介机构收费不规范，要价较高。 3. 技工难招，员工流动性较高，年龄偏大，平均在45岁。	企业生产严格按照绿色环保的要求操作，但由于缺少监管，小作坊自制生产的同类型产品的质量问题，给正规型企业带来负面影响

续表

地区	政务环境	政策环境	市场环境	要素环境	法治环境
新余	2. 超过百万元的外贸税收发票需要省里审批，省级层面的项目办理、商标注册、专利申报、不动产权证办理、新企业发票申领、工伤认定、审计等环节行政审批时间长	新余招商引资政策不如重庆优惠	—	4. 融资方式创新性、灵活性不足，私有房产抵押贷款，小企业贷款利率比大企业高出不少，银行还要求账上留存一定比例（15%～20%）的存款才能放贷，银行优惠政策不会主动告知企业，企业发现优惠政策，银行行才承认兑现。5. 物流不发达，亟须引进专业物流公司	
鹰潭	1. 政府在重大节假日与"两会"期间有时要求危险品制品及化工企业停产，导致企业产生直接经济损失。2. 店面装修时，城管执法不够规范	工伤保险合同问题较为突出，江西工伤赔付较高	1. 建筑行业专业化水平较低，只有乙级设计单位，因此审图资质也只有乙级，需要聘请外地甲级单位设计图纸。2. 建材市场规划不规范，没有一个规模化的大型市场	1. 政府与民营企业共同出资中小企业担保公司，企业已按时出资，但政府有时未按协议足额出资。2. 罐体车检测的费用从每辆2000多元涨至9000多元，江西全省范围在7500～14000元浮动，但广东、浙江等外省同类车辆只要2000元左右。3. 人才吸引力不够，留住人才更难，因教育、医疗等原因，引进对口专业人才在鹰潭愿意低	—

续表

地区	政务环境	政策环境	市场环境	要素环境	法治环境
赣州	1. 钨业企业反映环保部门未出置处置钨渣相关文件，环保处置措施不够精准；环保部门工作人员不清楚哪个品牌的设备符合当地环保要求，缺乏指导性意见。 2. 新官不理旧账的历史问题难以解决，相关部门互相推诿扯皮。 3. "财园信贷通"审批手续越来越繁杂，由三个部门审批变成十多个部门审批。 4. 环保部门存在执法"一刀切"现象，简单以烟囱冒烟作为执法依据。 5. 企业自主申报年检信息，有些由于上传过期、一些资料欠缺，被列入异常名单	1. 科技创新支持力度不大，同样的奖励等在当地经济强省的政府奖励比较少，而且无法在银行无抵押贷款。 2. 招商许诺用地价返还，但很多没有兑现或返还5%	1. 环评、安评、能评等中介机构收费不规范，价格较高。 2. 招投标市场准入不公平，作为地方性民营企业，参与重大决策时，领导更倾向于国企	1. 银行"谈钨色变"，对钨行业企业整体限贷；贷款抵押物评估额度及贷款额度偏低。 2. 企业职工社保缴纳金额高。 3. 用电方面。基本电价高于广东，且低谷电价同比沿海地区少2小时；在全国同行业（稀土新材料）中用电费用较高，赣地0.61元/度，包头只有0.3元/度，限电方面。短时间降负荷比较大；电力公司安装变压器，用电基本容量费、变压器增容费等项目收费较高。 4. 物流问题未解决，用地问题未解决，用地成本高，进而抬高物流价格	—

续表

地区	政务环境	政策环境	市场环境	要素环境	法治环境
宜春	1. 出口货物需要从南昌请商检员，增加企业成本，商检过程跑不够稳定、高效、科学。 2. 专利申请审批外省（湖南、湖北），要4～8个月，江西省需要13～14个月行政审批时间。 3. 存在部分部门相互推接的情况	1. 企业获取政策信息的渠道比较少，不懂怎么利用政策	人力成本和场地租赁费上涨，企业压力大	1. 天然气需预存，且上调价格执行较快，下调政策却执行较慢；燃气价格上涨，以前用的气要补交差额，燃气价格下跌，却不退回差额；燃气开户费高；燃气单价较高，负担较重。 2. 用电需预存，电费高，且是24小时统一用电价格，没有执行峰谷用电政策。 3. 生产要素不够齐全，零部件配套不够，需要江浙运输过来	—
上饶	1. 工作人员业务不熟悉，办事指南不够明确，导致企业本应一次办妥的事情需要跑多次。 2. 基层服务窗口人员态度有待改进，政务服务意识还有待提升。 3. 出口许可证审批进度未向企业及时公开，县政府相关职能部门也不知道卡在哪个环节，在办理过程中出现多部门推接现象。	政策的制定不够接地气，政策落地难	1. 民生服务领域如养老服务业进入门槛高，审批时间较长。 2. 安全评估，消防检测和第三方评估费用较高，特种设备检测培训费用较高。	1. 电力公司安装变压器，用电基本容量费，水电初装费用，变压器增容费等项目收费高。 2. 县农业园区路灯没通。 3. 国家天然气管道卡在广丰地段气迟迟未通玉山，企业用气需求难以满足。	法院对经济案件执行存在困难

续表

地区	政务环境	政策环境	市场环境	要素环境	法治环境
上饶	4. 涉企相关职能部门检查过多，在卫生、食品安全、经营许可等方面多头检查，频繁检查现象较为普遍，影响企业正常生产经营		3. 项目推进受到阻碍，拖欠账款问题依然存在	4. 银行贷款要求条件多，存贷比高，甚至断贷，抽贷，企业信用贷政策变化大，企业难以负担	
吉安	1. 设备检测、证照办理仍慢；部分工作人员对上级的政策文件精神没有吃透。2. "审批"审批依然是主流。3. 办事大厅部分工作人员对政策的理解不够到位，导致办事效率常常不高	1. 很多人才能力很强，但因学历不到位，享受不到政府的人才补贴，同时，企业人才在评高级职称时，又面临学历、发明专利、论文发表不足等问题。2. 国开行，进出口银行出台了支持中小企业的政策，企业需要去省主行申请授信，但提供给中小企业得授信额度难度大，获得信贷背书，享受不到优惠政策。3. 政策制定不够人性化，和江西都相比，企业社保负担重。4. 江西电价高，而且返还政策优惠力度小	1. 当地政府仍然要企业在项目所在地设立独立的分（子）公司。2. 评审的环节是堵点，第三方评估点能脱离了政府的监管，导致评审过程较为漫长	1. 环保原限采河砂，河砂价格飞涨，建筑成本上升。2. 天然气单价高于周边省市。3. 电力公司安装变压器，用电基本容量费，水电初装费用，变压器增容费等项目收费较高。4. 运输方式只有汽运，没有水运和铁路运输，导致运输成本较高。5. 江西的电子元器件的采购供应链要到广东沿海一带。6. 电力资源非常紧张，每年都要限电。7. 水压不够，特别是线路集中行业，正常自来水供水压力满足不了企业生产	—

94

续表

地区	政务环境	政策环境	市场环境	要素环境	法治环境
抚州	1. 执法部门管理不够规范。 2. 对小微企业的关心支持还有待加强。 3. 建筑信息化（建筑信息模型，BIM 技术）属于新兴行业，虽然建筑业上级管理单位较多，但没有专业的行业主管部门	1. 政策宣传面不够广泛、深入，企业对营商环境的相关政策、地方贷款的有关政策、维权服务信息渠道了解不多。 2. 招商政策不够标准化、公平公开，导致沟通交流成本较高	基础设施配套不够完善	1. 电费贵，且是 24 小时统一用电价格，没有执行峰谷用电政策。 2. 通往工业园区的水管道只有一条，一旦发生水管修就必须停工。 3. 银行存在"晴天打伞，雨天收伞"现象；银行贷款门槛较高，小企业贷款难	—
赣江新区	—	—	临时性停水较多、水质较差	1. 园区配套设施不足，晚上 9～10 点下班后，工厂周边道路路灯未持续照明。 2. 招聘人员和引进人才困难。 3. 网络宽带只能使用电信网络，网费比南昌市区更贵，网速较慢	—

第六章

创新实践："双万家"企业评营商环境

自2018年起，全国工商联组织开展"万家民营企业评营商环境"调查已成为工作惯例（2018年的评价结果没有公开），有上万家大中小微民营企业参与调查，评价对象包括我国31个省（自治区、直辖市）和新疆生产建设兵团，近年的调查结果显示，民营企业对营商环境改善的满意度持续增强。江西省工商联在全国工商联开展的"万家民营企业评营商环境"调查基础上，进一步创新，并和江西实际情况有效结合，于2020～2022年，连续开展江西县域和开发区万家企业评营商环境工作（2022年因江西营商环境工作部署原因，仅开展了县域层面的万家评价），在全国形成了生动的创新实践，为江西省县域和开发区优化营商环境提升积极建言献策。

第一节 全国工商联万家企业评营商环境的江西篇章

全国工商联组织开展的"万家民营企业评营商环境"调查，主要围绕要素、法治、政务、市场、创新5个维度，重点突出企业家主观感受，评价结论具有相当的科学性,由民营企业直接填报问卷,覆盖我国 31 个省区市、各行业的大中小微民营企业,最终根据有效问卷数据和官方统计数据加权计算,得出营商环境总得分。

一、全国工商联万家企业评营商环境江西总体情况

营商环境好不好,企业家说了算。调查显示,江西省民营企业对营商环境满意度连续三年持续上升。在全国工商联发布的《2019 年万家民营企业评价营商环境报告》中,江西在全国各省份中居第 11 位,前 5 位分别为上海、浙江、北京、江苏、广东;江西居中部地区第 1 位、中西部省份第 2 位,高于河南(12)、河北(13)、湖北(14)、湖南(15)。其中,在要素、法治、政务、市场、创新 5 个子项中,江西同上海、浙江、山东等省份,入选"2019 年万家民营企业评价营商环境法治环境前 8 省份",居第 6 位。同时,南昌也入选"2019 年万家民营企业评价营商环境前 30 城市""2019 年万家民营企业评价营商环境要素环境前 15 城市""2019 年万家民营企业评价营商环境政务环境前 15 城市",在 200 多个地级城市排名中分别居第 19 位、第 13 位和第 14 位。

在全国工商联发布的《2021 年万家民营企业评价营商环境报告》中,全国 31 个省区市的 6.9 万家各行业大中小微民营企业参与民企评营商环境,参评企业数量在国内同类评价中最多。江西共有 2083 家企业参与测评。评价围绕政务、法治、要素、市场、创新 5 个维度开展,江西均进入前 10 位。其中,政务环境列第 7 位,法治环境列第 2 位,要素环境列第 9 位,市场环境列第 6 位,创新环境列第 7 位。同时,江西 5 个子项排名较 2020 年均有所提升,其中,政务环境同比提升 6 位,法治环境同比提升 2 位,要素环境同比提升 2 位,市场环境同比提升 2 位,创新环境同比提升 5 位。

二、江西重商亲商安商形象良好

近年来，江西民营企业对各级党委政府密集出台政策、支持企业发展、协力组织抗疫、推进复工复产等一系列工作和举措展现了充分的认可，全国万家民营企业评营商环境江西排名进位明显（见表6-1）。

表6-1　2019~2022年全国万家民营企业评营商环境江西排名和得分　单位：分

评价项目	2019年		2020年		2021年		2022年	
	排名	得分	排名	得分	排名	得分	排名	得分
综合评价	第11位	70.44	第18位	65.55	第11位	84.04	第14位	80.06
政务环境	第11位	77.19	第13位	78.22	第7位	86.00	第8位	85.77
法治环境	第6位	78.17	第4位	85.40	第2位	92.49	第2位	91.25
要素环境	第10位	65.99	第11位	72.65	第9位	81.45	第4位	84.72
市场环境	第21位	54.89	第8位	80.93	第6位	83.36	第5位	87.88
创新环境	第13位	68.06	第12位	68.62	第7位	81.02	第7位	84.62

在《2019年万家民营企业评价营商环境报告》发布会上，全国工商联领导介绍各地各部门对标落实习近平总书记在民营企业座谈会上提出的"六个方面政策举措"时，多次点名江西的亮点工作。一是浙江、上海、江西等省级工商联积极推动各类纠纷解决，在各类维权渠道中作用尤为突出。调查显示，企业对工商联等协助维权的满意度最高，得到所在地企业的高度肯定。二是上海、浙江、江西三地拖欠民营企业款项清理深得人心，特别举例江西，出台专项政策要求，政府建设类资金优先用于清偿政府投资项目拖欠工程款。三是风险投资等直接融资方式发展迅速，多层次资本市场培育已见成效。在中部六省中，江西、安徽的企业对风险投资活跃度评价良好。四是法治政府建设持续推进方面，上海、浙江、山东、重庆、江苏、江西、福建、天津等地的法治环境较好。

在《2020年万家民营企业评营商环境报告》发布会上，全国工商联对要素保障、法治建设、惠企政策、市场准入、创新环境等方面作出具体分析，江西在要素保障和惠企政策方面获得点赞。一是要素保障整体良好。浙江、江西、山东等省份企业对要素成本下降总体满意度较高，广西、江西、吉林等省份企业对用工成本下降满意度较高，江西、浙江、山东等省份企业对用地成本下降满意度较高。二是惠企政策获得感强。关于清理拖欠中小企业款项，企业满意度较 2019 年提升，浙江、江西、吉林等省份企业对此评分较高。关于投资项目审批，近六成企业表示审批速度加快，山东、浙江、江西等省份企业感受最强烈。

在《2021 年万家民营企业评营商环境报告》发布会上，全国工商联多次点赞江西的亮点工作。一是政务环境方面，江西、山东、吉林等省政务服务便利度进一步提高，特别在清理拖欠中小企业账款方面深得人心。二是法治政府建设方面，企业对温州、绍兴、德州、烟台、赣州等城市法治环境认可程度较高。三是公共要素满意度方面，对山东、江西、浙江等省份用水、物流满意度评价较高；温州、哈尔滨、杭州、南昌、金华等城市要素环境得到企业较高程度认可。四是创新环境方面，山东、江西、浙江等省份在创新政策、宽容创新失败的氛围和科技成果产业转化方面评价较高。

在《2022 年万家民营企业评营商环境报告》发布会上，江西营商环境满意度方面提升显著。根据调查问卷主观数据和国家统计客观数据进行权重计算，得出营商环境总得分，江西位列全国第 14 位，其中，法治环境、要素环境、市场环境、创新环境、政务环境、口碑数分别列全国第 2、第 4、第 5、第 7、第 8、第 18 位。

第二节 江西营商环境"双万家"评价活动

在全国工商联万家企业评营商环境的基础上，江西省工商联结合实际情况，创新性开展江西"双万家"营商环境企业评价工作。

第一，不断提高评价方式的严谨性、规范性、科学性。在评价模式上，于 2020 年由"工商联 + 高校和科研院所"的合作模式转变为工商联全程自主开展模式。在评价机制上，于2021年首次引入纪检部门监督机制，全程在江西省纪委监委驻省委统战部纪检监察组的监督指导下，公平、公正地完成评价工作。在评价方法上，于2020年开发上线"营商环境企业评一体化操作平台"，基本实现评价过程全部电子化操作；于2021年通过一次性短信链接的方式推送给抽样企业在线填报（一人一个链接，填写完毕链接失效），避免"面对面填报"和"问卷水分"，同时新增"2020年度营商环境企业评宣传公告"发布流程，消除企业填报疑虑；于2022年重新开发"江西省营商环境企业评问卷系统"，通过样本企业抽样、问卷构建与发放、微信验证填报、数据分析、实时计分排名等功能，以"背靠背"方式，完成全过程电子化评价，并根据全省实际填报数量，及时关闭填报系统，推动实现企业评价"少打扰"、基层干部"少负担"。在评价内容上，2020年由"发现企业问题"的单一研究转变为"设计评价指标＋尝试排名＋企业问题"的综合研究；2021年参照全国工商联营商环境评价问卷，创新增加"根据您自己的观察和朋友交流，请选择您认为我省营商环境最好的1～3个地区"等题目，提升了评价的真实性和精准度；2022年大力精简优化问卷，满意度打分题由－7～7分调整为1～6分，避免个别数据对整体结果的影响。在评价范围上，2021年在涵盖民营企业、国有企业和外资企业的基础上，增加了个体工商户和农民专业合作社参评，实现市场主体范围全覆盖。经过几年的努力提升，逐步形成规范评价的方式方法和全流程操作环节，确保经得起有关部门、相关学者、地方政府和市场主体等各方的质疑和检验。

第二，抓好稳步落实，纵深推进评价流程科学有序。以2021年开展的营商环境企业评为例。一是把严样本抽取关，首次抽取个体工商户和农民专业合作社参评，实现市场主体范围全覆盖。构建全样本市场主体库（数据来源省市监局），设置科学配比，按照每个县（市、区）、国家级开发区抽取1200家企业的原则，数据查验无误后，样本库当场密封，密码由江西省优化营商环境领导小组办公室和江西省工商联各掌握一半。二是创新问卷发放方式，力争获取最真实有效的信息。问卷通过一次性短信链接的方式(填完后失效,不可二次填报)推送给抽样企业,由企业自主在线填报。为确保各地问卷数量一致,填报结构比例基本一致,开展已填报问卷抽样工作。三是有效运用商会组织能力,推动调研走深走实。集中时间赴江西省 11 个设区市和赣江新区的部分商协会和部分国有与外资外贸企业开展调研,对江西全省营商环境进行了系统摸底,详细调研了企业遇到的营商环境问题和营商环境优化提升建议,延伸了调研内容深度,拓宽了调研行业范围。

第三,强化结果运用,以多元分析评价助推营商环境持续优化。根据一套评价数据,基于企业的满意度数据,2020 年以来,在以往 1 份江西省营商环境企业评报告基础上,衍生形成"1 + 2 + 12"系列营商环境企业评报告。2020 年和 2021 年报送给省优化营商环境领导小组办公室的《江西省营商环境企业评价报告》,被全文采纳,在江西营商环境日(11 月 1日)统筹对外发布,江西省营商环境评价结果的应用力度大大增强。2 份"双万家"营商环境企业评报告[《2020 年度江西省万家企业评县(市、区)营商环境报告》《2020 年度江西省万家企业评开发区营商环境报告》],报送至江西省委、省政府,获省主要领导肯定性批示,要求有关部门认真研究。11 个设区市和赣江新区营商环境企业评报告以江西省非公办的名义下发至各地,受到当地政府高度重视。

第三节　江西万家企业评县域营商环境

县域是广大企业发展的主阵地和政府服务企业的最前沿。根据《江西省营商环境评价实施方案》有关要求,受江西省非公经济领导小组委托,江西省工商联在开展 11 个设区市和赣江新区营商环境企业评基础上,整合相关数据和企业反映的问题,连续三年对江西省 100 个县(市、区)开展了营商环境企业评价工作,2020 年、2021 年和 2023 年共收集有效问卷12625 份、33147 份和 25541 份。

一、2020～2022 年江西省县（市、区）营商环境企业评价情况

2020 年，江西省县（市、区）营商环境评价得分在 68.81～99.18 分，分值相差较大，均值为 83.62 分。九江、吉安、宜春、萍乡、赣州、上饶各有 3 个县（市、区）位列前 25 名。2021 年，江西省县（市、区）营商环境企业评价综合得分介于 80.17～97.52 分，平均分为 91.56 分。九江、赣州、南昌、抚州分别有 5 个、5 个、4 个、4 个县（市、区）排名前 25，表现较好。同 2020 年相比，2021 年综合得分最高分降低了 1.66 分，但最低分提高了 11.36 分，平均分提高了 7.94 分，表明各县（市、区）营商环境同步持续向好。2022 年，江西省县（市、区）营商环境企业评价综合得分介于 89.99～96.63 分，平均分为 93.45 分。吉安、上饶、抚州分别有 7 个、5 个、3 个县（市、区）排名前 25，赣州、九江、南昌、宜春、萍乡各有 2 个县（市、区）排名前 25。同 2021 年相比，2022 年综合得分最低分提高了 9.82 分，平均分提高了 1.89 分，最高分和最低分差值显著缩小，由 2021 年的 17.35 分减少至 2022 年的 6.64 分，表明全省各县（市、区）优化营商环境举措得力、成效明显。2020～2022 年江西省县（市、区）营商环境企业评价综合排名（前 25 名）的地区详见表 6－2。

表 6－2　　　2020～2022 年江西省县（市、区）营商环境企业评价
综合排名（前 25 名）

排名	2020 年			2021 年			2022 年		
	地市	县（市、区）	分数	地市	县（市、区）	分数	地市	县（市、区）	分数
1	九江	永修县	99.184	抚州	宜黄县	97.520	赣州	赣县区	96.629
2	吉安	遂川县	99.065	宜春	高安市	96.982	吉安	吉安县	95.331
3	宜春	万载县	97.553	南昌	安义县	96.782	上饶	信州区	95.066

续表

排名	2020 年			2021 年			2022 年		
	地市	县（市、区）	分数	地市	县（市、区）	分数	地市	县（市、区）	分数
4	吉安	泰和县	96.505	赣州	赣县区	96.504	吉安	峡江县	95.053
5	萍乡	莲花县	95.248	九江	瑞昌市	96.179	吉安	吉州区	94.994
6	九江	瑞昌市	95.020	抚州	黎川县	95.955	上饶	广丰区	94.714
7	萍乡	芦溪县	94.064	吉安	安福县	95.735	吉安	吉水县	94.706
8	抚州	黎川县	93.620	宜春	铜鼓县	95.436	九江	浔阳区	94.577
9	南昌	安义县	92.883	上饶	广信区	95.427	南昌	安义县	94.551
10	南昌	进贤县	90.427	九江	武宁县	95.411	赣州	石城县	94.506
11	赣州	于都县	90.227	九江	柴桑区	95.388	南昌	新建区	94.489
12	上饶	德兴市	90.121	赣州	章贡区	95.207	宜春	丰城市	94.432
13	鹰潭	贵溪市	89.537	新余	渝水区	95.064	上饶	德兴市	94.417
14	宜春	奉新县	89.518	抚州	金溪县	95.027	萍乡	上栗县	94.368
15	萍乡	安源区	89.483	九江	庐山市	94.984	萍乡	芦溪县	94.361
16	九江	都昌县	88.493	宜春	芦溪县	94.489	吉安	青原区	94.360
17	赣州	赣县区	88.230	抚州	临川县	94.389	吉安	遂川县	94.329
18	上饶	广信区	87.993	南昌	进贤县	94.333	宜春	铜鼓县	94.321
19	新余	分宜县	87.227	宜春	丰城市	94.185	上饶	鄱阳县	94.317
20	景德镇	珠山区	86.948	赣州	南康区	94.132	抚州	南城县	94.280
21	宜春	樟树市	86.798	赣州	信丰县	94.023	吉安	新干县	94.267
22	吉安	吉水县	86.733	九江	都昌县	93.897	抚州	黎川县	94.258
23	赣州	定南县	86.688	南昌	青云谱区	93.798	抚州	东乡区	94.255
24	抚州	金溪县	86.612	赣州	石城县	93.777	九江	庐山市	94.221
25	上饶	铅山县	86.362	南昌	新建区	93.759	上饶	广昌县	94.203

从 2020~2022 年连续三年的江西省县（市、区）综合排名来看，2020 年排名相对靠后的 15 个县（市、区）在 2021 年综合排名中表现较好，除乐平市排名不变外，其余 14 个县（市、区）均有不同程度的提升。

其中，新建区进步最大、提升最快，由 2020 年的第 100 名提升到 2021 年的第 25 名，提高了 75 名；提升超过 50 名的县（市、区）有 5 个，占比超过 30%；提升超过 20 名的县（市、区）有 11 个，占比超过 70%。与 2021 年相比，2022 年 46 个县（市、区）呈现出不同程度的进位赶超态势。其中，吉安县、峡江县实现大幅进位赶超，分别提升了 93 名、89 名；提升超过 50 名的县（市、区）有 12 个，占比为 26%；提升超过 20 名的县（市、区）有 28 个，占比为 61%。可以看出，排名相对靠后的县（市、区）通过实施一系列优化营商环境的政策措施，实现了进位赶超，展现了实干担当的工作作风。

在 2021 年"请企业根据自己的观察和朋友交流选出营商环境最好的地区（最多选 3 个）"一题中，章贡区、红谷滩区、南康区的总体得分最高，企业认为以上县（市、区）的资源、政策具备一定优势。此外，章贡区在江西全省得票率和本地区域外得票率最高，高安市在本地区得票率最高。在 2022 年"请企业根据自己的观察和朋友交流选出营商环境口碑最好的 3 个地区"一题中，赣县区、吉州区、信州区的总体得分最高，企业认为以上县（市、区）的资源、政策具备一定的优势。此外，赣县区在江西全省得票率和本地区域外得票率最高，青原区在本地区得票率最高。

二、江西省县（市、区）营商环境评价指标分析

因 2022 年江西省营商环境企业评价报告未对二级指标进行分析，故截取 2020 年和 2021 年江西省县（市、区）营商环境评价分项指标进行对比。基于《江西省营商环境评价实施方案（修订）》中江西省营商环境评价指标体系（修订），2021 年江西省县（市、区）营商环境企业评价从企业生命周期、投资吸引力、监管服务、政府政策与落实 4 个一级指标进行，涵盖开办企业与注销、获得信贷、政务服务、政府政策与落实等 16 项二级指标，相对于 2020 年删减了 4 个二级指标，也对个别指标进行了合并。各指标 2020 年和 2021 年的具体对比情况如下。

（一）企业生命周期指标

在 2020 年指标基础上，2021 年企业生命周期指标将开办企业和企业注销、获得用水和获得用气进行合并，具体包括开办企业与注销、办理建筑许可、获得电力、获得用水用气、登记财产、纳税 6 项指标。

从江西省县（市、区）指标得分对比来看，2021 年，开办企业与注销平均得分比 2020 年高 7.38 分，办理建筑许可平均得分比 2020 年高 8.67 分，获得电力平均得分比 2020 年高 10.57 分，获得用水用气平均得分比 2020 年高 13.81 分，登记财产平均得分比 2020 年高 12.37 分，纳税平均得分比 2020 年高 10.05 分。从时间维度来看，企业生命周期中所有二级指标项分数提高显著，指标得分进步显著的前三名分别是获得用水用气、登记财产、获得电力指标。

在企业生命周期指标中，企业反映的问题主要集中在数据壁垒难以打通、行政审批事项服务不够到位、用能成本偏高、中介机构创新性建设不足等方面（见表 6-3）。一是"数据孤岛"问题难解决。各职能部门"数据壁垒"现象依然存在，仍有较多数据难以实时更新。二是行政审批服务效能有待提升。"容缺受理"模式推动较慢，"一次不跑"没有完全实现；连续两年有企业反映办理建筑许可的审批事项材料提交重复、审批周期长、环节较多；优化企业纳税申报流程方法不多、力度不够大，创新纳税服务方式意识不够强。三是用能报装效率、用能成本和周边发达城市相比仍有差距。发电成本、单位输配成本较高，用水用气报装较沿海发达地区环节更多、时间更长，用气成本和周边省市相比依旧偏高。四是中介服务机构创新建设不足。登记财产中介服务行业配套制度建设落后，缺少统一的登记财产代理人制度；税务中介服务机构不够规范，政府部门对涉税中介机构的监管和指导力度不够。

表 6 – 3 企业生命周期指标发现问题汇总

指标	2020 年存在的不足	2021 年存在的不足
开办企业与注销	"数据壁垒"现象较难打破；开办企业时间还有一定压缩空间；对企业办理注销业务的指导服务需进一步加强	信息共享与业务不够协同，在即时部分数据共享上，仍有较多数据难以实时更新；"容缺受理"模式推动较慢，"一次不跑"没有完全实现；开办企业容易，注销企业难
办理建筑许可	二级资质审批权限下放后，各地市主管部门的审批要求不同、资质标准理解不同；办理建筑许可手续繁杂、材料偏多，涉及环节较多，部分审批事项材料相同却需重复提交	办理建筑许可联合审批平台操作复杂，审批周期长、费用高，部分审批事项材料相同却需重复提交，审批效率有待提高
获得电力	用电设备初装收费较高，电力公司安装变压器、用电基本容量费、水电初装费用、变压器增容费等收费不够合理；部分县（市、区）没有执行峰谷用电政策	江西省以燃煤发电为主，93%以上发电用煤需从省外调入，导致发电成本偏高；用电规模小导致单位输配电成本高
获得用水用气	用气成本依然较周边城市偏高	用水用气报装环节较沿海发达地区更多、时间更长；用气成本较高，南昌市非居民用气价格在周边 7 个省会城市中处于中间水平
登记财产	"容缺审批"办理模式有待推广，不少企业办事人员反映因为个别材料缺失而多次跑腿；企业反映应用程序多、系统更新内容不成熟就上线	存在国有土地上已出售的城镇住宅，因历史遗留问题导致的不动产"登记难"问题；中介服务行业配套制度建设不足，缺少统一的登记财产代理人制度
纳税	主动服务意识还不够，流程不够优化。一些发达省份直接给企业退个税手续费，江西是先代扣代缴后再返还，并且需要打报告申请才能拿到	与发达地区相比，优化企业纳税申报流程方法不多、力度不够大，创新纳税服务方式意识不强；税务中介服务机构不够规范，政府部门对涉税中介机构的监管和指导力度还不够

(二)投资吸引力指标

在 2020 年的基础上,2021 年投资吸引力指标新增了劳动力市场监管指标,具体包括获得信贷、执行合同、劳动力市场监管、政府采购、招标投标 5 个指标。

江西省县(市、区)营商环境投资吸引力指标中,2021 年,获得信贷的平均得分比 2020 年高 10.99 分,执行合同的平均得分比 2020 年低 5.95 分,劳动力市场监管平均得分为 91.06 分,政府采购的平均得分比 2020 年高 11.26 分,招标投标的平均得分比 2020 年高 11.4 分。从时间维度来看,进步最显著的二级指标是政府采购、招标投标和获得信贷,仅有执行合同指标得分低于 2020 年。

在投资吸引力指标中,企业反映的问题主要集中在信贷功能性平台建设存在滞后性、行政执法监督不够规范、政府采购和招标投标存在变相设置准入条件等方面(见表 6-4)。一是信贷功能性平台滞后、规模不大。信贷功能性平台建设有一些滞后,金融供需双方信息不对称问题亟待解决;转贷平台、增信平台规模普遍偏小,难以满足大型企业转贷资金需求,个别地市没有专业化融资担保增信机构;民营企业贷款门槛设置高,贷款总额低。二是行政执法监督不够规范到位。部门联合执法时,涉企相关职能部门检查过多,影响企业正常生产经营。三是政府采购和招标投标环节变相设置准入条件。当地政府采购当地企业商品首选意愿不强;要求设立分公司和在当地投资的现象仍然存在;招标投标全流程电子化率不高。四是高端人才、高级技工难以吸引并留住。园区基本配套设施、娱乐设施不够健全,难以吸引高级人才;院校毕业生流失大,职业技术人才大多为沿海城市培养;民企人才培养机制不够健全,县区人社部门缺乏民企科研人员职称评定及晋升的相关制度。

表 6 - 4　　　　　　　　　企业生命周期指标发现问题汇总

指标	2020 年存在的不足	2021 年存在的不足
获得信贷	民营企业贷款总额较低；民营企业贷款设置抵押物等硬性要求，民企更倾向选择民间借贷；审批流程复杂，银行的一些业务需要去省里审批并且需要保函，给企业带来诸多不便	信贷功能性平台建设滞后，金融供需双方信息不对称问题亟待解决；转贷平台、增信平台规模普遍不大，难以满足大型企业转贷资金需求，部分地市没有专业化融资担保增信机构
执行合同	部分领导干部法治意识不强。部分政府项目工程拖欠企业工程款，对项目完工审计和验收不够及时	行政执法监督不够规范
劳动力市场监管	高端人才、高级技工难以吸引和留住；院校毕业生流失较为严重，企业与职业技术学校联合办学、校企合作不够深入，校企的专业设置联系不紧密；民企人才培养机制不够健全，县区人社部门缺乏民企科研人员职称评定及晋升的相关制度	劳动力存在供需矛盾，劳动力资源没有有效利用；部门联合执法时，涉企相关职能部门检查较多，影响企业正常生产经营
政府采购	—	对中小企业在政府采购方面支持力度不大，中小企业参与度偏低，当地政府采购当地企业商品首选意愿不强
招标投标	投标规则流程在实际操作中存在弊端。例如，变相限制准入条件或设置不合理评分项，排斥本地市场主体参与公平竞争等实际情况，以各种隐蔽的方式存在；各地强行要求设立分公司和在当地投资的现象仍然存在	招标投标全流程电子化率不高

（三）监管服务指标

在 2020 年的基础上，2021 年监管服务指标删减了劳动力市场指标，具体包括政务服务、知识产权创造保护和运用、市场监管、园区配套满意度情况 4 个指标。

江西省县（市、区）营商环境监管服务指标中，2021 年，政务服务的平均得分比 2020 年高 6.61 分。知识产权创造保护和运用的平均得分比 2020 年高 8.43 分,市场监管的平均得分比 2020 年高 9.88 分,园区配套满意度情况的平均得分比 2020 年高 6.89 分。从时间维度来看,进步最显著的二级指标是市场监管。

在监管服务指标中,企业反映问题主要集中在数据壁垒未完全打通、知识产权发展不够充分和地区发展不够平衡、市场监管行为有待规范、市场监管制度体系建设不足、县(市、区)园区交通基础设施建设较为滞后(见表 6-5)。一是行政审批各部门数据壁垒依然存在。尤其是工程建设项目审批,涉及部门众多,一直是行政审批领域里一块难啃的"硬骨头"。二是知识产权发展不够充分、地区发展不够平衡问题依然明显。民企创新资源不足,具有创新资源的高校院所、科研平台、优秀中介多在大城市,县域企业沟通联系不便;制造业知识产权高质量供给有待加强、高效益运用有待提高,知识产权运营不够活跃,国内国际知名品牌不多;江西省制造业知识产权高标准保护有待加强,侵权和假冒时有发生。三是市场监管制度体系建设不足。市场监管制度体系建设的及时性、系统性、针对性和有效性有待加强;市场监管队伍目前总体处于"多家简单拼盘"状态,尚未实现高效、有机融合,队伍整体上离高素质专业化要求有一定差距。四是县(市、区)园区交通基础设施建设普遍较为滞后。缺乏公共交通、购物市场、道路亮化等配套,文化娱乐设施有待改进提升;仍有不少县(市、区)未通铁路,这些地方园区企业物流运输成本较大。

表 6-5 监管服务指标发现问题汇总

指标	2020 年存在的不足	2021 年存在的不足
政务服务	部门协作缺乏配合,各市和县(市、区)并联审批、联合验收的比例还不高;部分事项"只跑一次"改革任务落地较为困难;信息孤岛普遍存在,部分单位自省以下建有各自的信息化系统,上下能贯通、左右却是壁垒,部门间信息难以共享	部分项目审批尤其是工程建设项目审批,由于涉及部门众多、整体关联性大、专业技术要求高,一直是行政审批领域里一块难啃的"硬骨头";部分民生领域数据壁垒依然未打通,企业和群众办事"一次不跑"未实现

指标	2020 年存在的不足	2021 年存在的不足
知识产权创造保护和运用	有些执法人员对知识产权相关法律法规不够熟悉，缺少专业指导和培训，导致基层执法人员能力不足、水平不高；民企创新热情不高，既有企业自身创新意识问题，也与知识产权侵权惩罚性赔偿制度不健全有关，市场主体对知识侵权有顾虑；民企创新资源不足，具有创新资源的高校院所、科研平台、优秀中介多在大城市，县域企业沟通联系不便	制造业知识产权发展不够充分、地区发展不够平衡问题依然明显。制造业知识产权高质量供给有待加强，高效益运用有待提高，知识产权运营不够活跃，国内国际知名品牌不多；制造业知识产权高标准保护有待加强，侵权和假冒时有发生
市场监管	市场监管不够有力，如新余某企业反映小作坊的假冒伪劣产品使生产优质产品的合规企业代为受过；监管效率不高，基层部门运用大数据、人工智能等信息技术手段力度不大，"双随机、一公开"有较大提升空间	市场监管的部门规章制度需要作整体修订，市场监管制度体系建设的及时性、系统性、针对性和有效性有待加强；市场监管队伍目前总体处于"多家简单拼盘"状态，尚未实现高效、有机融合，队伍整体上离高素质专业化要求有一定差距
园区配套满意度	园区配套有待升级，园区企业普遍反映缺乏公共交通、购物市场、道路亮化等配套，文化娱乐设施有改进提升	金融机构对园区内的中小企业支持力度不够，主要贷款集中在国有企业，这与园区已有中小企业和新入园区企业发展需求的资金量存在较大差距；园区交通基础设施建设较为滞后，仍有不少县（市、区）未通铁路，这些地方园区企业物流运输成本较大

（四）政策落实指标

2021 年政策落实指标只设置了政府政策与落实 1 个指标。2021 年政府政策与落实指标江西省县（市、区）平均得分比 2020 年高 10.07 分，和 2020 年相比进步显著（见表 6-6）。

在政策落实指标中，企业反映的问题主要集中在办事人员对政策不够熟悉、政策的宣传贯彻不够到位。有的干部对政策不够熟悉、落实不够有力，各种收费依然多、清理不够到位，宣传解读不及时、贯彻落实不到位、执行起来打折扣；存在办理减税手续繁杂、渠道不多等问题（见表6-6）。

表6-6　政策落实指标发现问题汇总

年份	政策落实方面存在的不足
2020	个别干部对政策不够熟悉、落实不够有力，存在宣传解读不够及时、贯彻落实不够到位、执行起来打折扣等问题；政策宣传有企业规模偏好，规上企业、明星企业往往普及率高，一般小微企业知晓度低，商协会组织的作用发挥有限
2021	各种收费依然太多、清理不够到位等问题依然存在；存在办理减税手续繁杂、渠道不多等问题

第四节　江西万家企业评开发区营商环境

开发区作为改革开放的"试验田"和"排头兵"，营商环境的改善对其提升自身竞争实力、加速转型升级和实现高质量发展具有重要意义。根据《江西省营商环境评价实施方案（修订）》分工，江西省工商联高度重视并积极开展营商环境企业评价工作，在对11个设区市和赣江新区开展营商环境企业评价工作的基础上，整合相关数据和调研材料，2020年和2021年分别利用收集到的5875份和16799份有效问卷，形成了江西省万家企业评开发区营商环境报告。

一、2020~2021年江西省开发区营商环境企业评价情况

从102家开发区2021年的综合得分前25名来看（见表6-7），新余、九江、萍乡三市开发区占比①位居前列，表现较好。通过对问卷中满意度题目进行赋权计算，102个开发区营商环境指标综合得分介于85.34～

---

① 此处的"占比"是指各市入围前25名开发区数量在该市开发区总数中的份额。

99.55 分，均值为 93.34 分。与 2020 年相比，2021 年江西省开发区营商环境指标综合得分最低值提高 16.52 分、均值提高 5.70 分，表明江西省开发区营商环境稳步提升。

表 6 - 7 　　2020～2021 年江西省开发区营商环境企业评价综合排名

（前 25 名）

排名	2020 年			2021 年		
	设区市	开发区名称	总分	设区市	开发区名称	总分
1	吉安市	井冈山经济技术开发区	99.394	宜春市	高安高新技术产业园区	99.550
2	九江市	湖口高新技术产业园区	99.293	九江市	都昌工业园	98.648
3	上饶市	上饶信州产业园	98.358	宜春市	铜鼓产业园	98.168
4	萍乡市	萍乡经济技术开发区	97.605	抚州市	宜黄工业园	97.912
5	南昌市	南昌昌南工业园区	97.415	赣州市	赣州高新技术产业开发区	97.907
6	宜春市	靖安工业园区	97.038	吉安市	安福高新技术产业园区	97.544
7	赣州市	寻乌产业园	96.151	新余市	分宜工业园	97.288
8	鹰潭市	余江工业园区	96.144	九江市	庐山工业园	97.231
9	新余市	新余袁河产业园	96.078	宜春市	丰城市循环经济产业园	96.961
10	抚州市	南城工业园区	95.957	赣州市	全南工业园	96.870
11	吉安市	永新工业园区	95.889	上饶市	上饶高新技术产业园区	96.834
12	上饶市	鄱阳工业园区	95.863	赣州市	石城产业园	96.637
13	九江市	庐山工业园区	95.783	吉安市	永新工业园	96.613
14	南昌市	南昌高新技术产业开发区	95.573	南昌市	安义经济技术开发区	96.376
15	宜春市	铜鼓产业园	95.515	南昌市	进贤经济开发区	96.371
16	赣州市	石城产业园	94.635	九江市	武宁工业园	96.325

续表

排名	2020 年			2021 年		
	设区市	开发区名称	总分	设区市	开发区名称	总分
17	吉安市	吉安高新技术产业开发区	94.506	赣州市	章贡高新技术产业园区	96.316
18	九江市	德安高新技术产业园区	94.420	新余市	袁河工业园区	96.285
19	萍乡市	萍乡湘东产业园	94.419	萍乡市	萍乡湘东产业园	96.188
20	景德镇市	景德镇高新技术产业开发区	94.418	萍乡市	上栗产业园	96.161
21	鹰潭市	鹰潭高新技术产业开发区	94.314	赣州市	安远工业园	96.031
22	宜春市	高安高新技术产业园区	94.134	上饶市	上饶茶亭经济开发区	96.026
23	赣州市	崇义产业园	93.000	吉安市	泰和高新技术产业园区	95.991
24	上饶市	弋阳高新技术产业园区	93.931	九江市	九江共青城高新技术产业开发区	95.932
25	南昌市	南昌小蓝经济技术开发区	93.792	九江市	九江沙城工业园	95.930

与 2020 年相比,得分倒数后 15 名的开发区只有乐平工业园区排名下降、万安工业园区排名不变,其余开发区位次均有所前移。其中,宜黄工业园区排名进步最大,由 2020 年的第 90 名前移到 2021 年的第 4 位(见表 6 - 8)。

表 6 - 8   2020 年倒数后 15 名的开发区综合排名变化

开发区名称	2020 年排名	2021 年排名	位次变化
玉山高新技术产业园区	88	51	↑37
赣州经济技术开发区	89	68	↑21
宜黄工业园区	90	4	↑86
南昌经济技术开发区	91	81	↑10

开发区名称	2020 年排名	2021 年排名	位次变化
南丰工业园区	92	36	↑56
万安工业园区	93	93	—
广昌工业园区	94	69	↑25
龙南经济技术开发区	95	83	↑12
景德镇陶瓷工业园区	96	—	—
抚北工业园区	97	55	↑42
上饶经济技术开发区	98	94	↑4
南康经济开发区	99	53	↑46
乐平工业园区	100	102	↓2
新建经济开发区	101	40	↑61
会昌工业园区	102	35	↑67

总体来看，2021 年江西开发区企业对营商环境总体满意度较高。问卷调查结果显示，江西省开发区有 89.50% 的企业表示"非常满意"，比 2020 年（72.69%）高出 16.81 个百分点；表示"非常不满意"的占比仅为 0.41%。从各设区市来看，表示"非常满意"的企业占比最高的为新余（93.44%），其次为九江（92.42%），第三为抚州（91.92%）。

二、江西省开发区营商环境评价指标分析

基于《江西省营商环境评价实施方案（修订）》中江西省营商环境评价指标体系（修订），2021 年江西省开发区营商环境企业评价从企业生命周期、投资吸引力、监管服务、政府政策与落实 4 个一级指标进行，涵盖开办企业与注销、获得信贷、政务服务等 16 项二级指标，相对于 2020 年删减了 6 个二级指标，也对个别指标进行了合并。各指标 2020 年和 2021 年的具体对比情况如下。

（一）企业生命周期指标

在 2020 年指标基础上，2021 年企业生命周期指标将开办企业和企业

注销、获得用水和获得用气进行合并, 具体包括开办企业与注销、办理建筑许可、获得电力、获得用水用气、登记财产、纳税 6 项二级指标。从得分前 25 名开发区来看, 高安高新技术产业园区、铜鼓产业园、安福高新技术产业园区位居前三; 其中, 萍乡、九江、宜春、新余等市的开发区占比位居前列, 表现较好。此项指标综合得分介于 84.05 ~ 99.16 分, 均值为 94.29 分, 江西省 56.86% 的开发区得分高于均值。

(二) 投资吸引力指标

在 2020 年的基础上, 2021 年投资吸引力指标新增了劳动力市场监管指标, 具体包括获得信贷、执行合同、劳动力市场监管、政府采购、招标投标 5 个二级指标。从得分前 25 名的开发区来看, 高安高新技术产业园区、都昌工业园、安义经济技术开发区位居前三; 其中, 新余、九江、宜春等市开发区占比位居前列, 表现较好。此项指标综合得分介于 78.24 ~ 99.71 分, 均值为 90.96 分, 江西省 56.86% 的开发区得分高于均值。

(三) 监管服务指标

在 2020 年的基础上, 2021 年监管服务指标删减了劳动力市场指标, 具体包括政务服务、知识产权创造保护和运用、市场监管、园区配套满意度情况 4 个二级指标。从得分前 25 名的开发区来看, 高安高新技术产业园区、铜鼓产业园、都昌工业园位居前三; 其中, 九江、新余、宜春、南昌等市开发区占比位居前列, 表现较好。此项指标综合得分介于 87.35 ~ 99.75 分, 均值为 94.06 分, 江西省 58.82% 的开发区得分高于均值。

(四) 政策落实指标

2021 年政策落实指标只设置了政府政策与落实 1 个指标。从得分前 25 名的开发区看, 九江、抚州、新余等市开发区占比位居前列, 表现较好。此项指标综合得分介于 82.07 ~ 99.53 分, 均值为 91.92 分, 江西省 55.88% 的开发区得分高于均值。

三、江西省开发区营商环境存在的问题

近年来，企业反映江西开发区营商环境问题主要集中在管理体制有待理顺、周边生活配套设施不足、土地资源存在约束、产业协同性不高、物流不够便利等方面（见表6-9）。

表6-9　　　2020～2021年江西省开发区营商环境存在的主要问题

存在问题	企业反映的具体问题
开发区管理体制欠顺畅	一是人员编制不足影响服务企业质量。目前，开发区普遍存在人手短缺、工作量大、压力大的情况。特别是一些国家级高新区在承担经济管理和投资服务事务的同时，也承担较多社会事务，加之开发区工作人员编制数量跟不上增加的入园企业数量，导致存在一定程度的抓大放小现象，对中小企业关注度不够。二是开发区工作人员积极性和主动性还有待进一步调动。省内开发区还存在使用临时聘用人员的情况，部分在编人员借助关系网进来，多是为求一份体面工作，对创新创业激情和冲劲方面有一定限制和影响。对于临时聘用人员，事务多但待遇一般，导致其缺乏工作积极性
周边生活配套不够完善	一是交通基础设施建设不足。江西仍有不少县未通铁路，这些地方的开发区企业只能通过陆路或水运方式运输，物流成本较高。企业普遍反映开发区周边缺乏酒店餐饮、公共交通、道路亮化等配套设施，文化娱乐设施更是匮乏。例如，会昌工业园企业多次反映公交线路少、频次低，员工正常上下班出行不便。景德镇陶瓷园区某企业反映，陶瓷行业企业搬到陶瓷园区后，水电气各方面都便利，但由于通往园区公交线路少，员工上下班出行不方便。南昌经开区某企业反映，很多线路绕开了经开区，交通不够便利，需要更多的政策支持。乐安某企业反映，食品产业园距离县城远，无公交、道路窄、路况较差。二是生活服务配套设施欠缺。如乐平工业园企业反映缺少消费休闲娱乐场所，企业员工"吃娱购"需求未能满足。吉安某企业反映外卖公司都未将开发区企业划入配送范围，很多员工离家较远，中午就餐困难。抚州南城县某企业反映园区配套生活设施较差，难以满足企业高管的生活需求，导致企业需要提供更高工资来弥补，同时园区设施配套的不足导致其对高级管理者家庭迁移的吸引力不强。东乡经开区某企业反映，开发区缺少银行ATM取款机等基本配套设施。新余高新区某企业反映，企业主要为美日国外客户，但周边缺少高档酒店，不利于开展商务活动。三是商贸配套处于填充阶段。开发区普遍还没有建成商业、医疗、教育等配套设施，给企业生产生活造成了一定的困难。四是教育医疗资源缺乏。比如，南昌经开区某企业反映，附近医院只能看小病，看大病要到距离较远的市区大医院；同时，由于周边学校质量不高，高级人才引进后担忧其子女入学问题。鹰潭高新区某科技企业反映，引进的对口专业人才受教育、医疗等因素影响不愿意留鹰潭

续表

存在问题	企业反映的具体问题
土地资源约束严重	开发区土地指标锐减，造成一些已签约和拟签约项目不能按时落地，特别是一些高科技企业项目长期无法兑现，造成企业离开的损失更为严重，影响开发区长远发展。同时国家对环保要求越来越高，需要开发区和企业加大投入和提高门槛，企业入驻开发区的硬条件越来越高
产业协同性还不够高	一是开发区缺少产学研协同平台。省级开发区大多缺少大型科研机构和高等院校，难以满足科技型企业的招才引智、融合创新等需求，企业缺少开展产学研合作平台，创新投入居高不下，却很难提升创新成效。一些开发区发展定位不够前瞻，难以实现产业、科研、商贸、生活于一体化发展。二是开发区存在产业链断链缺链现象。例如，井冈山经开区某电子企业反映，由于江西电子元器件的采购供应链比较欠缺，主要原材料还要在广东沿海一带采购，在本地采购的主要是一些包装。吉安高新区某企业反映，由于吉安没有配套的原材料供应商，企业所有的材料都要从深圳运输过来，只有外箱包装材料在吉安本地采购。宜春经开区某企业反映，周边零部件配套不够，需要从江浙远途运输
物流服务不到位现象仍存在	分宜工业园区某企业反映，本地大品牌物流比较少，物流服务水平不高，成本高于深圳等沿海地区；由于当地物流不发达，加之企业出货量大，不得不靠自己组建物流队伍运送货物。吉安高新区某企业反映，虽然有物流减免政策，但要提前七天办理，政策惠企作用不够明显。上饶经开区某光伏企业反映，“三同”政策方面的财政预算是参考各口岸当年的发货量来确定下一年度预算，但如果各口岸由于企业业务拓展等因素，在下一年度实际发货量大增，可能会超出预算计划上限，导致企业不能根据实际发货量足额获得补贴

一是开发区管理体制较难理顺。（1）开发区人才管理体系和激励机制没有与时俱进。政府在做大做强开发区的同时没有给开发区增加编制数量，新引进的人才大多实行聘用制，省级开发区聘用人员待遇普遍低于公务员，且聘用人员待遇长期未调整，影响聘用人员的积极性和稳定性。（2）人员编制不足影响服务企业质量。一些国家级高新区在承担经济管理和投资服务事务的同时，也承担较多社会事务，加之开发区工作人员编制数量跟不上增加的入园企业数量，导致存在一定程度的抓大放小现象，对中小企业关注度不够。

二是周边生活配套不够完备。（1）交通基础设施建设滞后。江西仍有不少县未通铁路，这些地方的开发区企业只能通过陆路或水运方式运输，物流成本较高。一些园区内本地大品牌物流比较少，物流服务水平不高，成本高于深圳等沿海地区，有些企业为了满足生产销售需要不得不靠自己组建物流队伍来运送货物。（2）生活服务配套设施欠缺。开发区普遍还没有建成商业、医疗、教育等配套设施，给企业生产生活造成一定困难。开发区周边缺乏公共交通、道路亮化等配套设施，员工正常上下班出行不便。有些园区缺少消费休闲娱乐场所，企业员工"吃娱购"需求未能满足，"生产、生活、生态、生根"四生一体的发展环境尚未形成。一些园区配套生活设施较差，难以满足企业高管的生活需求，导致企业需要提供更高工资来弥补生活的不便；园区设施配套的不足还会导致其对企业高管家庭迁移的吸引力不强。一些园区周边缺少高档酒店，不利于企业开展涉外商务活动。（3）教育医疗资源缺乏。一些园区附近医院只能看小病，看大病要到距离较远的市区大医院；同时，由于周边学校质量不高，高级人才引进后担忧其子女入学问题。

三是存在土地资源约束。开发区土地指标锐减，造成一些已签约和拟签约项目不能按时落地，特别是一些高科技企业项目长期难以兑现，造成企业离开的损失更为严重，影响开发区长远发展。同时国家对环保要求越来越高，需要开发区和企业加大投入和提高门槛，企业入驻开发区的硬性条件越来越高。

四是产业协同发展不够。（1）开发区缺少产学研协同平台。省级开发区大多缺少大型科研机构和高等院校，难以满足科技型企业的招才引智、融合创新等需求，企业缺少产学研合作平台，创新投入居高不下，却很难提升创新成效。一些开发区发展定位理念不够前瞻，难以实现产业、科研、商贸、生活一体化发展。（2）创新创业和生活环境不佳。虽然江西省出台的"人才新政20条"等高含金量政策向开发区倾斜，但引来"金龟婿"只是"敲门砖"，留住"金凤凰"才是"试金石"。由于开发区"软环境"和"硬环境"不够优化，引入的人才流失率较高。长此以往，开发区将缺乏领军人才和高级研发人才。（3）产业链断链缺链现象较为普遍。例如，江西电子元器件的采购供应链比较欠缺，主要原材料要在广东沿海一带采购。

第七章

江西区域优化营商环境典型案例

优化营商环境是更大激发市场主体活力的关键，也是应对严峻复杂形势、促进经济稳定恢复的重要举措。县域作为广大企业特别是中小企业生存发展的扎根之地，对于优化营商环境的诉求和期盼更加强烈。课题组通过指导和协助地方开展区域营商环境自评价，助力各级政府挖掘制约营商环境发展的根源问题，并提出针对性整改举措，有效提升本地营商环境。

区域营商环境自评价是指设区市或者县（市、区）政府及其职能部门自主，或与第三方研究机构合作，邀请本地市场主体和第三方评估机构对本地营商环境进行综合评价，以便了解本地营商环境现状，找出短板和薄弱环节，从而进一步完善本地营商环境的一种自我评价活动。

课题组受各地委托和邀请，在江西全省开展了十余次区域营商环境自评价工作。本章主要通过市县两级的案例分享，对江西区域营商环境自评价进行具体论述。通过有效自评，各地不断进行营商环境问题的挖掘和整改，助推基层营商环境持续优化。

第一节　设区市营商环境自评价经验启示：
以九江市为例

一、九江市营商环境自评价介绍与项目设计

（一）评价背景

自 2020 年 1 月 1 日起国务院《优化营商环境条例》在全国全面施行，该条例明确指出要建立和完善以市场主体和社会公众满意度为导向的营商环境评价体系，发挥营商环境评价对优化营商环境的引领和督促作用。2019 年 9 月 29 日，江西省出台了《江西省营商环境实施方案（试行）》，省委、省政府将对 11 个设区市和赣江新区进行营商环境评价。2020 年 11 月 24 日，《江西省优化营商环境条例》经江西省十三届人大常委会第二十五次会议审议通过，并于 2021 年 1 月 1 日正式施行，该条例明确规定政府主要负责人是优化营商环境的第一责任人，定期开展江西省营商环境评价，将优化营商环境工作纳入政府考核。九江市委市政府深入贯彻习近平总书记视察江西重要讲话精神，全面落实党中央、国务院关于优化营商环境的决策部署，遵照江西省委、省政府打造政策最优、成本最低、服务最好、办事最快的"四最"营商环境的行动方案，在九江全市范围内深入开展"营商环境优化年"行动。九江市进一步优化营商环境领导小组办公室根据九江市委办公室市政府办公室印发的《关于深入开展"营商环境优化年"行动的实施方案》的通知精神，开展了 2020 年度九江市营商环境自评价工作。

（二）评价过程

1. 评价的主要内容

本课题组以企业满意度为基本准则，重点围绕民营企业对开办企业、

办理建筑许可、获得电力、获得用水、获得用气、登记财产、跨境贸易、缴纳税费、企业注销、获得信贷、知识产权创造保护和运用、政府采购与招标投标、执行合同、政务服务、市场监管、包容普惠创新、劳动力市场、企业信心、政府政策与落实等19项具体项目对九江市营商环境进行评价。

2. 评价的方式

本次评价调研包括问卷调查与材料收集、实地走访和一对一访谈、暗访调查三个部分。一是问卷调查与材料收集。由九江市营商办负责组织被抽选企业网上填报营商环境评价问卷，组织各县（市、区）提供本地在优化营商环境工作方面的相关材料，调研组负责编制问卷、提供问卷填报网站及二维码、提供抽样企业名单，最终共计收回有效问卷2894份。二是实地走访和一对一访谈。2020年12月14～31日，3个调研组分赴16个被评价县（市、区）和各部门实地走访，召开企业专题座谈会、部门座谈会，根据会上反映的突出问题与参会人员进行一对一深入访谈，形成典型案例，倾听企业家对优化九江市营商环境的意见建议，了解各部门优化九江市营商环境的做法、成效、问题及建议。三是暗访调查，调研组深入各部门、各县（市、区）的主要办事服务大厅，对办事服务部门进行暗访调查，通过模拟办事流程等方式，查找企业办事过程中真实存在的问题。

（三）评价分值与排名计算的说明

根据江西省降低企业成本优化发展环境专项行动领导小组办公室设计并使用的江西省营商环境评价指标体系（见表7-1），设计企业填报问卷，组织企业家填报，邀请专家评分。课题组根据企业填报问卷的数据以及专家组的评分计算出九江市各部门、金融机构、县（市、区）营商环境的得分，最终得分由问卷得分和专家评分构成，问卷得分和专家评分的权重均为50％。在问卷得分部分，课题组根据企业填报问卷的数据通过赋值、标准化处理，计算加权平均值，得出问卷部分各部门、金融机构、县（市、区）营商环境的加权得分。专家评分部分，课题组专家根据各部门、金融机构、县（市、区）的自评价材料、企业访谈材料、座谈调研、随机暗访等情况对其综合评分。

表 7 − 1　　2020 年江西设区市营商环境自评价分项指标体系

一级指标	二级指标	权重（%）
企业生命周期指标	开办企业	5
	办理建筑许可	6
	获得用电	6
	获得用水	5
	获得用气	5
	登记财产	5
	缴纳税费	6
	跨境贸易	5
	企业注销	3
投资吸引力指标	获得信贷	6
	执行合同	4
	政府采购和招投标	7
服务监管指标	知识产权创造、保护运用	4
	政务服务	7
	市场监管	6
	劳动力市场	5
	包容普惠创新	6
企业信心与政策落实指标	企业信心	4
	政府政策与落实	5

二、九江市营商环境总体评价及对标分析

（一）本次问卷调查可信度分析

本次问卷调查采取随机发放、企业自主填写的方式进行，回收有效问卷为 2894 份，样本容量足够大。问卷调查企业涉及九江市所有县（市、

区）的所有行业，覆盖面足够全；被调查的企业中，大型企业占比1.80%，中型企业占比5.49%，小型企业占比35.59%，微型企业占比57.12%，企业规模分布合理；国有企业占比3.01%，外资企业占比0.14%，个人独资企业占比13.37%，合伙制企业占比5.18%，股份有限公司占比9.26%，有限责任公司占比38.6%，个体工商户占比26.36%，其他企业占比4.08%，企业类型多样、结构合理。经评估专家组评议，确认本次问卷调查有效可信。

（二）总体评价结果及排名情况

总体来看，九江市营商环境整体较好，企业对营商环境总体评价较高。本次九江市营商环境自评价问卷得分为94.22分（见表7-2）。问卷调查结果显示，就总体满意度而言，绝大部分企业对九江市营商环境现状予以肯定，其中，81.2%的企业对九江市营商环境表示"很满意"，13.06%的企业表示"满意"。从具体领域来看，九江市要素环境、法治环境、政务环境在营商环境各细分领域中排名靠前，市场环境、融资环境、投资环境指标排名靠后，这是九江市进一步优化营商环境的重点努力方向，特别是要围绕劳动力市场、企业信心、政府政策与落实、执行合同、获得信贷、政府采购和招投标、缴纳税费等方面补齐短板，持续发力。

表7-2　　2020年九江市营商环境自评价各领域总体情况及排名

营商环境细分领域	细分领域包含指标	指标得分（分）	细分领域分数（分）	细分领域得分排名
要素环境	获得用电	96.6	95.12	1
	获得用水	95.8		
	获得用气	96.0		
	劳动力市场	91.8		
市场环境	跨境贸易	95.3	93.26	5
	政府采购和招投标	91.9		
	执行合同	93.1		

续表

营商环境 细分领域	细分领域 包含指标	指标得分 （分）	细分领域 分数（分）	细分领域 得分排名
法治环境	市场监管	94.5	95.06	2
	知识产权创造、保护运用	95.9		
政务环境	政务服务	94.1	94.97	3
	开办企业	95.2		
	企业注销	95.2		
	登记财产	96.1		
	缴纳税费	93.7		
	办理建筑许可	96.0		
融资环境	获得信贷	93.6	93.60	4
投资环境	企业信心	89.2	92.09	6
	包容普惠创新	94.1		
	政府政策与落实	92.0		
自评价得分（百分制）			94.22	

（三）各部门及金融机构排名情况

从各部门来看，各部门认真贯彻落实上级相关法律法规及文件精神，积极主动作为，大力改革创新，优化服务方式，提升服务水平，企业和群众的获得感和满意度明显增强（见表 7-3）。在涉企较多部门中，服务质量满意度排名处在前列的主要包括市税务局、市工信局、市发展和改革委、市政务服务局（市行政审批局）、市生态环境局、市中级人民法院、市自然资源局、九江海关、市财政局、市商务局；在其他部门中，服务质量满意度排名处在前列的主要包括九江银保监分局、市公安局、市应急管理局、市政府信息办、市消防救援支队、市林业局、市卫健委、市农业农村局、市港口航运管理局、市人民检察院。

表 7－3　　　　2020 年政府部门服务质量满意度及排名情况　　　单位：分

排名	涉企较多部门				其他部门			
	部门	专家评分	问卷得分	最终得分	部门	专家评分	问卷得分	最终得分
1	市税务局	98.00	93.78	95.89	九江银保监分局	93.50	94.89	94.20
2	市工信局	97.00	94.42	95.71	市公安局	93.50	94.45	93.98
3	市发展和改革委	96.00	94.61	95.31	市应急管理局	93.50	94.39	93.95
4	市政务服务局（市行政审批局）	96.00	94.45	95.23	市政府信息办	92.50	95.25	93.88
5	市生态环境局	96.00	93.80	94.90	市消防救援支队	92.00	95.45	93.73
6	市中级人民法院	95.50	94.22	94.86	市林业局	92.00	95.21	93.61
7	市自然资源局	95.00	94.16	94.58	市卫健委	92.00	94.98	93.49
8	九江海关	94.00	93.66	93.83	市农业农村局	92.50	94.06	93.28
9	市财政局	93.00	94.46	93.73	市港口航运管理局	92.00	94.12	93.06
10	市商务局	93.00	94.35	93.68	市人民检察院	91.00	94.82	92.91
11	市金融办	93.00	94.21	93.61	人行九江中支	90.50	95.15	92.83
12	市司法局	92.00	94.90	93.45	市国资委	90.50	95.05	92.78
13	市科技局	92.00	94.78	93.39	市水利局	90.50	94.94	92.72
14	国网市供电公司	93.00	93.10	93.05	市城市管理局	92.00	93.22	92.61
15	市住房和城乡建设局	92.50	93.58	93.04	市人防办	91.00	94.17	92.59
16	市人社局	93.00	93.03	93.02	市教育局	91.00	93.86	92.43
17	市市场监督管理局	92.00	94.00	93.00	市邮政管理局	90.50	93.98	92.24
18	市交通运输局	88.00	94.80	91.40	南昌铁路局九江车务段	90.00	94.17	92.09
19	市文广新旅局	88.00	94.79	91.40	邮政公司九江分公司	89.50	94.22	91.86
20					省港航管理局九江分局	90.00	93.64	91.82
21					市深燃公司	90.00	93.23	91.62
22					市医疗保障局	89.50	93.57	91.54

续表

排名	涉企较多部门				其他部门			
	部门	专家评分	问卷得分	最终得分	部门	专家评分	问卷得分	最终得分
23					电信公司九江分公司	93.00	89.81	91.41
24					市水务公司	88.00	92.98	90.49
25					移动公司九江分公司	90.00	90.03	90.02
26					联通公司九江分公司	82.00	91.98	86.99

从各金融机构来看，各大金融机构能够支持地方经济发展，积极响应政府优化营商环境建设要求，商业银行普惠金融服务情况良好，各项金融机构惠企政策整体落实到位，小微企业融资综合成本得到有效控制，金融机构服务质量与效率不断提高。根据课题组调研期间与各银行座谈情况及评价材料显示，截至 2020 年 11 月末，交通银行市分行（3.97%）、中国银行市分行（3.99%）、工商银行市分行（4.08%）、九江银行（4.35%）等金融机构普惠金融贷款利率优势处于全市前列。问卷调查结果显示，企业对各金融机构整体满意。座谈会访谈显示，金融机构希望政府未来在以下几个方面着力提升企业融资便利度：一是完善社会化征信体系，逐步采集企业纳税、水电费、员工人数、财务数据、行业协会组织考评信息等方面内容，缓解银企信息不对称的问题；二是加大普惠金融不良贷款容忍度，进一步提高普惠金融的不良贷款容忍度，并在普惠性贷款责任认定中强化尽职免职；三是成立普惠性融资担保公司，为小微企业增信；四是提高企业违约成本，加大对失信、违约企业的惩戒力度。

（四）各县（市、区）营商环境总体评价结果

九江市 16 个县（市、区）营商环境总体较好，其中，瑞昌市、湖口县、永修县、共青城市、都昌县等处于前列（见表 7 - 4）。

表7-4 2020年九江市各县（市、区）营商环境满意度及排名情况

县（市、区）	问卷得分	专家评分	总分	排名
瑞昌市	96.7	97	97.00	1
湖口县	98.0	95	96.50	2
永修县	92.8	97	94.90	3
共青城市	93.7	96	94.85	4
都昌县	97.8	91	94.40	5
八里湖新区	96.1	92	94.05	6
彭泽县	96.0	92	94.00	7
武宁县	89.9	96	92.95	8
德安县	95.3	89	92.15	9
濂溪区	88.8	94	91.40	10
庐山市	94.8	88	91.40	10
浔阳区	88.0	91	89.50	12
修水县	88.3	90	89.15	13
柴桑区	87.8	90	88.90	14
九江经济技术开发区	88.8	89	88.90	15
庐山西海风景名胜区	90.3	86	88.15	16

（五）优化营商环境优秀典型案例

通过本次自评价发现，九江市委市政府以"全省作示范、全国走前列"为目标，认真贯彻落实党中央、国务院和江西省委、省政府持续深化"放管服"改革、优化营商环境决策部署，各部门、各县（市、区）深入推进，认真执行，为促进政府职能转变、保护和激发市场主体活力、打造一流营商环境，特别是为2020年抗击新冠疫情和促进复工复产、复市复业提供了有力支撑，企业普遍表示满意。在全市努力打造"四最"营商环境"九江样板"的过程中，各部门、各县（市、区）能够立足部门职能和区县实际，发挥优势，对标先进，积极探索，着力解决痛点、难点、堵点问题，涌现了一批好做法、好经验、好模式。

一是注重优化营商环境政策，不断探索新模式新试点。（1）九江市政

127

务服务局以政策落实为目标，在江西省率先推出市级"惠企政策兑现"专区，市、县两级政务服务中心全部设立了惠企政策兑现代办服务窗口，为企业提供政策咨询、兑现代办、进度跟踪等贴心服务，并重点围绕"减税降费、财政补贴、贷款贴息、房租减免"等领域，优化办理流程，编制办事指南，探索"网上申报预售，线下服务代办"新模式；融合 5G 技术、人工智能技术、大数据技术，率先创建了具有九江特色的 12345 市民热线服务平台全链式服务模式；启动政务服务跨省通办，与黄冈市、安庆市等地签订合作协议；推进基层审批服务和执法力量改革，完善县、乡、村三级政务服务体系，向乡镇赋权 98 项，打造基层党建 + 政务服务新模式。（2）九江市市场监督管理局注重降低企业成本负担，在开办企业上创立"企业开办直通车"模式，整合三个环节所涉及的市场监管、刻章、涉税登记事项到一个窗口，线下企业开办"四门四窗四次五天办"变为"一门一窗一次一天办"，并为新开办企业免费刻章，九江市成为江西省第一个让新开办企业享受免费刻制首套公章服务的设区市；在企业注销上，大力推广企业简易注销，被纳入试点范围，通过这项商事制度改革，领取营业执照后未开展经营活动、未发生债权债务或将债权债务清算完结的有限责任公司、各类企业分支机构、农民专业合作社等，都可以向登记机关申请简易注销。2020 年以来，九江市已有 6072 户企业进行了简易注销，节约企业公告费用 485.76 万元，节约企业时间 50% 以上。（3）瑞昌市创造性成立"马上办"、行政审批"中介超市"、企业开办直通车等高含金量的改革措施，不动产登记"一链办理、集成服务"荣获中国信息化管理创新奖，"马上办"经验做法被中央编办肯定推广，商事制度改革受国务院通报表彰；安排物流专项补助资金 1.05 亿元，打造赣北陆路物流中心，开通了到珠三角、长三角、华北、中原、西南等地区的 20 条重点物流专线和覆盖周边 200 公里的 30 条城际专线，基本实现专线"天天班"，公路物流成本下降 50% 以上；在江西省首推"一业一证"改革，通过以招商引资为主要抓手大力引进 LED 应用产业等战略性新兴产业，成为江西唯一入选国家产融合作试点城市。（4）湖口县将优化营商环境作为重要考核指标纳入全县综合目标考评；在九江市率先推出"刷脸办"服务，企业群众办事刷脸即可识别身份，通过"互联网＋大数据"可快速调取个人各种电子证照，首批200余个服务事项现已实现"刷脸即办，无证通办"；高标准建立中介超市，中介服务费降幅超20%，服务时限压缩一半以上；在产业园区设立"一站式服务中心"，为企业提供全程帮办代办服务。（5）武宁县积极打造"互联网＋中介超市"模式，建立了线上中介服务选取服务大厅，通过平台化运作，由过去的"中介找项目"模式变为"项目找中介"。（6）都昌县大力推进营商环境优化组织机构建设，赋予县营商办调查权、处置权、通报权、评先评优一票否决权、干部选拔任用建议权等"五大权力"，并在县电视台、新媒体等媒体开辟"优化营商环境"专栏，组织全县51家职能单位"一把手"在电视台对营商环境工作做公开承诺。

二是注重构建高效营商环境，大力压缩企业办事环节。（1）九江市发改委推行行政许可事项集中办理，按照"一窗接件、内部流转、限时办结、一窗出证"流程，实行"一个窗口受理、一枚印章审批、一站式服务"模式，由受理窗口统一受理业务，实体窗口服务"一站式"功能不断优化提升。（2）共青城市以优质服务打造出核心竞争力，引入高技术特派员，助力科技型企业创新。在基金小镇实行注册资本认缴登记、分页签署等便捷制度，将企业工商登记办理、税务部门新办企业申领发票时间、企业社会保险登记业务流程压缩为0.5个工作日，公章刻制办理时间压缩为1个工作日，银行开户压缩至1个工作日；针对基金管理人少、工作量大、专业性高的特点，开创了360度全托服务，采用"私募＋政策帮扶"降低企业运营成本，并全力打通线上网络通道，让数据多跑路，群众少跑腿，政务数据"一化三通"工作位列江西省第一。共青城市基金小镇连续两年荣获"中国最具影响力的基金小镇"。（3）永修县大力推动审批体制改革创新。2017年12月永修县率先组建行政审批局，推进相对集中行政许可权改革，将县本级商事登记、投资项目与工程建设审批一次性全部划转至行政审批局，230项审批事项一次性完成划转，基本实现了"审批局外无审批"，打破信息壁垒，在江西省率先建立"证照库"。

三是注重办事平台建设，提高政府服务效率。（1）九江市税务局依托 5G 通信、数据管理和人工智能技术，以"5G + 智能税务"为主导，以"九江税务"微信公众号平台为驱动，深入推进税收服务便利化改革，在全市范围内推行"四微在线"一体化智能税务服务平台（"微咨询"，税收政策立等可取；"微导航"，涉税事务帮助快办；"微查询"，涉税信息快速知晓；"微办理"，指尖办税安全无忧），使纳税服务无"微"不至，打造营商环境服务高地。（2）九江市政务服务局在惠企政策服务平台建设上有创新，以"三库一平台"建设为重点，大力推进惠企政策兑现工作，依托"赣服通"平台，以文件库、政策库、企业库为支撑，搭建九江市惠企政策库，推行惠企政策"线上查、精准送、掌上办"，在江西省首创"一站式惠企政策平台"，荣获 2020 年第三届中国营商环境特色评选"亲清环境创新奖"，为全国十个获此奖项城市之一。（3）国网九江市供电公司作为国网公司唯一的"四合一"试点单位，通过组建城区供电中心，全面推行供电所"台区经理制""设备主人制""综合柜员制"，打造前端一站式服务综合体，构建快速高效的客户需求反应机制，不断提升企业用电便利度，成为江西省首家实现市县公司配网带电作业工作站全覆盖。（4）湖口县在江西省首创"优化营商环境智慧监督监管平台"，由县纪委牵头，搭建优化营商环境智慧监督监管平台，对各单位履职履责情况实现量化考评、动态监管，在九江市率先建立营商环境监督员制度，通过自荐或单位推荐、资格审查、考察认定等程序，在全县各条战线选聘了 30 名营商环境监督员，并在江西省率先开展县级营商环境自评价工作。（5）濂溪区搭建线上"企业帮扶直通车"平台，探索出"政企联动、精准直通"企业帮扶新模式。

四是注重保障企业权益，营造法治公平营商环境。（1）九江市濂溪区、德安县等地努力营造优质法治营商环境。濂溪区挂牌成立"金融法庭"，对金融案例开通绿色通道，以创新警企"五联"新机制为抓手，大力推行"一企一警"警企联防新模式；德安县集中开展"优化营商环境百日行动"，大力推行"保姆＋"安商服务。（2）武宁县高度重视企业生产经营权益，实行企业"宁静生产日"制度，将每月1～25日设立为企业"宁静生产日"，实行入企检查备案制，控制执法检查频次，实行"首查不罚，首罚取下限"制度，为企业提供更加包容的生产经营环境。（3）九江市柴桑区、永修县等地在构建服务非公企业维权工作机制方面力度较大。永修县的非公企业维权服务中心（设在县工商联）已挂牌运行。柴桑区工商联与司法、检察等司法机关联合建立联系机制，先后出台了《非公企业维权工作机制》《关于建立服务保障非公有制经济联系协调机制的通知》等文件，区检察院专门设置了非公有制企业维权工作办公室，同时分别在沙城工业园及赤湖工业园工商联分会设立两个非公有制企业维权检察联系点，并正式挂牌。开展"检察护航民企发展"检察开放日活动，化解经营中的司法难题；通过设立常态联系点、建立联席会议制度等畅通区工商联与区检察院沟通协调，为非公有制企业的发展提供坚实的法律支持。（4）德安县、彭泽县等地不断创新知识产权创造、保护运用，极大调动了企业、个人开展发明创造的积极性。彭泽县也积极引导和鼓励企业采取专利权质押的方式利用专利换钱，聚力打通知识产权金融服务的全链条。

五是注重掌握企业需求及痛点堵点问题，营造贴心营商环境。（1）九江市政务服务局在江西省率先推出"不见面"网络直播开标、周末错峰开标、专项通道开标等一系列改革举措。（2）九江市自然资源局"净矿"出让路径探索得到自然资源部肯定。（3）九江市生态环境局通过实行责任领导包企、局长现场办公、监管人员驻场等帮扶制度，深入开展"企业接待日""大谈心""大走访"等系列活动，将每月第一周的星期三作为九江市生态环境系统服务企业接待日，城市空气质量达到九江市有PM2.5监测以来最高水平，九江市总体水环境质量持续好转，为企业营造蓝天、碧水、净土的生产生活环境；构建行政执法处罚与教育相结合工作体系，推行"柔性"执法，按违法情节轻重实行"红、黄、蓝"三色监管，对2531家企业实行分类监管。（4）九江市工信局着重念好"定、盯、钉"

三字诀，定职责、定方案，领导盯、投诉渠道盯、会议盯，按住问题钉、持续发力钉，通过开展清欠台账复核、开展清欠问卷调查、做好清欠第三方效果评估等工作，确保清理拖欠民营企业中小企业账款工作任务圆满完成。（5）九江市经开区为保障项目用工需求，向项目施工企业派出"招工特派员"，根据企业需求专门负责协调线上线下招聘、录用手续办理等工作，有力推动了项目建设进度，被国务院办公厅在全国推介；面对新冠疫情，经开区设立 1 亿元应急纾困资金帮助企业应对疫情冲击。（6）修水县全省首创"一站办"普惠金融服务中心。（7）九江市浔阳区建设"浔政问策导航器"服务平台，为市场主体提供政策精准服务。

三、九江市营商环境分项指标评价

课题组根据回收的 2894 份企业调查问卷结果，分别从企业生命周期指标、投资吸引力指标、服务监管指标、企业信心与政策落实指标四个方面，对九江市整体营商环境进行分项指标评价。企业对满意度方面的评价共分五档，"非常满意""满意""比较满意""不太满意""很不满意"，满意度由前两档决定，不满意度由后两档决定。

（一）企业生命周期指标

此类指标涵盖了企业开办与建设、日常运营与容错处理的全部周期，包括开办企业、办理建筑许可、获得电力、获得用水、获得用气、登记财产、纳税、跨境贸易、企业注销和办理破产。

1. 开办企业

九江市各县（市、区）开办企业环节数少，一般为 3 项，依托江西省企业登记网络服务平台"一网通办"。开办企业所需时间较短，为进一步压缩开办企业时间，九江市将企业设立登记等开办流程时长压缩至 1 个工作日内办结。其中，九江市本级能确保开办企业 1 天完成，下辖县（市、区）要求最长 2 个工作日之内完成。开办企业成本较低，九江市各县

（市、区）新开办企业公章免费刻制，刻章费用由政府买单，开办企业成本为江西省最低。

2020 年，九江市共有 1114 家企业办理了开办企业业务，在对开办企业总体满意度评价时，分别有 81.24% 和 14.54% 企业表示"非常满意"和"满意"；0.45% 和 0.18% 的企业感到"不太满意"和"很不满意"，不满意的主要原因是政策落实不及时，仍然存在不同环节互为前置条件的障碍，相关部门对企业开办政策的宣传较为笼统、滞后，部分解读有偏差，办事流程烦琐，窗口工作人员服务态度不好，容缺受理和一次性告知不到位。

据问卷调查结果，九江市该项指标的总体分值为 95.2，总体满意度较高，各县（区）该项指标排名情况详见表 7-5。

表 7-5　　　　2020 年九江市县域开办企业指标满意度排名情况

排名	县（市、区）	分数（分）	排名	县（市、区）	分数（分）
1	瑞昌市	98.3	9	德安县	94.9
2	庐山市	98.2	10	永修县	94.3
3	湖口县	97.8	11	濂溪区	92.8
4	都昌县	97.8	12	九江经济技术开发区	92.6
5	八里湖新区	97.1	13	武宁县	91.5
6	彭泽县	97.0	14	柴桑区	91.2
7	共青城市	95.8	15	修水县	89.2
8	庐山西海风景名胜区	95.6	16	浔阳区	89.1

2. 办理建筑许可

九江市各县（市、区）建筑许可办理环节正常，一般共分为立项用地规划阶段、工程建设阶段、施工许可阶段、竣工验收阶段四个阶段，实行一个窗口受理。但相对省内其他地市，建筑许可办理时间较长，办理成本较低，九江市各县（市、区）市政设施配套费低于江西省平均水平。九江市政务服务网、市住房和城乡建设局网、市政务服务大厅窗口均有清晰公示，显示建筑质量控制较好。

2020 年，九江市共有 317 家企业办理了建设项目行政审批业务，在对办理建设项目行政审批的总体满意度评价时，分别有 86.12% 和 10.41% 的企业表示"非常满意"和"满意"。0.95% 的企业感到"很不满意"，企业提出在办理建设项目行政审批过程中，最为困难的环节分别是：前置条件审批环节（如强制招投标、强制缴纳保证金、材料反复提交等）、办理施工许可证、不动产登记、签订土地出让合同、竣工验收、办理立项用地规划许可证。

据问卷调查结果，九江市该项指标的总体分值为 9.60 分，总体满意度较高，各县（区、市）该项指标排名情况详见表 7 - 6。

表 7 - 6　　　　2020 年九江市县域办理建筑许可指标满意度排名情况

排名	县（市、区）	分数（分）	排名	县（市、区）	分数（分）
1	浔阳区	99.8	9	九江经济技术开发区	96.0
2	瑞昌市	99.7	10	武宁县	95.0
3	彭泽县	98.4	11	庐山西海风景名胜区	93.3
4	湖口县	98.1	12	永修县	91.4
5	都昌县	98.1	13	八里湖新区	90.0
6	德安县	97.1	14	修水县	86.2
7	共青城市	96.7	15	庐山市	85.0
8	濂溪区	96.7	16	柴桑区	81.4

3. 获得电力

九江市各县（市、区）办电环节正常。其中，低压非居民新装增容有 3 个环节，分别是申请受理、外部工程施工和装表接电；高压新装增容有 4 个环节，分别是申请受理、供电方案答复、外部工程施工和装表接电。各设区市办电环节由于统计口径不同，经过一致性确认后，均为 4 个环节。电力报装没有额外收费，九江市电力报装环节电力公司单电源、双电源均没有收费。所有安装材料及变压器等设备，均为企业自行购买，符合国家电网相关文件精神。调研走访发现，电费电价、服务流程在九江市电网门户网站和电网办事大厅均有公示，用电信息透明度较好，用电价格按江西省统一标准收取。

2020 年，九江市共有 676 家企业办理了获得电力业务，在对供电服务能力（如可靠性、稳定性、故障自愈、应急处理等）进行总体评价时，分别有 87.13% 和 9.62% 的企业表示"非常满意"和"满意"，0.44% 的企业感到"不太满意"，没有企业很不满意。在对办理用电报装业务总体满意度评价时，分别有 87.43% 和 9.32% 的企业表示"非常满意"和"满意"。0.59% 和 0.15% 的企业分别感到"不太满意"和"很不满意"。

据问卷调查结果，九江市该项指标的总体分值为 9.66 分，在所有被问指标中，总体满意度最高，各县（市、区）该项指标排名情况详见表 7-7。

表 7-7　　　　2020 年九江市县域获得电力指标满意度排名情况

排名	县（市、区）	分数（分）	排名	县（市、区）	分数（分）
1	都昌县	99.6	9	永修县	94.2
2	湖口县	98.9	10	庐山市	94.1
3	彭泽县	97.9	11	濂溪区	92.3
4	共青城市	97.5	12	柴桑区	91.9
5	瑞昌市	97.5	13	浔阳区	90.8
6	德安县	96.0	14	八里湖新区	90.0
7	九江经济技术开发区	95.6	15	修水县	90.0
8	庐山西海风景名胜区	94.7	16	武宁县	88.9

在用电成本方面，70.27% 的企业表示"成本很低，超出或优于预期"，23.37% 的企业认为"成本适中，符合预期"，仍有 5.62% 的企业表示"成本较高，尚可接受"，0.74% 的企业感到"成本很高，难以接受"。

4. 获得用水

九江市各县（市、区）用水报装环节正常。企业用水报装环节为 6 项，分别是用户申请、勘察设计、签订合同、行政审批、工程施工和合格验收，与江西省其他市、区一致。用水报装成本正常，各地用水报装均根据实际造价市场化运行，为一致性指标，但各县（市、区）的用水报装时限、用水价格（含污水处理费）差距较大。

2020 年，九江市共有 778 家企业办理了获得用水业务，对办理用水报装业务总体满意度评价时，分别有84.45%和11.70%的企业表示"非常满意"和"满意"。0.39%和0.26%的企业感到"不太满意"和"很不满意"。

据问卷调查结果，九江市该项指标的总体分值为9.58分，各县（市、区）该项指标排名情况详见表7-8。

表7-8　　　　　2020年九江市县域获得用水指标满意度排名情况

排名	县（市、区）	分数（分）	排名	县（市、区）	分数（分）
1	湖口县	98.8	9	九江经济技术开发区	93.3
2	都昌县	98.6	10	柴桑区	93.2
3	庐山市	98.5	11	武宁县	93.0
4	瑞昌市	98.3	12	修水县	91.1
5	彭泽县	97.2	13	濂溪区	89.7
6	德安县	96.7	14	八里湖新区	89.5
7	永修县	95.5	15	庐山西海风景名胜区	88.9
8	共青城市	93.9	16	浔阳区	88.7

在用水成本方面，68.28%的企业表示"成本很低，超出或优于预期"，27.38%的企业认为"成本适中，符合预期"，仍有3.86%的企业表示"成本较高，尚可接受"，0.51%的企业感到"成本很高，难以接受"。

5. 获得用气

九江市各县（市、区）用气报装环节差异较明显。比如庐山市用气报装为7个环节，分别是申请、勘察设计、客户提供用户调查清单、设计出图及预算报价、签订合同、施工及综合验收、验收合格通气；但有的县（市、区）压缩至4个环节，比如柴桑区。用气报装时间和用气报装成本正常，各地用气报装均根据实际造价市场化运行，为一致性指标。用气价格较低，九江市工业用气价为2.71~2.98元/立方米，但仍有修水县、武宁县、都昌县没有完成基础设施建设，未开通天然气。

2020年，九江市共有376家企业办理了获得用气业务，在对办理用气报装业务总体满意度评价时，有86.17%和9.57%的企业分别表示"非常满意"和"满意"；0.8%和0.27%的企业分别感到"不太满意"和"很不满意"。

据问卷调查，九江市该项指标的总体分值为 9.60 分，各县（市、区）该项指标排名情况详见表 7 - 9。

表 7 - 9　　　2020 年九江市县域获得用气指标满意度排名情况

排名	县（市、区）	分数（分）	排名	县（市、区）	分数（分）
1	共青城市	99.8	9	德安县	95.4
2	八里湖新区	99.7	10	九江经济技术开发区	93.3
3	彭泽县	99.2	11	柴桑区	93.0
4	都昌县	98.7	12	武宁县	88.8
5	庐山市	98.2	13	永修县	88.1
6	庐山西海风景名胜区	98.2	14	濂溪区	86.7
7	湖口县	97.7	15	修水县	85.0
8	瑞昌市	97.2	16	浔阳区	85.0

在用气成本方面，71.81% 的企业表示"成本很低，超出或优于预期"，23.14% 的企业认为"成本适中，符合预期"，仍有 3.19% 的企业表示"成本较高，尚可接受"，1.86% 的企业感到"成本很高，难以接受"。

6. 登记财产

九江市各县（市、区）不动产登记环节正常，分为不动产登记和抵押登记，一般为申请受理、审核、登簿、发证 4 个环节，为江西省一致性指标。各县（市、区）不动产登记时间正常，一般不动产登记 4 个工作日内完成；不动产抵押登记 2 个工作日内完成，符合江西省不动产登记标准。不动产登记收费执行统一收费标准，住宅类首次登记收费 80 元/件；非住宅类不动产登记收费 550 元/件，执行全省登记收费统一标准。土地管理质量较好，各县（市、区）自然资源局土地管理系统均通过部门内网专线，安全可靠，且土地信息管理公开透明，不动产登记信息透明共享，群众可以自行查询。

2020 年，九江市共有 591 家企业办理了不动产登记业务，在对办理不动产登记总体满意度评价时，分别有 84.6% 和 12.18% 的企业表示"非常满意"和"满意"；0.34%和0.17%的企业感到"不太满意"和"很不满意"，不满意的主要原因是：审批时间过长、一次性告知不到位，手续环节过多。

据问卷调查结果，九江市该项指标的总体分值为9.61分，总体满意度较高，各县（市、区）该项指标排名情况详见表7-10。

表7-10　　　　　2020年九江市县域登记财产指标满意度排名情况

排名	县（市、区）	分数（分）	排名	县（市、区）	分数（分）
1	瑞昌市	99.1	9	武宁县	94.6
2	湖口县	98.9	10	九江经济技术开发区	93.8
3	彭泽县	98.6	11	修水县	93.3
4	德安县	98.1	12	永修县	92.9
5	都昌县	96.9	13	濂溪区	90.7
5	庐山市	96.8	14	庐山西海风景名胜区	90.0
7	八里湖新区	96.7	15	浔阳区	88.6
8	共青城市	96.3	16	柴桑区	87.8

7. 纳税

九江市各县（市、区）纳税次数正常，纳税次数多为6.5次，其中增值税、城建税、教育费附加、地方教育附加合并一次申报，企业所得税一次申报，土地增值税一次申报，房产税、城镇土地使用税合并一次申报，印花税一次申报。与江西省其他设区市纳税次数保持一致。纳税时间适中，九江各县（市、区）的纳税时间多为52小时。总税收和缴费率略高，报税后流程指数适中，一般补税、退税所需时间都可根据纳税人需求当天完成，报税后流程指数多为50。

2020年，九江市共有2894家企业办理缴纳税费业务，在对缴纳税费的总体满意度评价时，分别有75.98%和17.14%的企业表示"非常满意"和"满意"，0.41%的企业感到"不太满意"，没有企业表示"很不满意"。企业对缴纳税费不满意的原因主要是：税费成本过高、纳税程序繁杂，手续过多、税收政策宣传不够，导致对相关政策缺乏了解、税收稽查频率过高，办税人员服务水平不高。

据问卷调查结果，九江市该项指标的总体分值为 9.37 分，各县（市、区）该项指标排名情况详见表 7-11。

表 7-11　　　　2020 年九江市纳税指标满意度排名情况

排名	县（市、区）	分数（分）	排名	县（市、区）	分数（分）
1	湖口县	97.5	9	庐山西海风景名胜区	92.6
2	八里湖新区	97.4	10	共青城市	92.2
3	都昌县	97.0	11	柴桑区	90.3
4	庐山市	96.4	12	九江经济技术开发区	89.3
5	瑞昌市	96.2	13	浔阳区	89.1
6	彭泽县	95.1	14	武宁县	88.7
7	德安县	94.3	15	修水县	88.2
8	永修县	93.0	16	濂溪区	87.7

此外，比较 2020 年和 2019 年缴纳的税费占企业税前利润的比重时，分别有 37.28% 和 24.53% 的企业认为"下降很多"和"略有下降"，31.44% 的企业认为"没有什么变化"，仍有 5.81% 和 0.93% 的企业表示比重"略有上升"和"上升很多"。

8. 跨境贸易

九江市进口值和出口值在江西省处于中位水平，提前申报率高，跨境贸易便利度适中。2020 年，九江市共有 201 家企业办理过跨境贸易业务，在对办理跨境贸易业务的企业进行相关政府部门提供服务的总体满意度评价时，有 82.59% 和 13.43% 的企业分别表示"非常满意"和"满意"，0.5% 和 0.5% 的企业分别感到"不太满意"和"不满意"。企业对相关政府部门提供的服务感到不满意的主要原因是：审批程序复杂、外汇管制严格、对外投资环境信息宣传不足。

据问卷调查结果，九江市该项指标的总体分值为 9.53 分，总体满意度较高，各县（市、区）该项指标排名情况详见表7-12。

表7-12　　2020年九江市县域跨境贸易指标满意度排名情况

排名	县（市、区）	分数（分）	排名	县（市、区）	分数（分）
1	武宁县	99.6	9	濂溪区	95.0
2	都昌县	99.4	10	永修县	94.0
3	八里湖新区	99.2	11	修水县	93.8
4	瑞昌市	98.7	12	九江经济技术开发区	90.0
5	彭泽县	97.4	13	庐山市	85.7
6	德安县	97.1	14	柴桑区	80.9
7	湖口县	96.8	15	浔阳区	80.0
8	共青城市	96.0	16	庐山西海风景名胜区	80.0

9. 企业注销

九江市各县（市、区）企业注销环节正常。企业注销分为简易注销和普通注销，企业通过江西省企业登记网络服务平台"一网通办"注销专区，进行清算组备案及注销公告，公告期满后提交注销申请。该项指标为一致性指标，各县（市、区）均为5个环节。企业注销时限正常，简易注销公示20天，普通注销公示45天，公告期满后网上打印自动生成的注销材料，由登记机关审核予以注销。企业注销费用为零，符合江西省注销统一要求。

2020年，九江市共有283家企业办理过企业注销业务，对政府办理企业注销业务工作的满意度进行评价时，有82.33%和13.07%的企业分别表示"非常满意"和"满意"；1.06%的企业感到"不太满意"，没有企业表示"很不满意"，企业不满意的主要原因是：办事流程烦琐、一次性告知不到位、受理不灵活（如要完成上一环节方可进入下一环节）、窗口人员服务态度不好、缺少网上便民服务平台、排队时间过长。

据问卷调查结果，九江市该项指标的总体分值为9.52分，各县（市、区）该项指标排名情况详见表7-13。

表 7 - 13　　　2020 年九江市县域企业注销指标满意度排名情况

排名	县（市、区）	分数（分）	排名	县（市、区）	分数（分）
1	八里湖新区	99.8	9	柴桑区	93.3
2	德安县	99.5	10	庐山市	92.5
3	彭泽县	99.1	11	浔阳区	92.0
4	都昌县	98.4	12	修水县	91.8
5	湖口县	97.0	13	九江经济技术开发区	91.7
6	武宁县	96.4	14	共青城市	91.0
7	瑞昌市	94.5	15	濂溪区	90.0
8	永修县	94.1	16	庐山西海风景名胜区	83.3

10. 办理破产

九江市的多数县（市、区）法院未受理破产案件，但从个案来看，破产债务收回时限较长，但债权人回收率较高。

（二）投资吸引力指标

此类指标涵盖了企业经营扩大的融资需求以及公平竞争的市场关系等内容，包括获得信贷、执行合同、政府采购与招标投标。

1. 获得信贷

总体来看，九江市各县（市、区）积极贯彻落实上级银行各项贷款政策，积极运用江西省小微客户融资平台，解决小微企业融资难问题，合法获得信贷权利指数较好，信用信息深度指数较高，企业融资总量及成本指数较高。

2020 年，九江市共有 714 家企业办理了信贷业务，企业从信贷产品或服务的公开程度、办理贷款资格审查合理程度、信贷成本合理程度和直接融资便利度四个方面，对办理贷款的服务质量进行了评价，满意度分别高达 95.66%、94.12%、93.28% 和 91.6%，受调查企业对服务质量的总体评价较高，满意度高达 94.68%。

此外，企业对获得信贷的总体满意度的评价也比较高，分别有

78.57% 和 15.69% 的企业表示"非常满意"和"满意"；2.52% 和 0.42% 的企业感到"不太满意"和"很不满意"。企业不满意的主要原因是获贷低额高频，贷款成本高，可抵押物少、信用等级低、资产负债能力有限等因素限制了贷款额度，同时，企业规模小而缺乏融资渠道，担保信用体系不健全，商业信用体系不发达，抵押折扣率高等原因稀释了贷款额度。还有企业反映由于融资成本高，银行出现抽贷现象，导致企业无法生存；个别企业反映申请创业贷款两年了，都没贷到款。

据问卷调查结果，九江市该项指标的总体分值为 9.36 分，各县（市、区）该项指标排名情况详见表 7-14。

表 7-14　　　　2020 年九江市县域获得信贷指标满意度排名情况

排名	县（市、区）	分数（分）	排名	县（市、区）	分数（分）
1	瑞昌市	99.5	9	彭泽县	94.3
2	湖口县	98.7	10	永修县	91.7
3	都昌县	98.5	11	修水县	90.2
4	濂溪区	95.7	12	共青城市	90.0
5	德安县	95.3	13	武宁县	88.3
6	庐山市	95.1	14	柴桑区	84.9
7	庐山西海风景名胜区	95.0	15	九江经济技术开发区	82.2
8	八里湖新区	94.7	16	浔阳区	78.8

2. 执行合同

九江市各县（市、区）解决商业纠纷的耗时视案件复杂情况而定，差异较大。无超标的查封、扣押、冻结情况。

2020 年，九江市共有 657 家企业办理过执行合同业务，企业对本地法律环境满意度的评价中，分别有 75.04% 和 17.66% 的企业表示"非常满意"和"满意"，0.91% 和 0.3% 的企业感到"不太满意"和"很不满意"。

据问卷调查，该项指标九江市的总体分值为 9.31 分，各县（市、区）

该项指标排名情况详见表7－15。

表7－15　　　2020年九江市县域执行合同指标满意度排名情况

排名	县（市、区）	分数（分）	排名	县（市、区）	分数（分）
1	都昌县	97.5	9	庐山市	91.2
2	瑞昌市	97.4	10	武宁县	91.0
3	湖口县	96.1	11	共青城市	90.8
4	彭泽县	95.7	12	九江经济技术开发区	89.7
5	德安县	94.2	13	浔阳区	88.1
6	庐山西海风景名胜区	94.1	14	柴桑区	87.4
7	八里湖新区	93.8	15	濂溪区	84.1
8	永修县	91.9	16	修水县	83.8

2020年共有70家企业发生过商业纠纷，在这些企业中，分别有22.22%和18.06%的企业认为解决商业纠纷的费用"很高，难以接受"和"较高，尚可接受"，36.11%的企业表示费用"适中，符合预期"，另有8.33%和15.28%的企业认为费用"较低，优于预期"和"很低，超出预期"。而在评价解决商业纠纷的时效时，38.89%和20.83%的企业认为"时效很快，超出预期"和"较快，优于预期"，20.83%的企业表示时效"适中，符合预期"，另各有9.72%的企业认为"较慢，尚可接受"和"很慢，难以接受"。在这72家企业中，企业认为解决商业纠纷的最有效途径是借助政府力量，分别有30.56%和13.89%的企业认为通过非公企业维权中心协调解决和通过政府部门调解解决最为有效，也有27.78%企业认为通过诉讼解决方式最佳，另有企业表示最有效的途径还是通过非诉讼途径自行解决（占比11.11%），或是通过本企业的法律服务部门跟对方沟通协商（占比13.89%）；此外还有个别企业反映政府未履行投资合同。

3. 政府采购和招标投标

九江市各县（市、区）政府采购项目中运用电子采购平台占政府采购总数的比重多为100%，投标保证金实行电子化管理，能及时退返保证金，江西省各地均实行投标保证金电子化管理，返还及时。

在此次问卷调查中，九江市共有291家企业办理过江西省公共资源交易平台政府采购和招标投标业务。在对政府采购和招标投标总体满意度评价时，分别有72.51%和18.9%的企业表示"非常满意"和"满意"。均有1.03%的企业感到"不太满意"和"很不满意"，不满意的主要原因是：政府采购监管机制有待完善，参与政府采购的审批程序十分烦琐，政府采购信息公开化程度不高，政府采购的部分政策设置不合理，对违规供应商的处罚不明确，公司产品未被纳入政府采购目录。此外，有企业反映政府采购资格准入流程不明确，甚至存在采购单位暗箱操作的行为，私人违规借用资质参与投标活动。

据问卷调查结果，九江市该项指标的总体分值为9.19分，各县（市、区）该项指标排名情况详见表7-16。

表7-16　2020年九江市县域政府采购和招标投标指标满意度排名情况

排名	县（市、区）	分数（分）	排名	县（市、区）	分数（分）
1	庐山市	100.0	9	德安县	92.0
2	湖口县	99.2	10	浔阳区	90.0
3	都昌县	98.0	11	共青城市	90.0
4	瑞昌市	97.1	12	濂溪区	83.5
5	彭泽县	95.0	13	柴桑区	78.0
6	永修县	95.0	14	武宁县	77.0
7	八里湖新区	93.3	15	庐山西海风景名胜区	74.5
8	修水县	92.9	16	九江经济技术开发区	73.5

2020年，办理过江西省公共资源交易平台政府采购和招标投标业务的291家企业中，在参与政府采购时，90.03%的企业主要通过江西省公共资源交易网，在线获得政府采购信息；在参与工程招标投标时，90.72%的企业主要通过江西省公共资源交易网，在线获得工程招投标信

息和招投标文件，说明九江市各县（市、区）电子采购平台利用率较高。在 141 家中标政府采购项目的企业中，25 家为大型企业，125 家是中小微企业，说明中小微企业参与度和中标政府采购项目比例较高。据庐山市提供的该项指标数据，庐山市中小微企业的合同金额占全部采购金额的比重高达 99.26%。

在投标担保公平与效率的调查中，共有 150 家参与过招标投标活动，其中有 77 家企业表示存在"招标人要求投标人在项目当地设立分支机构（办事处）、强制要求在当地投资、要求法人代表到场"等影响投标机制公平和公正性的现象，这一点需要引起特别重视。此外，各县（市、区）提交的市场公平竞争审查程度统计不足，是否建立完善公平有效的投诉机制仍有待考察。

（三）服务监管指标

此类指标涵盖了企业经营中政府提供的服务、监管、保护、人才需求以及企业进一步转型所需的创新条件等内容，包括知识产权、创造保护和运用、政府服务、市场监管、劳动力市场、包容普惠创新。

1. 知识产权创造保护和运用

九江市各县（市、区）知识产权创造数量较低。万人有效发明专利拥有量约在 2 项，低于江西省平均水平。虽然非诉讼纠纷解决机构覆盖面达100%，但知识产权运用效率较低，万人技术合同成交金额和万人拥有专利质押融资额均低于江西省平均水平。

在此次问卷调查中，全市共有 359 家企业办理过知识产权创造、保护和运用相关业务，在对本地知识产权保护的总体满意度评价时，分别有84.12% 和 11.7% 的企业表示"非常满意"和"满意"。仅 1 家企业感到"不太满意"，没有企业表示"很不满意"。

据问卷调查结果，九江市该项指标的总体分值为 9.59 分，各县（市、区）该项指标排名情况详见表 7-17。

表 7 - 17 　　　　2020 年九江市县域知识产权创造保护和运用指标
满意度排名情况

排名	县（市、区）	分数（分）	排名	县（市、区）	分数（分）
1	八里湖新区	99.8	9	庐山市	96.2
2	德安县	99.7	10	永修县	93.6
3	湖口县	98.7	11	武宁县	89.1
4	都昌县	98.6	12	濂溪区	89.0
5	彭泽县	98.6	13	修水县	89.0
6	瑞昌市	98.4	14	九江经济技术开发区	88.8
7	浔阳区	98.0	15	柴桑区	88.3
8	共青城市	96.3	16	庐山西海风景名胜区	85.0

　　在如何加强对商标、专利、版权的运用和保护的手段方面，受调查的
2894 家企业中，超过半数的企业认为需加强相关立法工作、严厉打击侵
权假冒行为、加大政策扶持力度，鼓励企业进行商标注册和专利申请，加
强宣传培训，切实提高企业知识产权保护意识。此外，也有接近半数的企
业认为需加强商标、专利申请和版权登记的引导，提升奖励幅度，鼓励企
业申报国家、省级知识产权优势、示范企业。

　　2. 政务服务

　　课题组对各县（市、区）的行政服务中心和便民服务中心进行暗访，
从总服务台、政务服务事项齐全程度、经办人员业务熟练程度、业务人员
基本服务态度、大厅整体环境等方面综合评价。虽然九江市各县（市、
区）政务服务平台已与省级政务服务平台实现 100% 数据对接，大力推广
使用"赣服通"办理业务，但仍未打破信息孤岛，实现实质意义的"一
窗服务"。

　　在此次问卷调查中，受调查的 2894 家企业分别从工作人员服务水平、
政务信息化网络化水平、办理企业维权诉求效果三个方面对政府服务进行
了评价，整体满意度较高，分别高达 94.3%、94.13% 和 93.64%。在对
当地政府服务的总体满意度评价时，分别有 78.4% 和 15.96% 的企业表示

"非常满意"和"满意"；0.73%和0.31%的企业感到"不太满意"和"很不满意"，共计30家企业。他们提出在政府部门或服务大厅办事，遇到的主要困难是：部门之间相互推诿，办不成也没有说法；办事环节过多，程序交代不明导致多次办理；办事人员态度不好，没有做到耐心周到服务；不知道哪个部门具体负责，不知道找谁；办事不公平、不公正，没有做到按章办事；办事人员不熟悉本职工作、业务不熟练；联系不到办事人员，公布的联络方式无法取得联系；还有企业反映在办理合作社时，由于人员变更，办事人员互相推诿，工作人员不承认与政府签订的合同。

据问卷调查结果，九江市该项指标的总体分值为9.41分，各县（市、区）该项指标排名情况详见表7－18。

表 7 － 18　　　　2020 年九江市县域政务服务指标满意度排名情况

排名	县（市、区）	分数（分）	排名	县（市、区）	分数（分）
1	湖口县	98.2	9	永修县	93.2
2	八里湖新区	97.9	10	武宁县	92.1
3	都昌县	97.4	11	庐山西海风景名胜区	91.5
4	瑞昌市	96.5	12	柴桑区	90.5
5	庐山市	95.8	13	浔阳区	89.1
6	德安县	95.7	14	九江经济技术开发区	88.8
7	彭泽县	95.5	15	修水县	88.4
8	共青城市	93.5	16	濂溪区	88.3

3. 市场监管

九江市各县（市、区）实施"双随机、一公开"措施，监管100%全覆盖。监管执法信息公开率多为100%，与国家互联网＋监管系统的数据信息共享达到100%。

在此次问卷调查中，受调查的2894家企业分别从监管执法信息公开率、政务诚信度、商务诚信度三个方面对本地的市场监管进行了满意度评价，满意度总体较高。其中，监管执法信息公开率方面，79.75%和14.82%的企业表示"非常满意"和"满意"，0.24%和0.41%的企业感到"不太满意"和"很不满意"；政务诚信度方面，79.92%和14.62%的企业表示"非常满意"和"满意"，0.35%和0.41%的企业感到"不太满意"和"很不满意"；商务诚信度方面，79.58%和15%的企业表示"非常满意"和"满意"，0.21%和0.35%的企业感到"不太满意"和"很不满意"。企业对本地市场监管总体满意度也较高，分别有79.68%、14.79%的企业表示"非常满意"和"满意"，0.31%和0.41%的企业感到"不太满意"和"很不满意"。

据问卷调查结果，九江市该项指标的总体分值为9.45分，各县（市、区）该项指标排名情况详见表7-19。

表7-19　　　　2020年九江市县域市场监管指标满意度排名情况

排名	县（市、区）	分数（分）	排名	县（市、区）	分数（分）
1	八里湖新区	98.6	9	永修县	93.5
2	湖口县	98.5	10	柴桑区	92.0
3	都昌县	97.3	11	庐山西海风景名胜区	91.0
4	瑞昌市	97.1	12	九江经济技术开发区	89.7
5	德安县	96.5	13	修水县	89.7
6	庐山市	96.0	14	武宁县	89.3
7	彭泽县	95.4	15	浔阳区	89.0
8	共青城市	94.4	16	濂溪区	88.3

虽然九江各县（市、区）的市场监管整体满意度较高，但也有183家企业认为当地政府存在诚信方面的问题，比较突出的问题有：政府部门相互推诿扯皮、不担当；规划调整频繁、随意；项目扶持资金不到位、到位慢；新官不理旧账；拖欠企业款项；经营补贴失信；土地优惠失信；税收优惠失信。

4. 劳动力市场

虽然在调查中未发现任何妨碍人才流动的户籍、学历等限制，但九江市各县（市、区）招工难、用工不稳定和用工成本高的问题仍然存在。

在此次问卷调查中，全市共有2894家企业分别从人才的奖金支持、人才就医、人才子女入学、人才住房保障、人才招聘服务五个方面对人才政策扶持进行了满意度评价，满意度总体较高，分别为 89.64%、89.15%、89.22%、89.32% 和 89.33%。在对人才用工环境进行总体满意度评价时，分别有 72.56% 和 17.31% 的企业对本地人才扶持政策表示"非常满意"和"满意"，有 8.19% 的企业认为比较满意，但也有 1.49% 的企业表示"不太满意"，甚至有 0.45%（共计 13 家）的企业表示"很不满意"。

据问卷调查结果，九江市该项指标的总体分值为 9.18 分，各县（市、区）该项指标排名情况详见表 7－20。

表 7－20　　　2020 年九江市县域劳动力市场指标满意度排名情况

排名	县（市、区）	分数（分）	排名	县（市、区）	分数（分）
1	湖口县	97.5	9	共青城市	91.2
2	瑞昌市	96.5	10	柴桑区	88.0
3	都昌县	96.4	11	庐山西海风景名胜区	86.6
4	八里湖新区	95.1	12	武宁县	86.5
5	庐山市	94.3	13	九江经济技术开发区	84.9
6	彭泽县	93.2	14	修水县	84.2
7	德安县	92.8	15	濂溪区	84.1
8	永修县	91.7	16	浔阳区	83.5

调查数据显示，企业用工难的主要原因体现在：人才预期薪酬水平难以满足（占比 65.79%），招聘渠道少（占比 21.91%），人才招聘宣传渠道不畅（占比 17.28%），就业地购（租）房成本高（占比 16.1%），人才所应聘职业前景不乐观（占比 13.51%），人才中介服务缺乏（占比 10.92%），人才子女入托就学难导致雇工难（占比 9.19%）。

5. 包容普惠创新

相较于江西省内其他市区，九江市各县（市、区）创新创业活跃度偏低，研发比重（%）、国家级研发平台数量（个）、高新技术产业增加值占规模以上工业企业增加值比重（%）、新成立的企业法人单位数占总数比重（％）等方面均处于江西省中低水平，但市场开放度较高，交通物流便利度适中。此外，九江市各县（市、区）空气质量及森林覆盖指数差异较大。

据问卷调查结果，九江市该项指标的总体分值为 9.41 分，各县（市、区）该项指标排名情况详见表 7 - 21。

表 7 - 21   2020 年九江市县域包容普惠创新指标满意度排名情况

排名	县（市、区）	分数（分）	排名	县（市、区）	分数（分）
1	瑞昌市	98.7	9	永修县	91.5
2	湖口县	98.4	10	柴桑区	90.0
3	都昌县	97.1	11	庐山西海风景名胜区	89.2
4	八里湖新区	96.5	12	九江经济技术开发区	89.1
5	庐山市	96.2	13	濂溪区	88.1
6	德安县	95.9	14	武宁县	87.9
7	彭泽县	94.0	15	修水县	84.8
8	共青城市	94.0	16	浔阳区	84.7

（1）创新创业活跃度。

此次问卷调查分别从"省级以上高层次创新创业平台建设度""高新技术企业对当地企业转型升级的带动性"两方面对本地创新创业活跃度进行评价。在总体满意度评价上，剔除 438 家（占比 15.13％）没有评价的企业外，相关受调查的 2456 家企业中，分别有 80.54％ 和 13.97％ 的企业对创新创业活跃度表示"非常满意"和"满意"，23 家企业对本地创新创业活跃度的满意度较低。

（2）市场开放度。

此次问卷调查分别从"市场准入开放度"和"市场竞争开放度"两方面对本地市场开放度进行评价。在总体满意度评价上，剔除 402 家（占比 13.89％）没有评价的企业外，相关受调查的 2492 家企业中，分别有 80.46％ 和 14.13％ 的企业对本地市场开放度表示"非常满意"和"满意"，15 家企业对本地市场开放度的满意度较低。

（3）交通状况和服务。

在此次问卷调查中，剔除 217 家（占比 7.5%）没有评价的企业外，相关受调查的 2677 家企业对交通状况和服务（含交通便捷性、路网密度、公共交通服务、物流监管）进行满意度评价，分别有 75.60% 和 17.11% 的企业对本地交通状况和服务表示"非常满意"和"满意"，53 家企业对本地交通状况和服务的满意度较低。

（4）物流成本。

在此次问卷调查中，剔除 627 家（占比 21.67%）没有评价的企业外，相关受调查的 2267 家企业中，分别有 35.11% 和 13.72% 的企业认为"成本很低，超出预期"和"成本较低，优于预期"，35.38% 的企业认为"成本适中，符合预期"，但也有约 13.15% 的企业认为"成本较高，尚可接受"，2.64%（计 60 家）的企业认为物流"成本很高，难以接受"。

（四）企业信心与政策落实指标

此类指标涵盖了企业对在本地继续经营、投资的信心以及对本地政策的满意度情况。

1. 企业信心

在受调查的 2894 家企业中，分别有 55.29%、19.25% 的企业认为本地在资金、政策等方面对企业创新创业的支持力度"非常大"和"比较大"，但也有 20.56% 的企业认为支持力度"一般"，甚至有 2.76% 和 2.14% 的企业，共计 142 家企业认为支持力度"比较小"和"非常小"。

对未来在本地区投资和经营发展的信心方面，分别有 66.24% 和 19.94% 的企业表示对未来发展"非常有信心"和"有信心"，10.19% 的企业表示"比较有信心"，另有 3.04% 和 0.59%（共计 105 家）的企业对未来"不太有信心"，甚至"非常没信心"。

据问卷调查结果，九江市该项指标的总体分值为 8.92 分，为所有指标中最低排名指标。各县（市、区）该项指标排名情况详见表 7 - 22。

表 7 - 22   2020 年九江市县域企业信心指标满意度排名情况

排名	县（市、区）	分数（分）	排名	县（市、区）	分数（分）
1	湖口县	97.0	9	共青城市	88.2
2	都昌县	94.8	10	庐山西海风景名胜区	87.4
3	庐山市	93.6	11	武宁县	84.7
4	八里湖新区	93.5	12	修水县	82.7
5	瑞昌市	91.8	13	柴桑区	82.4
6	彭泽县	90.3	14	九江经济技术开发区	82.4
7	德安县	90.3	15	浔阳区	79.6
8	永修县	90.0	16	濂溪区	77.6

2. 政府政策与落实

企业对当地县（市、区）政府在落实改革优化营商环境方面的相关政策的满意度评价中，分别有 71.87% 和 18.35% 的企业表示"非常满意"和"满意"；0.86% 和 0.21% 的企业表示"不太满意"和"很不满意"，企业不满意的主要原因是：部门间政策不协调、不一致，政府政策不太贴合企业的发展需求，政策宣传不到位，政府政策贯彻落实不到位，政府提供的企业研发支持的力度不够，政府政策不连续，相关政策解读工作不到位，甚至有企业反映根本没有感受到政策在支持营商环境优化。

问卷调查结果显示，九江市该项指标的总体分值为 9.20 分，各县（市、区）该项指标排名情况详见表 7 - 23。

表 7 - 23   2020 年九江市县域政府政策落实指标满意度排名情况

排名	县（市、区）	分数（分）	排名	县（市、区）	分数（分）
1	湖口县	97.5	9	共青城市	90.7
2	瑞昌市	96.6	10	武宁县	90.4
3	都昌县	95.5	11	庐山西海风景名胜区	87.5
4	八里湖新区	95.3	12	柴桑区	87.3
5	庐山市	94.8	13	九江经济技术开发区	86.1
6	彭泽县	93.6	14	浔阳区	86.1
7	德安县	92.0	15	濂溪区	84.8
8	永修县	91.1	16	修水县	82.7

在当地政府办理企业维权诉求方面，受调查的 2894 家企业中，1806 家企业没有维权诉求。在 1088 家有诉求的企业中，86.31% 的企业表示"当地政府高度重视，积极与诉求企业联系沟通，认真办理解决企业诉求，企业满意"；3.86% 的企业认为"当地政府支持企业通过非公企业维权中心反映诉求，认为这是企业维权的有效途径"，但也有 5.15% 的企业认为"当地政府对企业维权诉求不重视，应付了事，不认真办理企业诉求，企业不满意"，10 家企业（占比 0.92%）表示"当地政府不支持企业通过非公企业维权中心反映诉求，认为企业是告政府的状"。

在对当地县（市、区）优化营商环境政策的了解程度方面，有 1806 家企业参加调查，分别有 45.29% 和 30.12% 的企业表示对相关政策"非常了解"和"比较了解"，但也有 402 家企业（占比 22.26%）表示"不太了解"相关政策，甚至有 42 家企业（占比 2.33%）表示"没有听说过"相关政策。

在对当地县（市、区）优化营商环境政策的了解途径方面，有 1362 家企业参加调查，企业了解政策的主要途径来源于：政府网站（占比 50.51%）、政府组织的宣讲和培训（占比 17.18%），新闻媒体报道（占比 9.62%）、微博、微信等网络社交媒体（占比 7.93%），办理相关事项时被工作人员告知（占比 7.05%），行业协会宣传（占比 5.87%）、被其他企业告知（占比 1.25%），还有企业反映是通过村委会宣传等途径了解相关政策。

对 2020 年所在县（市、区）出台的优化营商环境系列政策给企业带来营商环境改善的感知方面，有 2894 家企业参加调查，分别有 60.37% 和 10.85% 的企业认为营商环境改善"非常大"和"大"，有 13.99% 的企业认为营商环境改善"比较大"，但也有 11.68%，计 338 家企业认为营商环境改善"一般"，甚至有 3.11% 的企业，计 90 家企业认为相关政策对营商环境改善"没有影响"。

四、九江市营商环境的短板及主要问题

基于九江市实际情况，调研组围绕九江市营商环境推进工作，分别对重点市直部门、各县（市、区）代表企业进行走访调研及重点访谈。结果发现，九江市营商环境建设在取得显著成效的同时，仍存在一些难点、堵点、痛点问题，亟须引起高度重视，重点解决突破。

（一）线下服务改革进度较慢，精准服务仍需优化

一是"全能型"窗口人员配备不足。由于"综合窗口"所涵盖的部门多、事项多，牵扯法律法规政策多，改革变化快，具体登记情况复杂，需要综合能力强、业务素质高的办事人员，受访企业认为政府办事效率有待进一步提高。二是产业园区政务服务可办理事项偏少。目前，入驻园区的政务服务中心可办理业务数量较少，部分业务需要到省级、市级与县级政务服务中心办理，而企业期望有些业务能在园区政务服务中心当场办理。

（二）线上政务服务能力薄弱，未以效率和效果为导向

一是政务服务系统未集成，一体化在线服务平台尚未真正建成。目前，政务服务网、"赣服通"等平台大部分服务事项做到了办事向导的角色，也就是信息展示和办事指引，但是在线服务能力的关键体现在"一体化程度"，如"一件事一次办"，加上政务部门对一体化的理解尚不深刻，部门之间数据鸿沟未打破，政务服务系统未集成，部分政务服务信息不对称、流程不衔接，致使一体化在线服务平台尚未真正形成，直接导致的就是服务效率没有得到跨越式提升。二是服务效果方面，缺乏可量化的评测标准，造成了企业对政务部门工作人员的评价与上级部门的评价存在差异。这个情况与未形成可量化的服务考核标准有关。经查询相关资料，上海、湖北、天津等地已在政务服务标准化体系建设上颇有建树，这些地区已建立标准化体系，相当程度上杜绝了审批的随意性，也解决了因政务服务工

作人员的自身原因，如压力、情绪、工作环境等因素对服务的影响，提高了政务服务的规范性，也为服务效果考核提供了依据。总体来说，九江市政务服务能力优化未以效率和效果为直接导向，因此还有较大的上升空间。

（三）惠企政策整合略显不足，加强宣传势在必行

一是惠企政策相对分散。目前，各部门出台了数量众多的惠企政策，但政策发布渠道较为分散，各项政策主要发布在政策制定部门的委办局相关网站和 App 上，企业反馈"政策获取渠道不通畅"给企业查询政策带来不便。二是政策宣传解读有待推行。企业对各类政策的解读能力有限、申请途径有限，造成企业难以及时了解政策并从政策中获得实惠。调研中，企业反映希望政府各部门加强专家解读及政策培训，使更多的好政策惠及中小微企业，主要涉及的政策包括：减免租金政策、金融支持政策、人才引进（落户）政策、住房补贴（人才公寓、公租房）政策等。另外，也有企业反映目前部分政策存在落地兑现周期长、申请环节烦琐等问题。企业对政策的总体感受度不深，最大的感受仍然是资金补贴，对于政策促进产业、经济发展的感受度不高。在企业需求方面，对需求表达渠道表示不认知、不确定的占比较大，说明企业需求表达的渠道还未被企业所掌握和熟悉。也就是说，虽然企业已有一定的需求表达渠道，但由于疏于宣传，或对政企沟通办法解读不足等原因，致使企业并不知晓渠道的存在，有的企业即便知晓也并未去亲自体验过，因此需要加强宣传，引导更多人通过"赣服通"等平台查询、办理政策兑现，享受政策优惠。

（四）安商稳商压力明显增大，投资促进期待破题

一是管理企业的区域统筹机制不够健全。管理主体的条块分割明显，例如，企业反馈，各县（市、区）对从事某些广告活动的限制尺度不一致，办理事项的优惠力度不一样；市政府管理主体需要平衡各方利益。二是小微企业担保融资存在困难。企业申请担保资金主要通过各类商业银行和市融资担保机构发生债务业务，调研企业反馈，贷款手续多、放款慢，且受条件限

制能贷款额度较小，不能完全满足企业资金需求。另外，部分企业自行进行联合贷款存在一定风险。例如，武宁县某企业反馈，建设银行以"商贸行"为平台，给了"商贸行"与往来的所有网点联合授信贷款，很大程度上为企业解决了资金问题，但该模式存在风险，需要严格把关规避风险。

（五）政府信息系统仍较独立，开放共享迫在眉睫

一是"数据孤岛"有待打通。目前，大多职能部门有属于自己的信息平台，但各职能部门之间的平台尚无法连通，如公安、医保、社保、税务、市监、发改等部门均有本部门省级系统，事项办理也需通过本部门系统办理，造成了群众、企业办事的不便，工作人员办理事项也需要二次录入，如不打通会造成"数据壁垒"。二是部门协同和信息互认仍需加强。例如，有企业反馈相关检查资料都早已上报，原件也在档案馆备案了，但实际检查时还需企业再次重复提交材料。企业反映检查材料应该实行跨部门共享共用，以减轻企业压力。

（六）人才引进困难，区域品牌优势不明显

一是人才本土培育问题仍有待解决，产业发展缺乏专业人才支撑。调研企业反馈本地劳动力大量外流，现有工人素质有待提高，技术人才与高层次人才缺乏，本地人才资源无法满足企业对高新技术、研发、管理等高端人才的需求。二是九江市整体区域特色不明显。从各县（市、区）来看，瑞昌市在外地政府、企业间的口碑较为出色，吸引各地政府前往学习，但其他县（市、区）优势相对不明显，没有更多的亮点对外宣传。

五、进一步优化九江市营商环境的对策建议

（一）深化制度改革，切实改善政务服务便利度

深化"线上线下"融合，推进"一网通办"线上线下办理一套业务

标准、一个办理平台，实现数据同源、服务同源、功能互补、无缝衔接。不断提升政务服务便利度，优化自助办理、自助填表、自助领证等功能，推动政务服务由"窗口＋PC端"向"多元化终端"转变；加强对窗口服务人员的理念和业务培训，做到用心用情、专业到位。深化商事制度改革，加快推进"证照分离"改革，力争从根本上破解"准入不准营"问题，提升全程帮办代办服务，扩大改革影响覆盖面。持续开展优化营商环境和工程建设审批制度改革的宣传培训、咨询引导服务，帮助企业解决项目推进中的深层次问题障碍，减少因材料不合规造成的退件，实现一次办成率江西省领先。深化落实中介服务改革，结合江西省中介服务最新政策要求，贯彻落实中介服务改革，减少审批隐形时间，提升办事群众感受度。

（二）加强政务服务系统集成，提升在线政务服务能力

加强政务服务系统集成，发挥数据共享交换平台、政务服务网、"赣服通"等平台作用，规范办事平台的办事入口，做到便于查询、便于咨询、便于提交、便于跟进，不断优化用户体验，提升用户黏性，并根据企业用户行为分析不断优化改造在线平台。推动政府部门间信息互联共享，进一步扩大加强线上办事的范围，全面加强电子政务建设，让标准化的服务和审批事项逐步全部实现网上办理。

另外，为了加快推进一体化政务服务平台建设，提升政务服务水平，应以评估评价为手段，强化政务服务线上线下深度融合，推动政务服务从"可办"向"好办"转变，支撑更多服务事项"一网通办"。从政务服务供给侧和需求侧两个维度，采用定量与定性相结合的分析方法，采取实时信息监测、后台信息抓取等手段，对一体化政务服务平台的内容供给、用户体验、服务效能等方面数据进行采集与监测，科学和客观地反映各地区一体化政务服务发展水平导向性。从深入推进"互联网＋政务服务"，加快建设一体化政务服务平台，全面推进政务服务"一网通办"等方面，建立面向用户的指标体系，以"好差评"推动政务服务提质增效，全面评估

各县（市、区）政务服务平台规范化、标准化、集约化建设效能，推动一体化政务服务平台建设迈向新阶段、实现新跃升，切实提升政务服务能力。

（三）加强惠企政策整合推送，确保政策落地落实

充分发挥"赣服通"、政务服务网等平台的作用。各县（市、区）应推进整合汇总惠企政策，及时录入"赣服通"平台、政务服务网等并进行展示，及时向社会统一发布最新惠企政策，做到政策透明；开发政策咨询、政策诉求等多种平台功能，方便企业表达政策诉求。定期举行惠企服务及政策解读宣讲会、"惠企政策面对面"主题沙龙活动，真正做到"送政策面对面，答疑难一对一"。发动行业协会，用龙头企业的力量带动更多企业参与沟通，并通过运营公众号、短视频等新型媒体方式向企业全面传播政策、政务服务事项和需求表达渠道，由被动沟通转变为主动引导，提高营商环境中政务服务的政策实施效果和企业满意度。根据企业所属行业、规模、特色需求等特征，通过大数据分析，形成政策画像，自动进行政策匹配，向企业精准推送政策。借助一体化政务服务平台、"赣服通"、一窗受理平台等，将惠企政策兑现的办理过程实行全留痕、可追溯，做到办理透明；及时公示惠企政策兑现结果，接受社会监督，做到结果透明。

（四）激发"企业活力"，有效改进市场主体感受度

强化安商稳商攻坚力度，创新精准招商模式，做强专业化政府招商队伍，做精专业机构招商，做优"以商招商"，利用服务中介机构的资源优势，做大招商"朋友圈"。着力解决企业获得信贷难题，做深做实"财园信贷通""科贷通"，继续深化政、银、企沟通服务功能，持续扩大政策性担保贷款支持范围。创新科技金融服务模式，针对区内科技型中小企业不同发展阶段的融资需求和融资条件，鼓励引导银行、担保、保险、创投等各类资本创新金融产品，改进服务模式，搭建服务平台，加快信息集成共享，有效提高科创领域投融资对接效率。

（五）打通部门数据孤岛，聚力提升政府管理响应度

加强跨部门联动审批效率，实现条块部门业务融合，以办好一件事为标准，以流程重构的方式，将业务办理涉及的多个部门多个审批事项的业务流程进行融合。强化部门系统集成、资源共享、业务协同，通过信息化手段和信用管理措施，纵向打通九江全市"一网通办"、大数据中心、各垂直条块部门等平台的数据对接，横向打通九江市各部门之间的平台数据，包括不动产交易、建设施工许可等重点领域的数据对接。

（六）加强人才引进，增强区域整体知名度

"增强人才引进的自主性、灵活性""提供子女入学等生活便利"是人才发展环境方面企业最关注的要点。加大人才引进力度，促进更多优秀人才直接落户，帮助重点企业高管解决子女入学问题，加强人才住房保障，进一步丰富公租房房源筹措渠道，建设一批高品质精装公租房。加快区域营商环境亮点打造，对已有的特色亮点，要加强宣传推广，塑造知名度和影响力，要形成一套在全市范围内可复制可推广的标准做法和模式；对潜在的特色亮点，要加强培育打造，积极挖掘好做法、好故事，真正使特色更特、亮点更亮，形成强大的"引力场"；对暂时还缺乏特色亮点的区域，要找准方向和切入点，鼓励探索创新做法，争取形成特色亮点。定期开展经典案例评选和年度表彰活动，构建部门间定期交流沟通机制，发挥融媒体在政策宣传上的作用，提升九江市营商环境整体知名度。

六、各县（市、区）营商环境整改问题及整改方向建议

（一）修水县营商环境整改问题及整改方向建议

需整改的主要问题：政府部门协作要加强，尊商、敬商氛围有待提升。因自然环境土壤变样，企业对租赁的土地自行检测后显示无问题，但

种出来的某产品检测出就是微量元素铬超标，江西、湖南、湖北都存在这种现象，但江西省让企业去解决，企业也没有办法，也不知道怎么去解决；同时部分企业存在省级专家检查合格，但县级检查不合格，需罚款现象。

整改方向建议：（1）政府服务方面，要加强协调工作，明确职责与检查标准并告知企业具体执行标准。（2）惠企发展方面，要针对行业类别给出专业指导，企业有困难，政府应该多主动帮助企业解决问题，给出整改时间，避免"以罚代管"。

（二）武宁县营商环境整改问题及整改方向建议

需整改的主要问题：管辖权不够明晰、物流成本较高。具体表现为，武宁县旅游业、农产品养殖等企业较多，但由于庐山西海风景名胜区管理委员会、武宁县和永修县对柘林湖的管辖权划分不清，存在多头执法和诸多争议，给水产捕捞、养殖工作带来阻力，影响经营；同时很多游客想买当地特色产品，因为本地的物流成本较高，一定程度上对游客消费产生影响。

整改方向建议：（1）政府服务方面，三方就庐山西海的管辖权尽快进行明确划分，对于暂时存在争议的事宜内部进行协商，主动作为；针对物流费用较高问题给予企业一定补贴，促进当地产品对外推广。（2）惠企发展方面，如争议已发生，各地政府应及时出面协商，优先解决企业困难，避免对企业产生影响；要加快外围货运通道及配套货运集散基地、物流配送中心的规划建设，带动消费。

（三）瑞昌市营商环境整改问题及整改方向建议

需整改的主要问题：招工难度较大。具体表现为，瑞昌市技术型、制造型企业较多，但由于交通、住宿、家庭等因素影响周边操作工长久稳定就业，技术人员则由于本地的高级技术人才资源不足而无法满足企业需求。

整改方向建议：（1）政府服务方面，需加大对高技术人才的引进政策。（2）惠企发展方面，针对部分对线路、公交发班时间有特殊需求的企业，可定制公交方便企业员工出行；给予企业员工更实惠的住房政策及配套生活设施；加强开发区学校建设，解决员工子女教育问题，使员工更愿意在当地就业，以解决企业用工难问题。

（四）浔阳区营商环境整改问题及整改方向建议

需整改的主要问题：要应付许多部门检查。具体表现为，相关检查资料都早已上报，原件也在档案馆备案了，但实际检查时还需要提交材料，所需资料大同小异，且半个月内频率高达四五次。

整改方向建议：（1）政府服务方面，应建立健全检查机制，自上而下规范检查标准，对于企业反馈检查不规范、频繁的部门及工作人员进行重点考核。（2）惠企发展方面，建议除提供线下的企业问卷反馈检查情况外，还可开展线上系统调研，根据反馈结果进行可视化管理接受企业监督。

（五）八里湖新区营商环境整改问题及整改方向建议

需整改的主要问题：作为新区，政府主动权较小，政策灵活度待提升。具体表现为，财政还没有完全独立，政府向企业提供的支持力度较小；因为是新搭建的班子，存在办事部门相对较少、部分部门职能分界不清、部分部门专业素养不高等问题。

整改方向建议：（1）政府服务方面，应尽快完善大厅服务，入驻更多部门及事项。（2）惠企发展方面，应对窗口人员进行严格的培训，提升其专业素养，同时注重"好差评"制度的开展，更好地服务企业。

（六）庐山市营商环境整改问题及整改方向建议

需整改的主要问题：农业、旅游用地问题难解决，现有的建设用地制约了发展，土地审批落不了地；多数温泉酒店反映受新冠疫情影响，游客流失明显，甚至出现旅行社拉本地游客去明月山的现象，温泉酒店日常水电能耗费用较高，路边的导客标识系统本就不多，还要求酒店拆除，非常不利于导客；不管是制造业企业，还是旅游企业均反映产业链不够完善，成本偏高，招工较难，难以吸引技术人才和管理人才。旅游企业反映庐山景区门票＋索道缆车＋观光车总价高，影响旅游人次，多日进出门票管理偏本位，须去指定地方打卡，影响游客体验，不利于游客留宿消费。

整改方向建议：（1）政府服务方面，应加强政务服务线上办理的宣传普及和指导力度；行政服务大厅需尽快完成改造，争取更多的业务办理部门入驻，同时需加强窗口服务人员的服务意识和综合业务培训，设立综合业务一窗办理；配备叫号等电子平台系统，增加引导员，辅助弱势群体使用电子系统。尽早普及实行电子签章业务。（2）惠企发展方面，政府相关部门需从"旅游＋"角度出发，综合考虑旅游城市的一二三产融合发展之路；明确农业的主导种植品类，加大土地流转和调配，鼓励农民种植；从技术和政策上大力扶持相应农产品加工的龙头企业，形成有品牌的旅游土特产品；大力培育电商和网络直播人才，助力产业发展。须以江西省内和周边游客为依托，出台以游客为中心的景区管理制度，聚焦宣传庐山的旅游资源，重塑庐山旅游形象，减少温泉酒店的运营成本，形成产业联盟，联合导客，便利自驾游，先形成省内旅游内循环，省内省外双循环发展模式，逐步摆脱对门票收入的依赖。一旦产业蓬勃发展，人才吸引问题便会迎刃而解。

（七）柴桑区营商环境整改问题及整改方向建议

需整改的主要问题：（1）赤湖工业园区水质较差，颜色偏黄问题困扰企业多年，未能解决，对企业生产、机器运作和办公造成较大影响。（2）招商多，安商少，比如厂房未批先建后，有的因未走流程，无法取得不动产证，有的因消防不合格，无法验收，有的因为消防问题，无法做安评，有关部门协调了半年至一年，也没有找出解决办法，影响企业经营。（3）环保检查比较多，政府严抓扬尘治理，罚款较多；而固体废物处理，政府没有具体政策引导企业正确处理，只是让企业去找专业机构。（4）当地政府存在"官僚主义"作风，比如频繁安排企业开各类会等，影响企业正常经营；且相较其他地区，办事效率较慢。（5）市内物流运费较高，企业反映，受汛期影响，附近的码头费用飞涨，希望码头管理部门加强管理，物价部门要控制码头运输定价。（6）电、气等生产要素成本偏高，疫情影响之下，虽有所下调，但不明显，企业负担较重。

整改方向建议：（1）政府服务方面，行政服务大厅需争取更多的业务办理部门入驻，同时需加强窗口服务人员的服务意识和综合业务培训。尽早普及实行电子签章业务。（2）惠企发展方面，政府需尽快协同多部门改善赤湖工业园区水质问题。全区需持续加强产业链"建链强链补链"招商工作方案，实现区域内产业链衔接，降低企业成本；要加强"四最"营商环境打造意识，整顿干部作风，不让对口帮扶企业流于形式，做好安商工作，尽快组织有关部门解决因历史遗留问题造成的企业无法确认权属的问题，尤其对较为突出的消防问题更要专项专班协调解决。大力发展物流业，支持物流企业发展，给予更多的资金支持和政策优惠，引导物流企业在工业园区铺设快递点，解决物流运输"最后一公里"问题。加大市场监督管理力度，严禁随意涨价的价格违法行为。环保部门须加大对企业技改指导，并给予相应政策支持，促进企业技改到位。规范职能部门对企业的检查，要从重处罚转向重指导。

（八）德安县营商环境整改问题及整改方向建议

需整改的主要问题：（1）有企业反映，作坊式工厂、假冒伪劣产品冲击市场，不利于行业发展，且垃圾随意倾倒破坏环境。（2）现有的物流园区内交通较为混乱，卫生条件较差，没有仓储、集散地，物流信息平台系统缺乏，成本高企，限制了物流企业发展；行业价格存在恶性竞争，企业方因难找超长大货车，影响企业产品外运。（3）电、水、气等生产要素成本偏高，负担较重，限电政策又加剧了停产停工的损失。（4）企业反映招工难，普工不稳定，用工贵。（5）中小企业难以取得农村信用社以外的银行贷款，银行对非国有企业的接纳程度较低，贷款门槛设置较高。

整改方向建议：（1）政府服务方面，要加强政务服务线上办理的宣传普及和指导力度；行政服务大厅需争取更多的业务办理部门入驻，同时需加强窗口服务人员的服务意识和综合业务培训；配备叫号等电子平台系统，增加引导员，辅助弱势群体使用电子系统；尽早普及实行电子签章业务。（2）惠企发展方面，需持续以龙头企业为主导，加强产业链"建链强链补链"招商工作方案，实现区域内产业链衔接，降低企业成本；大力发展物流业，支持物流企业发展，给予更多的资金支持和政策优惠，在重要物流节点尽快建立高规格的物流园区，引导企业建立物流联盟，政府平台公司可通过兼并重组形式成立物流集团，完善物流接发货电子平台系统，承接周边县（市、区）物流需求。

（九）共青城市营商环境整改问题及整改方向建议

需整改的主要问题：（1）企业普遍反映物流成本相对较高，货车不规范管制造成了运输不便，增加物流成本；招工难，用工不稳定，用工贵，缺少技术人员和技术扶持；遇到侵权行为时，只能企业自行处理；本地年轻人外流严重，科教城（大学城）的学生留下的少，新兴产业行业（如营养师）缺少从业人员，故此发展缓慢。（2）一些大型超市通过违规价格战竞争，扰乱正常的市场秩序。

整改方向建议：（1）政府服务方面，应加强政务服务线上办理的宣传普及和指导力度。（2）惠企发展方面，政府应抓住赣江新区先行先试区的政策优势优化营商环境，改革创新力度，推动其在"放管服"改革方面走在前列，持续依法精简投资项目准入手续，简化审批程序，加大人才引进力度，尤其是柔性人才引进力度，降低人才引进政策的门槛，留住年轻人，实施先建后验管理新模式。（3）需持续明确加强以"纺织＋"为核心的产业发展之路，扶持有产业结构升级意愿、有创新意识的企业做大做强，督促企业为员工缴纳社保，稳定用工；大力整顿清理违法违规企业，打击侵权行为，规范市场；促进行业横纵联盟，利用好高校优势，促进企业委托高校定向培养纺织行业产业链上的相关人才，兼顾新兴产业的职业教育培训，朝着国际级纺织产业集群基地的目标强链补链。

（十）庐山西海风景名胜区营商环境整改问题及整改方向建议

需整改的主要问题：（1）风景区管委会目前没有完全承接永修县、武宁县的管理职能，比如社保、产品认证等管理职能，导致企业办事不便，而科技补助、融资贷款也无法取得，造成企业运营利益受损。疫情之下，惠企政策宣传不够，没有享受到稳岗培训之类的补贴。酒店企业反映柘林镇基础设施配建不完善，巾口乡更弱，都没有通天然气，游客可游览的景区较少，国道省道的大货车过境频繁，影响旅游环境和形象，游客来访和留宿意愿不强。（2）暗访中发现以主岛景区为代表的某旅游发展有限公司，缺乏市场化运作管理，服务管理与5A景区标准略有差距。（3）不少酒店和个体经营户处于停业或半停业状态，虽然景区刚取得5A级景区，但所访企业对景区未来的发展和投资回报信心不足。

整改方向建议：（1）政府服务方面，加强政务服务线上办理的宣传普及和指导力度；便民服务中心需尽快完成改造，争取更多的业务办理部门入驻，加强窗口人员的现场管理，同时需加强窗口服务人员的服务意识和综合业务培训，辅助弱势群体使用电子系统，尽早普及实行电子签章业务。（2）政府治理方面，尽快承接永修、武宁的业务管理权限，配齐政府工作人员，承接管理职能，制定切实可行的"十四五"发展规划。（3）惠企发展方面，政府相关部门需从"旅游＋"角度出发，综合考虑旅游区的一二三产融合发展之路。依托现有的农产品加工龙头企业，引入外脑，强化农业的主导种植品类的科技引导，加大土地流转和调配，给予农民和企业技术支持，形成有品牌的旅游土特产品；大力培育电商和网络直播人才，助力产业发展。深化主岛等主要景区的国有企业体制改革，实行政企管理人员分开，招聘市场化的管理团队，以市场为主导，出台以游客为中心的景区管理制度，开发全季旅游产品，形成全域旅游格局，逐步摆脱淡旺季困扰。以省内和周边游客为依托，聚焦宣传西海的旅游资源，尽快让有实力的企业取得巾口乡的温泉开采权，发展温泉产业。降低柘林镇和巾口乡温泉酒店的运营成本，形成产业联盟，联合导客，清理国道省道大货车，便利自驾游，形成以省内旅游内循环为主，省内省外双循环发展模式。

（十一）永修县营商环境整改问题及整改方向建议

需整改的主要问题：（1）个体工商户反映，行政服务大厅中领取营业执照时，没有叫号系统，工商注册网站经常出现故障，不太清楚大厅的咨询服务电话。（2）旅游企业反映政府旅游建设战略规划、控规等规划方案，没有对外公开，信息不够透明。新冠疫情严重影响企业效益，但企业没有享受到稳岗培训之类的补贴。（3）企业普遍反映物流成本相对较高，货车不规范管制又造成了运输不便，增加物流成本；招工难，用工不稳定，用工贵，技术工种紧缺；限电下用电的稳定性偏弱，厂房租赁成本、用工成本与温州比较偏高，有的企业被招来后才发现厂房不适合生产，只得重新租赁。（4）银行对于中小企业的融资门槛较高。（5）商超企业反映疫情后消费券发放额分配到县里份额太少。

整改方向建议：（1）政府服务方面，应加强政务服务线上办理的宣传普及和指导力度；提升行政服务大厅的智能化、人性化，争取更多的业务办理部门入驻，加强窗口人员的现场管理；同时需加强窗口服务人员的服务意识和综合业务培训，加设综合业务一窗办理的窗口；加强线上工商办理网站的稳定性，尽早普及实行电子签章业务。（2）惠企发展方面，政府需加大信息公开透明度，运用多种媒体渠道宣传政府的政策、公示各类近期与远景规划，加大对旅游产业企业的扶持力度；政府需进一步整合已形成的优势产业，制订强链补链招商方案，通过培训学习，培养"人人是营商环境的营造者，人人是招商安商的责任人"意识；降低人才引入门槛，加大对本地劳动力的职业教育培养，为当地留住劳动力；加强地方银行对于信用较好、市场需求稳定、原材料价格波动大的中小企业贷款支持力度；通过地方性政策，刺激本地消费。

（十二）九江经济技术开发区营商环境整改问题及整改方向建议

需整改的主要问题：（1）汽车工业园里宿舍区经常 24 小时停水；企业停电频繁，且时常会在不通知的情况下出现闪断。（2）企业用工难，招工渠道难以满足企业招工需求，高端人才比较欠缺，初级职称评定门槛比企业预期的高。（3）双创基地（新园区）的配套设施有待加强；开发区的公交车晚上 8 点就停运；商场内空旷区域或门店门口不允许设置桌椅休闲区（企业希望能参考大城市做法）。（4）企业希望在学历提升、补贴证明等方面减少证明，有企业反映外地员工办理学历提升证书手续较烦琐（企业希望提供医保社保就能证明员工身份）；对实习生补贴需要公司提供工资发放流水，但许多实习生实习时间很短，没有办工资卡，通过微信发放工资，就难以提供流水等证明。社保政策宣传有待加强，企业反映许多员工不愿意缴纳社保，很大一部分原因是不清楚、不了解缴纳社保能够给自己带来什么样的福利和回报。（5）企业反映希望税收优惠政策能够更加清晰化、明确化；传统技术创新、技改升级补贴的考评标准不够明确。

整改方向建议：（1）政府服务方面，要不断提升开发区企业用水、用电等稳定性，进一步提升开发区配套设施，优化开发区交通服务，积极拓展招工渠道解决企业用工难题，大力吸引高端人才。加强社保等政策宣传力度。立足实际情况，尽可能压缩办事环节、减少各类证明。积极与各级人社部门对接，争取降低初级职称评定门槛。（2）惠企发展方面，要加大税收优惠等惠企政策宣传力度，加大对优惠享受标准、额度等公示公开力度；提高技术创新、技改升级等补贴政策享受透明度，将评选标准、参评企业、获评企业、入选依据等在线下线上公示公开，并健全企业诉求反馈机制；借鉴国内外大城市做法，进一步优化商场内空旷区域或门店门口区域相关管理措施。

（十三）濂溪区营商环境整改问题及整改方向建议

需整改的主要问题：（1）企业反映水、电、气供应不足，自然资源短缺，导致原材料成本增加，增加企业负担，会偶尔突然停电。（2）企业反映不同部门之间的政策有矛盾之处，企业不知该参照哪个部门的，而且新老政策交接不够明确。（3）企业反映医保局业务仍然要线下办理。（4）在企业扩建审批、中介成本、用工、贷款融资、物流成本等方面仍有改进空间：企业表示在原有生产工艺基础上扩建，但要重新对节能、安全和环境进行评估，且费用较高，加大了企业成本；中介机构费用较高；企业因地理位置偏远导致招工难；将货物从九江发往新疆和西藏的成本偏高；大学生创业贷款需要不动产抵押或担保人，企业希望能降低贷款条件。

整改方向建议：（1）政府服务方面，进一步提升网上政务服务能力，加快推动医保等业务开通线上服务；进一步提升水、电、气等保障能力，优化相关服务，提升企业满意度；研究促进中介机构规范发展政策，研究精简企业在原有生产工艺基础上扩建时的节能、安全和环境等各类评估环节和降低企业成本的方法强化一对一帮扶机制落实情况监督。（2）惠企发展方面，强化各部门之间惠企政策的统筹协调，加强新旧政策更替的宣传工作；对标发达地区，研究探索进一步降低企业物流交通成本的创新举措；鼓励各金融机构创新优化大学生创业贷款条件，降低融资门槛。

（十四）都昌县营商环境整改问题及整改方向建议

需整改的主要问题：（1）多家企业反映交通管制过于严苛，尤其是对货车的管制，执法缺少温情，开口就是罚款，导致很多货车司机把罚款成本追加到企业头上，提高了企业物流成本。因天然气管道还未铺设好，导致工业园区天然气费用相对周边地区偏高。有企业反映，工业园区部分税收相对周边地区较高。（2）企业反映存在招工难问题，没有固定的人才招聘市场，导致群众信息不对称，很多时候不知道去哪里应聘，学校不提供午餐的政策也致使员工为了照顾孩子不得不在家准备午饭，影响企业招工。（3）企业反映，传统产业升级补贴迟迟没有落实，税收优惠政策落实不到位，招商引资给予的"土地供给"承诺未兑现。（4）都昌是河沙的产地，但是都昌的河沙价格却高于其他的非河沙产地的地区。（5）有企业提出，希望共享政府单位停车位资源，希望政府能够出台合理举措促进"三无"企业规范发展。（6）法律服务中心、社保部门、出入境办理部门目前在行政服务大厅已经挂牌，但实际办理业务还在老单位，导致不知情的群众白跑。

整改方向建议：（1）政府服务方面，优化交通处罚机制，在保证道路交通安全的前提下，力争做到有温度执法；加快推进天然气管道建设，降低企业天然气费用成本；协商研究解决工业园区土地税等部分税收偏高问题，降低企业税务负担；加快推动行政服务大厅各单位入驻，确保各个窗口"有牌又有人"并能办理相关业务。（2）惠企发展方面，加快人才招聘市场建设，优化企业用工招工信息宣传和对接机制，研究解决学校不提供午餐问题；强化对传统产业升级补贴、税收优惠、招商引资优惠政策等各类惠企政策的落实监督，确保各类惠企政策落实到位。围绕"三无"企业，立足本县实际情况，充分考虑产业规范发展和民生保障需求，借鉴国内外先进经验，营造大中小企业和谐共生良好产业发展环境。研究解决本县河沙价格偏高问题，探索建立政府单位闲置停车位供办事企业、办事群众共享的机制。

（十五）湖口县营商环境整改问题及整改方向建议

需整改的主要问题：（1）湖口所处区位影响企业招工，产业配套不够全面，中小型配套企业引进不足，产业链不够完善。（2）湖口与九江之间来回的过路费不相同，增加了企业交通物流成本。（3）湖口社保卡不能在九江市药店使用；有的乡镇快递只送到乡镇学校，不到乡镇企业，不便于企业取快速。（4）有个体工商户对小微贷款的途径不了解。

整改方向建议：（1）政府服务方面，扩大政务服务在线办理范围，提升"一键查询""一键办理"便利度，推动各部门相关服务功能向窗口下放，做到"应放尽放"，真正实现"一窗式"办理，加快惠企政策系统建设，有效发挥惠企政策窗口等窗口服务功能，加强窗口服务人员业务培训。加强小微企业贷款等政策对个体工商户等小微企业的宣传力度，提升宣传覆盖面。（2）惠企发展方面，不断改善湖口交通条件，提升湖口区域吸引力，加大重点产业配套企业引进力度，不断完善企业发展的产业生态环境；加大与省、市对接力度，尽量协调解决湖口与九江之间来回过路费不相同问题，争取取消过路费；与乡镇快递企业对接，鼓励乡镇快递企业优化配送服务；研究解决企业招工难的问题，出台更多创新举措，帮助企业招工。

（十六）彭泽县营商环境整改问题及整改方向建议

需整改的主要问题：（1）企业普遍反映存在招工困难问题，本地高端人才引进不足。（2）企业反映药品审批很多在省市级，没有下放到县一级。（3）企业反映医保业务还是在线下办理，税务申报还是得跑大厅，希望能做到不出门就可以办理。（4）个体户反映没有帮扶人员对接，有问题不知去哪反映，帮扶人员没有主动联系。（5）受到电商冲击，商超不知如何应对。（6）偶尔会有突然断水的情况，且恢复水供应较慢。

整改方向建议：（1）政府服务方面，要提升网上政务服务能力，争取将更多业务纳入网上办理；加强对个体工商户的帮扶，进一步优化帮扶机制；降低道路等基础设施建设对企业生产经营影响程度，加快建设进度；推动供水企业优化服务，提高供水保障能力；加强窗口业务培训，进一步提升工作人员对政策的熟悉度。（2）惠企发展方面，研究解决企业招工难的问题，降低大学生获得补贴门槛，围绕留住本地人才、引进外地人才、吸引高端人才等出台更多创新举措；积极对接省市相关部门，协商药品审批权下放问题；加强对商超等受电商冲击较大的企业的经营研究，提供科学有效的发展建议指导，研究出台相关举措优化零售业发展环境。

（十七）市直部门营商环境整改问题及整改方向建议

需整改的主要问题：整体来看九江市各部门都已成立营商环境小组，但经调研发现各部门小组内部工作人员对于各自领域的工作较为熟悉，但缺乏对于营商环境整体工作更专业的人员；各部门小组对于与其他部门小组的联合会议沟通较少，缺乏问题共商、经验共享的氛围。

整改方向建议：（1）政府服务方面，加强部门小组之间的互联互通，各部门小组工作人员加强学习，互相吸取经验、分享成果，提高对不同部门、不同岗位营商环境工作的熟悉程度，发挥交流干部在部门之间的搭桥引线作用。（2）惠企发展方面，就营商环境多召开专题会议，邀请企业建言献策，参与讨论，更好地反馈企业诉求，了解企业的困难。

第二节　县（市、区）营商环境自评价经验启示：以湖口为例

一、湖口县营商环境自评价介绍与项目设计

（一）评价的背景与目的

1. 评价的背景

优化营商环境，有利于打造公平竞争市场环境，激发市场主体活力，促进民营经济健康发展和新动能加快壮大。进一步优化营商环境，是建设现代化经济体系、促进高质量发展的重要基础。营商环境建设作为政府公共治理活动，既是推动经济高质量发展的重要着力点，也是提升政府治理能力和治理水平的关键所在。2020 年 1 月正式施行的《优化营商环境条例》明确指出，要建立和完善以市场主体和社会公众满意度为导向的营商环境评价体系，发挥营商环境评价对优化营商环境的引领和督促作用。根据《江西省营商环境实施方案（试行）》，江西省委、省政府对 11 个设区市和赣江新区进行了营商环境评价。在此背景下，湖口县委县政府深入贯彻习近平总书记视察江西重要讲话精神，全面落实党中央、国务院关于优化营商环境的各项决策部署，遵照省委、省政府打造"政策最优、成本最低、服务最好、办事最快"的"四最"营商环境的行动方案，以及九江市优化营商环境的相关要求，结合湖口县实际情况，开展营商环

境自评价工作。

2. 评价的目的

深入贯彻省委、省政府打造"五型政府""四最"营商环境的部署要求，不断改善和优化营商环境，已经成为大势所趋。营商环境不仅会对本土企业产生深远的影响，更是吸引外地投资者的关键因素。因此，通过自评价，一方面，及时总结优化营商环境的典型案例、创新实践，形成更多在全县可复制、可推广的好经验好做法，带动更多部门对标先进、学习先进、争做先进；另一方面，全面梳理各营商指标领域存在的问题，包括普遍反映的共性问题和某些部门存在的个性问题，研究提出优化改进的针对性对策举措，推动各部门进一步形成合力、深化改革，不断提升和优化湖口的营商环境。

（二）评价主要过程介绍

1. 评价的主要内容

调研组以企业满意度为准则，重点围绕开办企业，办理建筑许可，获得用电，获得用水，获得用气，登记财产，跨境贸易，缴纳税费，企业注销，获得信贷，知识产权创造、保护和运用，政府采购和招投标，执行合同，政务服务，市场监管，包容普惠创新，劳动力市场，企业信心，政府政策与落实等19个项目，对湖口营商环境进行综合评价，并对部门及银行的服务质量进行调查和评价。

2. 评价的主要方式

本次评价调研，包括问卷调查与材料收集、企业走访与访谈、部门暗访和部门座谈4个部分。一是问卷调查与材料收集。由湖口县营商办负责组织被抽选企业网上填报营商环境评价问卷，省工商联民营经济研究中心负责编制问卷、提供问卷网上填报网站及二维码、提供抽样企业名单，共收回有效问卷240份。二是企业走访与访谈。省工商联民营经济研究中心和专家组共同成立调研组，深入实地开展走访和一对一访谈，并于2020年11月18日~12月2日，先后多次赴湖口县实地走访，召开企业专题座谈会 10 余场，倾听企业家对优化湖口营商环境的意见建议。三是部门暗访。调研组深入主要办事服务大厅，对办事服务部门进行暗访，通过模拟办事流程等方式，深入查找企业办事过程中存在的问题。四是部门座谈。与企业反映问题较多的部门进行座谈，查找问题产生的原因。

（三）评价分值与排名计算的说明

根据江西省降低企业成本优化发展环境专项行动领导小组办公室设计并使用的江西省营商环境评价指标体系，设计企业填报问卷，组织企业家填报。针对 240 家企业调查反馈的信息，运用"满意指标五分法"对答案进行赋值（10、8、6、3、0），计算每道题的平均分值，评价满分为 100分（见表 7 - 24）。调研组根据企业填报问卷的数据通过赋值、进行标准化处理，计算加权平均值，计算出湖口县营商环境的加权得分。

表 7 - 24　　　　　　　　2020 年营商环境自评价分项指标权重

一级指标	二级指标	权重（%）
要素环境	获得用电	6
	获得用水	5
	获得用气	5
	劳动力市场	5
市场环境	跨境贸易	5
	政府采购和招投标	7
	执行合同	4
法治环境	市场监管	6
	知识产权创造、保护和运用	4
政务环境	政务服务	7
	开办企业	5
	企业注销	3
	登记财产	5
	缴纳税费	6
	办理建筑许可	6

续表

一级指标	二级指标	权重（%）
融资环境	获得信贷	6
投资环境	企业信心	4
	包容普惠创新	6
	政府政策与落实	5

二、湖口县营商环境评价及分析

（一）总体评价结果及排名情况

总体来看，湖口县营商环境持续向好，企业对营商环境总体评价较高。问卷调查结果显示：就总体满意度而言，绝大部分企业对全县营商环境现状均予以充分肯定，其中，71.25%的企业对湖口营商环境表示"非常满意"，19.17%的企业表示"满意"，90%以上被调查企业对湖口营商环境很认可（见表7-25）。就政策效果而言，大部分企业认为，湖口2019年以来出台的一系列优化营商环境的政策成效明显，对2019年度参加营商环境调查中反映的有关问题落实处理情况，有74.7%的企业表示"非常满意"，17.7%的企业表示"满意"，反映的问题落实处理情况较理想。

表7-25　　　　2020年湖口县企业营商环境问卷调查总体评价

项目	非常满意（%）	满意（%）	比较满意（%）	不太满意（%）	很不满意（%）	得分（分）	权重（%）	总分贡献（分）
开办企业	77.42	18.28	4.30	0	0	94.60	5	4.73
办理建筑许可	84.21	15.79	0	0	0	96.80	6	5.81
获得用电	78.00	16.00	4.00	2.00	0	93.80	6	5.63
获得用水	77.78	17.46	1.59	3.17	0	93.65	5	4.68
获得用气	66.67	33.33	0	0	0	93.33	5	4.67
登记财产	78.95	21.05	0	0	0	95.79	5	4.79

项目	非常满意（%）	满意（%）	比较满意（%）	不太满意（%）	很不满意（%）	得分（分）	权重（%）	总分贡献（分）
跨境贸易	50.00	50.00	0	0	0	90.00	5	4.50
企业注销	61.54	30.77	7.69	0	0	90.77	3	2.72
获得信贷	69.09	23.64	3.64	3.64	0	91.28	6	5.48
知识产权创造、保护和运用	76.67	20.00	3.33	0	0	94.67	4	3.79
政府采购和招投标	60.00	30.00	10.00	0	0	90.00	7	6.30
执行合同	70.69	17.24	10.34	0	1.72	90.69	4	3.63
政务服务	70.42	23.33	4.58	1.25	0.42	92.21	7	6.45
缴纳税费	65.00	23.75	10.42	0.42	0.42	90.38	6	5.42
市场监管	71.25	18.33	7.50	0.83	2.08	90.66	6	5.44
包容普惠创新	74.61	15.03	7.77	0.52	2.07	91.45	6	5.47
	72.87	15.43	9.04	0.53	2.13	90.80		
劳动力市场（用工环境）	63.33	20.00	11.67	2.08	2.92	86.96	5	4.35
企业信心	55.42	25.00	14.17	4.58	0.83	85.30	4	3.41
政府政策与落实	59.17	22.50	15.83	2.08	0.42	87.30	5	4.36

从问卷结果来看，湖口县营商环境总分为91.63分，与之前江西省工商联民营经济研究中心在萍乡市的6县区企业问卷调查评价结果相比，低于安源区（92.8分）和上栗县（92.7分），高于湘东区、芦溪县、开发区及莲花县。除上述19个指标外，还对交通状况与服务进行问卷调查，非常满意率为64.02%，满意率为22.90%，满意度（包括"非常满意"和"满意"两项，下同）为86.92%，得分为89.07分，低于整体水平。

由表7-25可知，目前，问题主要集中在企业信心、劳动市场、政府政策与落实3个方面，另外，在跨境贸易、政府采购和招投标、缴纳税费等方面评价还不够高。

（二）相关部门评价结果及排名

1. A 类部门

A 类部门与企业联系最紧密，服务质量排名前 3 的单位分别是高新园区管委会、司法局、税务局，而人社局、城管局和金融办满意度最低，一定程度上也反映出湖口在解决招工难、城市管理秩序乱和融资难等方面仍存在短板（见表 7 - 26）。

表 7 - 26　　　2020 年湖口县 A 类部门企业调查满意度得分排名

排名	部门	得分（分）
1	高新园区管委会	93.16
2	司法局	92.93
3	税务局	92.90
4	行政服务中心	92.51
5	商务局	92.33
6	自然资源局	92.31
7	公安局	92.30
8	人民法院	92.27
9	发改委	92.11
10	公共资源交易中心	92.08
11	应急管理局	91.93
12	市监局	91.89
13	工信局	91.88
14	住建局	91.87
15	生态环境局	91.60
16	金融办	90.05
17	城管局	89.55
18	人社局	89.51

2. B 类部分

B 类部门在法治环境、市场监管与保护的合法合规性、公平公正性、服务力度与效率等方面，对营商环境影响较大，满意度排名前 3 的单位，分别是检察院、银保监局、科技局，得分最低的是交通局，反映企业对湖口的交通服务有更多期待（见表7－27）。

表7－27 　　　2020年湖口县B类部门企业调查满意度得分排名

排名	部门	得分（分）
1	检察院	93.18
2	银保监局	92.89
3	科技局	92.88
4	财政局	92.73
5	林业局	92.68
6	人防办	92.48
7	统计局	92.24
8	润发燃气公司	92.12
9	卫健委	92.10
10	工商联	91.83
11	文旅局	91.79
12	供电公司	91.68
13	水利局	91.63
14	人民银行	91.59
15	润泉供水公司	91.47
16	农业农村局	91.29
17	交通局	90.75

3. 金融服务部分

金融服务单位服务质量总体较高。其中，企业"最满意银行"集中度高，排名前3的分别是农商银行、九江银行和建设银行，平均满意度达到40%，农村发展银行、江西银行和邮政储蓄银行排名后3位。

（三）优化营商环境的典型案例

1. 优化用工环境，降低经营成本

湖口凭借优越的地理位置和理想的政策环境，在全体湖口人民共同努力下成为名副其实的工业大县，用工需求大；同时，湖口县又是一个人口小县，只有 20 多万户籍人口，加上外出创业、务工人员较多，劳动力供给少，用工矛盾成为制约企业进一步发展的重要障碍。近年来，湖口县为缓解用工矛盾，出台大量促进就业用工政策。特别是 2020 年新冠疫情暴发后，密集出台了社保费减免缓政策、企业稳岗扩岗支持、职业技能提升政策、免费用工招聘、公益性岗位补贴等 15 项就业服务政策。一是加大就业扶持力度，降低用工成本，促进稳定劳动关系的建立。二是加大技能人才队伍建设力度。利用九江职大、九江华科技工学校、九江市培训中心，开展线上和线下的职工培训工作。三是加强用工服务。充分运用线上招聘网站和微信公众号等渠道，最大限度降低疫情带来的不利影响，建立县、乡（镇）、村三级招工服务网络，通过微信、QQ、电视和手机短信"点"对"点"精准发送用工信息。同时，通过开展"湖口县 2020 年春风行动暨就业援助月网络招聘会""民营企业招聘周""2020 年湖口县夏季网络招聘会"等大型网络及现场专场招聘会，把扶贫工作和解决企业招人难工作进行同步对接，实现双赢。四是简化用工社保手续。简化事项办理，下放企业参保登记权限，提高政务服务事项网上办理比例，落实办结制。虽然受疫情影响，但在各种政策的叠加推动下，工业园区企业不仅数量没有减少，用工人数比 2019 年还有所增加。

2. 强化科技导向，提升竞争实力

近年来，湖口县积极扶持科技型企业，引导企业从劳动密集向技术密集和资本密集转变。面对湖口劳动力相对不足的市场环境，建立健全以企业为主体、市场为导向、产学研用深度融合的技术创新体系，提升科技含量。湖口县科创综合体、新动能产业园、天赐科创大厦、富达总部研发大厦等一大批科技研发和产业发展平台的相继建成与深度融合，进一步促进了科技成果在湖口县的孵化、转化和应用。以九江高科制药技术有限公司为例，其持续加强与华南理工大学、澳门科技大学、澳门药物及健康应用研究院、南方医科大学、江西中医药大学等院校的对接工作，柔性引进包括首届国医大师李振华在内的专家级技术队伍和资深的管理团队，成为国家高新技术企业、江西省节能减排科技创新示范企业、科技型中小微企业、江西省专精特新企业，并挂牌成立了九江市生物质医用材料工程技术研究中心、国家中药现代化工程技术研究中心生物质医用新材料分中心。此外，湖口县积极引导企业向资本密集方向发展，减少对外地人才的依赖。例如，九江浔海科技正在以自动化程度更高的高科技设备代替高级技术工人的使用，以降低对外地高级技术人员的依赖程度。

（四）企业访谈及暗访情况说明

根据企业访谈及暗访调查情况，整体上，企业家普遍对湖口的营商环境感到满意，近年来，营商环境有显著的改善。但通过横向对比经济发达地区，调研组认为，湖口要实现江西省工业十强的目标，从优化营商环境角度看，仍存在一些不足。因时间和各方面的客观因素，考察过程缺乏一定的深度和广度，一些具体情况尚需进一步论证。

1. 法治环境

一是企业对依靠法律手段维权信心不足。例如，某企业表示，一些经济纠纷的诉讼时间较长，且判决后执行不易；公司货物在运输过程中被物流企业损毁，造成损失后赔偿较慢；在诉讼过程中，法院查封标的高，案件审理时间长。二是营造公平竞争环境存在欠缺。某企业表示，假冒伪劣产品打击力度不够，部分供货商（特别是农村地区）销售"三无"及假冒产品，扰乱市场经济秩序，损害广大消费者利益，正当经营企业面临不正当竞争。三是企业对特定行业法律法规了解不深，相关部门对法律常见问题宣传教育不足。例如，某企业表示，由于对法律规定或条款不熟，以前常被处罚却不知应如何整改。建议相关政府部门对企业容易遇到的常见法律问题进行收集汇总，制作宣传手册、举办普法讲座，向企业特别是中小微企业普及基本法律常识和特定行业法律知识。

2. 政务服务

一是部分窗口人员业务不熟、态度冷漠。存在"一次能办的事情跑多次"的现象，办理同一业务需要在办事大厅三楼、四楼之间多次往返。一些网上信息没有开放相应权限，不方便查询。二是个别事项在办理过程中缺少信息反馈，部分服务费用过高。一些企业在办理土地使用申请和完善手续过程中，不能获得明确的信息反馈，增加企业投资的不确定性因素。有企业反映，某些收费过高，例如，开消防户需要 3 万元，换大水表收费5000 元等。三是个别事项找不到对口部门。例如，某企业表示，小区居民自行毁绿建停车场和饭店油烟扰民等问题仍未解决，相关部门要进一步明确职责，为企业提供更多便利。企业希望无论是本地企业、外地企业、大企业、小企业，在企业开办时，政府部门应该列出一份具体清单，尤其向对口的管理部门告知所有事项。

3. 外部环境

一是大环境整体较理想，正在进一步优化，但政策还不够具体、落地较慢。二是暗访发现，企业贷款特别是小微企业创业贷款申请门槛高，程序复杂。三是交通不够便利，湖口到九江的客运车次较少，高速公路通行费用较高，公交线路过少，工业园区公交间隔时间长，上下班高峰期公交供需矛盾明显。

三、湖口县营商环境分项指标评价

调研组从要素环境、法治环境、政务环境、市场环境、融资环境、投资环境等 6 个方面，对湖口营商环境进行了评价，具体情况如下。

（一）要素保障总体良好，部分要素成本较高

一是在获得电力方面，用电报装业务和供电服务质量较好。在对供电可靠性和稳定性、故障自愈和应急处理能力方面，分别有78％、16％的企业表示"非常满意"和"满意"；在办理用电报装业务的总体满意度方面，分别有74％和18％的企业表示"非常满意"和"满意"。但是，用电成本较高的问题相对突出，有12％的企业认为用电成本偏高，有1％的企业表示"成本很高、超出预期"。二是在获得用水方面，超过95％的受

访企业对办理用水报装业务表示"非常满意"或"满意",但只有38.09%的企业认为成本低,超过半数认为成本适中、符合预期。三是在获得用气方面,办理用气报装业务的企业都表示"非常满意"或"满意",但是有14.81%的企业认为用气成本偏高。四是在人才政策扶持方面,还需更加完善,对人才的资金支持、人才就医、人才子女入学、人才住房保障、人才招聘服务和人才用工环境6个方面,企业"非常满意"和"满意"两项之和均低于90%,"不太满意"和"很不满意"的企业都超过2%。部分企业希望湖口县在拓展招聘渠道、增加人才中介服务、就业地购房、子女入学入托、引才宣传等环节继续发力,但大多数认为,最主要原因还是薪酬水平缺乏吸引力。五是在物流成本方面,企业普遍认为偏高,只有25.56%的企业认为物流成本低,甚至有2.84%的企业认为"成本很高、难以接受"。

(二)法治环境持续优化,法治保障较为有力

一是企业对法律环境的总体满意度评价较高,分别有70.69%、17.24%的企业对此表示"非常满意"和"满意",没有"不太满意",只有1人选择"很不满意",占1.72%。二是在知识产权创造保护和运用方面,企业总体评价较高。分别有76.67%和20%的企业,对知识产权保护工作给予了"非常满意"和"满意"的评价,没有"不太满意"和"很不满意"。但是,在知识产权创造保护和运用的改进方面,分别有56.67%、55.83%、54.17%、52.92%、51.67%的企业,希望严厉打击侵权假冒行为、加大政策扶持力度以鼓励企业进行商标注册和专利申请、加强相关立法工作、提升奖励幅度以鼓励企业申报产权优势和示范企业、加强宣传培训提高企业知识产权保护意识。三是企业认为市场监管工作和政府诚信总体较好,但仍有提高空间。分别有71.25%和18.33%的受访企业,对本地市场监管工作持"非常满意"和"满意"态度,但也有部分企业对市场监管工作不满意,有2.08%的企业表示"很不满意",分别有5.42%、3.75%、3.33%、2.92%的企业认为,存在项目扶持资金不到

位或到位慢、各部门间相互推诿、规划调整频繁、新官不理旧账等问题。

（三）政务环境不断改善，发展环境日益向好

一是大部分企业对政务服务持满意态度，也还存在改善空间。对 2020 年的本地政务服务，分别有 70.42% 和 23.33% 的企业表示"非常满意"和"满意"，但仍然存在一些不满意的意见。企业办事遇到的主要困难，表现在服务人员态度不好、不耐心，办事环节过多、程序交代不明导致多次办理等方面。二是在企业开办方面，总体满意度高。在问及"对企业开办情况的总体满意度如何"时，分别有 77.42%、18.28% 的受访企业表示"非常满意"和"满意"，两项合计达 95.7%，没有"不太满意"和"很不满意"。三是在办理建设项目行政许可方面，总体评价高。分别有 84.21% 和 15.79% 的受访企业，对办理建设项目行政审批业务表示"非常满意"和"满意"，两项合计达 100%。四是受访企业对办理不动产登记业务的满意度为 100%，其中，78.95% 的企业表示"非常满意"，21.05% 的企业表示"满意"。五是在企业注销方面，企业满意度较高。分别有 92.31% 的企业对企业注销业务表示满意，只有 7.69% 的企业表示"比较满意"。这与其他地方企业"办理注销难"形成鲜明对比。六是企业对纳税的总体满意度较高。分别有 65% 和 23.75% 的企业，对纳税服务表示"非常满意"和"满意"；有 58.24% 的企业表示，2020 年缴纳的税费占企业税前利润的比重较 2018 年有所下降，甚至有 27.92% 的企业表示"下降很多"，但是还有 10.85% 的企业表示占比上升。

（四）投资环境评价较高，企业投资更加乐观

一是企业对本地创新创业活跃度评价较高，对包容普惠创新持乐观态度。分别有 72.87% 和 15.43% 的企业表示，对本地创新创业活跃度"非常满意"和"满意"。二是企业对在本地经营发展的信心偏乐观。分别有 55.42%、25% 的企业表示，对在本地未来的经营发展"非常有信心"和"有信心"。三是大部分企业对湖口县政府在落实改革优化营商环境政策方

面总体评价较高。分别有 59.17% 和 22.5% 的企业表示，对当地政府在落实改革优化营商环境政策方面感到"非常满意"和"满意"，不满意的主要原因是，政府政策不太贴合企业的发展需求和政策宣传不到位。

（五）市场环境不断优化，企业评价普遍满意

一是企业对政府采购的满意度为 90%，其余 10% 的企业表示"比较满意"。二是在跨境贸易方面服务质量较好。企业对跨境贸易服务表示"非常满意"和"满意"的各占 50%，但 2020 年的跨境业务的比例低，只占受访企业数的 5%，说明湖口企业外向程度偏低。

（六）信贷问题有效改善，融资环境总体趋好

一是获贷总体评价趋好，有 92.73% 的企业对获得信贷持满意态度。二是融资环境还有改善区间，部分企业希望中小企业融资渠道少、商业信用不发达、可抵押物少等问题得到改善。2020 年只有 22.93% 的企业办理信贷业务，企业利用信贷比重较低。

四、湖口县营商环境的短板及主要问题

（一）企业运行成本有待进一步降低

1. 物流成本较高且存在空白区

一是物流业竞争不充分，少数几家快递公司处于寡头竞争状态，物流公司在市场上处于强势地位。物流成本较高，资金在物流成本中占用比例高；企业物流耗时长，占用流动资金较多，资金周转速度慢；货物丢失、破损率高。二是缺乏综合大型物流平台，部分工业园区处于物流空白区，缺乏快递驿站，快递不能直接送达，需要企业自取，电商企业退回货物，不能及时收取、更换，影响企业信誉度，对电商企业影响较大。

2. 融资成本较高且融资难度较大

一是对于中小企业，在接到订单赶工期间，资金需求量大，但是银行

方面无法快速贷款和融资；同时，中小企业融资存在局限性，其抵押物价值较小，贷款门槛较高，获得贷款概率较小。二是针对大企业和小微企业，已出台很多优惠政策，但对中型企业没有相应倾斜。中型企业是整个产业的中流砥柱，却未能获得更多实惠。三是民营企业相比国有企业需承担更大的融资成本。国有企业贷款可以下浮利率，而对于中小企业来说，往往要上浮利率，支付更多的贷款成本，同时民营企业担保较难或担保成本高。四是国有银行在县级没有相应权力，无法解决基层融资难问题。五是资源评估贷款时，往往评估较低，比如，土地、厂房评估较其他省份相对较低。

3. 基础设施较弱且建设不够完善

水电气的供给离企业的要求还有差距。某企业反映，受水厂改造等因素影响，水压偏低，经常停水；连续性强是化工生产的前提条件，但临时性停工造成损失，易形成安全隐患，自备电源成本又高，希望架设供电专线；能源能耗较高，要求铺设天然气管道，降低企业成本且利于环境保护。

4. 税务成本较高且宣传不够到位

一些企业反映税费较高，例如，某企业反映土地税费偏高。企业希望政府部门不断加强税务宣传，及时提醒企业。

（二）政府服务意识有待进一步提高

1. 政策落实力度仍需加大

为不断改善营商环境，省市县都出台了一系列优惠政策，但有时会附带过多条件，如国家针对疫情防控期间受影响的企业出台了税费减免和财政补贴政策，但一些企业受客观条件制约难以享受。个别企业反映，一些员工因社保问题，未能享受疫情停运补贴；因信息不畅及社保问题，没有得到培训补贴；家政从业人员因分散、时间紧和文化水平低，没有完成补贴要求的刷脸并填写表格，未能得到培训补贴。

2. 主动作为意识仍需增强

一是个别干部缺乏主动作为精神。企业表示，湖口县干部大多服务意识较强、态度积极，但也存在工作主动性不够的情况。如菜市场外流动商贩既影响周边环境，又影响市场生意，缺乏长效治理机制；某些车辆乱停乱放，既有安全隐患、又易堵车，希望合理安排停车区域。二是主动服务意识还需加强。如土地搬迁问题未得到解决和明确答复，企业发展前景不明朗。

3. 政企沟通渠道仍需拓展

政府决策过程中调研不够，宣传不深，政企双方信息交流不畅。以多数企业关心的公交问题为例。湖口交通部门为提高公交的服务质量，在市县两级领导支持下，经过调研和重新规划，增加公交线路和延长营运里程，认为问题已经得到解决。但是，个别企业仍然反映，公交线路少、间隔时间长、覆盖区域小，特别是工业园区上下班高峰期乘车难，企业和个人日常上下班费用高，迫切希望解决公交问题，增加园区的公交线路，加密发车频率。

（三）政府治理体系有待进一步完善

1. 管理存在死角

政府对个别部门和国企约束、管理中有不严不细的情况。如根据上级政策，承租国有资产类生产经营用房的企业或个体工商户可享受租金减免，但某企业反映，租用政府某机关的房屋及土地，享受疫情防控期间3个月的房租减免后，随即被要求增加房租；某企业反映，租用某国企的厂房消防设施总控制器存在问题，既存在安全隐患，又因未通过消防验收影响企业订单。

2. 检查频率过高

与前两年相比，2020年，湖口企业每年接受的检查呈现大幅度下降趋势，在检查过程中，企业"只要存在一点小问题就追责、先停产后处理"的现象基本消失，但仍存在"一些检查过多，只处以罚款却缺乏专业指导"的情况，未能从专业角度协助企业分析罚款原因，并给予有效的解决方案。另外有企业反映，企业负责人需抽出时间应对多个部门的检查，相对就要减少企业发展方面的思考。

3. 机制亟须健全

企业新办厂房报建审批手续较为繁杂，统一搬进工业园区的企业，按规定批复建设时间只有 2 年，因土地证未能及时办理，企业担心批复时间内不能完成厂房建设，普遍存在"未批先建"现象；且在补办手续时存在系列障碍，建议政府部门公布"容缺受理"清单，进一步明确可容缺受理事项。同时，部分容缺事项在条件成熟时，应尽快办理，减轻企业担忧，降低其他成本。某企业反映，使用土地已有 10 年，还有部分土地证未办好，无法运用厂房进行抵押贷款，而通过中介担保融资时间又长、成本又高、手续烦琐。

（四）人力资源水平有待进一步提高

1. 普通员工

湖口整体工资水平低、劳动力相对不足，多数企业从业人员以周边乡镇农民为主，主要从事简单劳动。这些员工普遍具备以下特点：一是文化水平偏低，年龄偏大，很多企业员工平均年龄超过 40 岁。二是员工流动性大，职工队伍不稳定，主人翁意识不强。年龄较大的员工认为养老保险最低 15 年的缴费年限太长，愿意保留农保，当企业从工资中扣除社保时，往往会辞职。三是部分员工在家门口上班，请假现象普遍，出勤率不高，加班意愿低，一定程度上影响生产工期及企业产能。

2. 技术人员

一是企业专业技术人员比例较低，企业管理人员及技术人员占比不足，影响自身核心竞争力的形成，"研发人才难寻"是湖口县各类企业面临的最大挑战之一，很多企业把研发中心和销售中心留在广东、上海、江浙等发达省份。二是缺乏吸引人才的有效手段，湖口县在地理位置上远离省会城市，吸引力本身不足，面对技术人员"招聘难、引进难、留住难"现象，人才引进政策难以发挥有效作用，对企业高薪聘用的人才缺乏政策倾斜。缺少名校，人才子女就读是一个较大问题。三是人才培养力度不足，企业主要依靠核心骨干，因担心员工流失，企业自身缺乏人才培养积极性，政府也缺乏相关的激励措施。四是人才扶持政策落实还有差距，吸引和留住人才的环境不佳，出台政策却难以落地，开发区目前正在建设人才公寓，但数量少，尚不能满足企业引才需求。

五、湖口县优化营商环境的总体要求、重点任务、对策建议

（一）总体要求

为深入贯彻落实党中央、国务院关于优化营商环境的决策部署，贯彻落实《优化营商环境条例》《江西省优化营商环境条例（草案）》和省委、省政府《关于优化营商环境支持民营企业改革发展的实施意见》等系列政策文件，坚持市场化、法治化、国际化原则，对标国际前沿和国内先进营商环境标准，通过简流程、优服务、降成本、强帮扶、解难题、强监管、重整治、严考评等举措，按下"快进键"，奏响"最强音"，跑出"加速度"，为湖口县迎接九江市及江西省营商环境评价做好充分准备，在优化营商环境和招商引资大考中交出优异的答卷。

（二）重点任务

优化营商环境是一项系统工程，既要改善基础设施等硬环境，更要在提高服务水平、营造法治环境等软环境建设上有新突破，以更好发挥制度的支撑、保障、激励作用。因此，本次湖口县营商环境自评价，要以江西省"四最"营商环境建设为导向，紧扣《江西省营商环境评价实施方案（试行）》中的评价标准，梳理问卷和调研中发现的问题，聚焦企业反映的痛点、难点、堵点，精准施策，让企业看到实实在在的成效和进步，进而推动营商环境优化取得实质性进展。

1. 着力构建保障有力的要素环境，不断降低企业运行成本
重点聚焦企业物流、招工用工、融资贷款等领域，充分考虑人、财、

物等影响要素，出台相应可操作、可落地政策方案，将降低企业运行成本落到实处。

2. 着力营造稳定、公平的法治环境，不断强化企业经营保障

坚持维护契约、公平竞争等基本导向，严格依法平等保护各类产权，坚决查处滥用行政权力排除和限制竞争的行为，全面落实"双随机、一公开"制度，将法治用来规范政府和市场的边界。

3. 着力塑造务实、高效的政务环境，不断减轻企业运行负担

进一步做好简政放权的"减法"，做强监管的"加法"和优化服务的"乘法"，推进"多评合一""多审合一""多证合一"服务机制改革，以主动服务、优质服务让企业更顺心。

4. 着力建设开放、自由的投资环境，不断增强企业发展动能

充分完善衣、食、住、行、医、学等各项基础设施和生活配套，以优化人才发展环境，从里到外、从硬到软全面提升城市品质与吸引力，打造宜居、宜业、宜游的现代化都市。

5. 着力打造平等、公开的市场环境，不断激发企业发展活力

健全公平竞争审管制度，破除招投标隐性壁垒，编制市场准入负面清单制度，切实保障不同所有制企业在资质许可、政府采购、科技项目、标准制定等方面享有公平待遇，让市场在企业竞争中充分发挥作用，给各类市场主体吃上"定心丸"。

（三）对策建议

1. 优化物流环境，打造"全程物流"供应链

一是立足湖口县企业物流需求，制定物流领域的"十四五"发展规划。紧跟国际、国内物流行业发展趋势，以"提高物流发展质量和效益"为主线，以大数据、智能化为依托，通过鼓励创新、融合互联网技术、多式联运等提升资源配置效率，大力发展智慧物流，全面推进物流行业高质量发展。二是通过政策优惠吸引物流企业集聚，建设专门化、专业化的物流园区。在工业园区等企业集群区域，通过税收减免、资金补贴、标准化

厂房使用、提供专门的物流企业建设用地等优惠政策，大力吸引一定数量的物流企业集聚形成物流园区，形成良性市场竞争的同时有效降低企业物流成本。三是打破行政区划限制，积极推动周边城市物流行业一体化建设。突破传统的城市行政边界思维定式，以基础设施互联互通、运输组织协同高效、信息资源共享应用、管理政策规范统一、推动区域物流与产业协同为重点，推动湖口县充分融入九江市、南昌市等物流行业一体化发展，在更大的范围内满足企业物流需求。四是物流业与制造业深度联动，构建"全程物流"供应链体系。基于湖口县制造业为规上企业主要组成部分的现状，结合企业"零库存"发展思路，通过建立专门的上下游货物运输线路，以构建"全程供应链"体系，提高物流运输效率。五是加大对航运企业的支持和培育。鼓励湖口县现有航运企业的转型升级、兼并重组和上市；整合现有个体船舶资源，引导个体船东公司化经营；加大对本地航运企业的税收优惠和资金支持。六是构建物流运输"月卡""年卡"制度。借鉴湖北黄梅的物流运输"月卡"制度，通过一次性收取与实质优惠高速过路费，有效降低湖口县往返九江市的物流运输成本。

2. 优化融资环境，缓解企业运行资金压力

一是充分发挥竞争性原则的作用，激发金融市场主体的市场活力，引导和督促商业银行合理确定贷款利率。充分发挥农商银行、九江银行等地区银行的示范作用，利用"鲶鱼效应"，引导传统四大行等国有银行，创新贷款的组织与治理机构，精准核算成本收益，主动让利，降低企业银行贷款成本。二是优化信贷业务流程，提高银行放贷效率。梳理业务材料清单，整合信贷审批权限，简化业务流程，在风险可控范围内放宽基层支行的放款权限，推进"一次调查、一次审查、一次审批"的模式，建立"一事一议""特事特办"制度，以切实提升银行放贷效率。三是拓宽抵质押物范围，降低企业融资门槛。积极搭建产融对接平台，鼓励直接融资，结合国家"知识产权质押融资"等专门政策，积极推广"财源信贷通""云电贷""科贷通""仓单贷""订单贷""微企贷""掌上微贷"

"智享贷"等融资产品，将抵质押物的范围从有形资产拓展到无形资产以及企业信誉等范畴，让支持企业融资的政策能够在基层有效落实。四是强化宣传，积极开展银企对接洽谈会。政府要定期、定时组织银行向企业开展政策宣讲，精心遴选优质融资项目，精准匹配金融产品，政府"搭台"银企"唱戏"，有效满足企业的融资需求。五是扩大续贷规模。推动银行机构建立贷款到期续贷制度，提前主动开展贷款审查和评审，理顺业务流程，实现贷款到期后无缝续贷。六是整治金融机构不规范行为。平等对待国有企业与民营企业；严禁发放贷款时附加不合理条件来变相抬升民营企业融资成本；严禁银行员工内外勾结，违规通过中介发放贷款或参与过桥贷款。七是构建统一的资产评估制度。依托《国家开发银行资产评估管理暂行办法》等法律法规，针对物权、债权、股权等动产不动产制定专门的统一评估制度，对标周边省市，切实提升企业可贷金额。

3. 优化政策环境，降低企业要素成本

一是加快用水基础设施建设，持续完善水业手机 App 建设，有效提升水业监管、运营数字化水平。加快推进湖口县城乡用水一体化工程建设进度，拓展供水渠道，实现线上供水业务咨询、投诉，以及用水申报、水费预存、发票下载、用水信息变更等业务办理，不断提升供水服务水平和服务质量。二是加大电站、供电设施建设投入，切实满足企业生产用电需求。加快供电厂工程建设进度，为耗能大、供电需求高的企业架设供电专线，以切实满足企业生产用电需求。三是加快供气基础设施建设，尽快在湖口县开通天然气管道。针对资源能耗高的企业，强化基础设施转型升级，利用天然气取代蒸汽管道，在降低企业生产成本的同时，也利于生态环境有效保护。四是积极落实各级减税政策措施，在国家规定的范围内，通过"节税""减税"措施降低企业税务成本。借鉴南昌市税务局的先进经验，探索办税智能管控平台建设，积极推行减税降费网格化台账管理制度，制作"减税降费征纳联系卡"，强化税收优惠政策督查督办；同时，加强税企对接，扩大企业税收优惠政策的宣传力度，使企业切实享受到减

税降费政策的福利。

4. 优化人才环境，解决"招不到、留不住"的问题

一是制定湖口县人才工作"十四五"规划。从湖口县长期发展的角度，出台政策措施。一方面留住本地青壮年劳动力，实现企业员工的稳定性；另一方面吸引外地技术人才驻扎湖口，实现企业员工结构的合理配置。二是创新人才培育源头，申办湖口技术人才培育学校。根据《民办教育促进法》《民办教育促进法实施条例》《江西省省管民办职业培训学校设置标准》等有关法律法规规定，积极申办湖口县技术人才培训学校，填补技术人才培育空白。三是优化湖口政策环境，制订人才"留驻湖口"计划。政府制定出台人才公寓使用办法、人才就医政策、子女上学政策等专项规定，以强化落地为导向，从衣食住行医学等全范围立体化解决人才发展后顾之忧。四是强化人才培育，引导技术人员积极申报职称。湖口县人社局积极动员企业技术人才申报职称，提供信息，排除障碍，优化流程，改进服务，为人才升级支撑提供实际便利；与此同时，与江西省内高校合作定期开展专业技术培训，强化技术人员的专业素养。五是鼓励企业在湖口设立研发机构和派驻技术人员。组织符合条件的研发机构积极申请各级科创平台，给予相应奖励，对于外地企业派到湖口工作的高层次技术人员，只要在湖口落户并参加社会保险，即可享受引进高层次人才的待遇。六是探索建立人才推荐制度。通过"以人推人""以才荐才"的工作思路，出台技术人才推荐奖励办法，提升企业技术人才的员工占比，完善企业团队建设。

5. 优化法治环境，让法治阳光更加"亲商""护商""暖商"

一是充分发挥行政机关的主体作用。紧紧围绕法治营商环境优化，落实行政机关对口帮扶企业政策，明确规定每个行政部门领导必须"每周一联系，一月一走访"，深入企业开展"进企业、听诉求、找对策"活动，切实对接企业实际需求，强化企业法治风险防控能力，提振企业经济发展信心。二是聚焦难点，切实解决执法难、执行难问题。在全县范围内贯彻落实"双随机、一公开"制度，充分发挥司法部门的监管职能，设置执法检查监测点、设立投诉举报电话；同时，针对金融债权案件、投融资案件和建筑、房地产领域案件定期开展协调会，通过听取汇报、旁听庭审等方式，着力化解执行难问题。三是贯彻落实执法审慎包容原则。探索企业首次、轻微违法行为免罚制度，制定《不予处罚、从轻处罚、减轻处罚清单》；规范环评和安评收费标准，简化审批手续，减轻企业负担。四是定期面向企业开展普法讲座。通过邀请高校法学老师、司法部门执法人员和律师行业职业人员等法治相关专家学者，定期面向企业开展普法宣传讲座，强化企业法治观念，降低企业违法概率。五是规范涉企案件办理。慎重使用搜查、扣押、冻结、查封、拘留、逮捕等司法措施，最大限度地减少办案对企业正常生产经营活动带来的负面影响。六是建立健全商事纠纷非诉讼解决机制。探索创新商事纠纷非诉讼调解方式方法，支持企业通过仲裁、调解等便捷途径解决商事纠纷，降低纠纷解决成本。七是制定"企业宁静日"制度。在"企业宁静日"期间，除涉及安全生产、环境保护、质量监管、职业健康、"双随机、一公开"监管、投诉举报处置、违法行为查处、具有时效性的检查整治以及上级安排部署的专项检查等情况外，行政执法部门不得到企业检查、收费。其他检查、收费安排在"企业宁静日"以后进行，并实行审查备案。

6. 优化政务环境，助推经济高质量发展

一是推动设立湖口县行政审批局，做好简政放权的"减法"。争取湖口县成为全省第三批、九江市第二批相对集中行政许可权改革试点单位，打造江西省乃至全国"进驻事项最全、服务环境最优、审批效率最高"的政务平台。将与群众密切相关的水电气、社保、不动产登记等公共服务事项，以及垂管单位承担的行政审批事项整建制进驻行政审批局，构建行政审批事务"一窗式"综合受理，"前台综合受理、前台分类审批、综合窗口出件"模式。二是实行工程项目"多审合一"制度，做强改革的"加法"。全面推广湖口县"工程建设项目审批制度改革办公室"改革经验，推进"多评合一""多审合一""多证合一"服务机制改革，以进一步压缩工程建设项目的审批时间。三是建立"无证明"正面清单，做好优化服

务的"乘法"。积极学习赣州市经开区经验，出台《关于创建"无证明"营商环境的实施方案》，按照"要证明是例外，无证明是常态"的原则，发布"无证明"正面清单，坚持没有法律法规规定的证明事项一律取消，向烦扰群众的各类"奇葩证明""重复证明""循环证明"开刀，破除各环节梗阻，为创建"无证明"营商环境先行先试奠定扎实基础。四是强化自助服务，做好自助服务的"除法"。一方面，切实推进实体大厅服务与网上、掌上、自助服务终端相结合，增加"赣服通"湖口分区的接入事项，充分考虑不同群体的需要，做好设备和系统的维护。另一方面，在服务大厅增设人工智能机器人，全面实行错时延时服务，尤其是强化对窗口服务人员的培训，提升窗口服务水平。五是强化惠企政策宣传，畅通政企沟通渠道。学习借鉴新余市"仙女湖夜话"机制，以湖口县委书记、县长为倡议发起人，县政府每月定期邀请10名企业家开展一次面对面交流，后期可进一步拓展到县政府各有关部门，并纳入县政府部门绩效管理考核。同时，加强走访宣讲，定期组织干部深入企业一线宣传解读新政策，帮助企业主动对接政策，开展分类指导，及时将惠企政策发至相关企业。六是强化舆情把控，构建"舆情早发现，舆情早研判，舆情早汇报"体系。巩固县（市、区）营商环境成果，积极采用舆情指数形式呈现舆情态势变化，辅助决策者进行舆情研判，把握湖口县舆情监测的主动权。

7. 优化投资环境，提升企业经营动能

一是全面实施市场准入负面清单制度。监督全县有关部门严格按照清单所列事项，切实加强市场准入规范管理；构建与市场准入负面清单相适应的准入机制、审批体制、投资管理体制、商事登记制度、监管机制和激励惩戒机制；落实放宽民营企业市场准入的政策措施，排查和系统清理各类显性和隐性壁垒。二是落实通关一体化改革。全面接轨国际贸易规则和惯例，进一步简化企业通关申报手续，优化湖口县口岸业务流程，积极推动海关、海事、边检等部门开展跨部门一次性联合查验和"一站式"作业，推进口岸作业各环节全程无纸化，压减进出口通关时间。三是健全政府守信践诺机制。保持县域制度的稳定性与长期性，建立政府招商引资领域信用承诺及网上公示制度，规范招商引资承诺，探索政务违约失信责任追究制度及责任倒查机制，严格兑现合法合规的招商引资承诺。四是积极申报行业龙头企业，发挥龙头企业的示范带头作用。结合湖口县发展现状，针对农业产业化龙头企业、工业化龙头企业的申报，切实开展龙头企业的申报工作，实现"一龙引领，全面开发"的企业发展态势。

8. 优化市场环境，促进市场公平竞争

一是严格实施公平竞争审查制度。加快清理妨碍统一市场和公平竞争的各种规定，优化内部审查机制，提高审查质量，做好新出台政策措施的公平竞争审查工作。二是破除招投标隐性壁垒。不得设置与业务能力无关的企业规模门槛和明显超过招标项目要求的业绩门槛等，完善招投标程序监督与信息公示制度，开展工程项目招投标领域营商环境专项整治，切实有效解决招投标活动中市场主体反映强烈的突出问题。三是加快市县政府采购信息管理平台建设。优化采购流程，缩短采购周期，提高采购效率和质量，统一政府采购交易规划体系，保障不同区域、不同所有制企业公平参与政府采购。四是建立清理和防止拖欠账款长效机制。建立拖欠账款问题约束惩戒机制，通过审计监察和信用体系建设，提高政府部门和国有企业拖欠失信成本，对拖欠民营企业、中小企业账款的责任人严肃追责。五是适度包容和爱护民营企业。在环保、安监、保护合法权益等方面，坚持以发展眼光客观看待和帮助解决民营企业经营不规范的历史遗留问题，探索建立民营企业首次、轻微违法违规行为容错机制。

（四）湖口县营商环境主要整改问题及整改方向

1. 服务大厅问题

需整改的主要问题：（1）部分自助设备存在网络不通现象。（2）个别窗口办事人员业务水平还有待进一步提高。（3）综合服务、一窗式服务较少，一些事项需楼上楼下跑，办事等待时间较长。（4）个别服务大厅未粘贴延时、错时服务公告，未设置24小时自助服务区域。

整改方向建议：（1）增设电子终端设备种类，保障终端设备能正常使用。（2）加强工作人员业务培训与管理；实现窗口人员统一着装，塑造良好服务形象。（3）增加"一窗办"和综合服务窗口数量，满足办事群众需求；从实际出发，科学管理、整合业务办事窗口，提高办事效率。（4）提供延时错时预约服务，解决群众"上班时间没空办事、休息时间没处办事"的困扰；设立爱心窗口，专门为老、孕、残等特殊群体在办理政务服务事项时开辟绿色通道，为他们提供优先服务和帮办代办服务；三是增设24小时自助服务区域，实现政务服务大厅更便民、更高效。

2. A类部门

需整改的主要问题：（1）有企业反映生态环保部门检查频次较高。（2）有企业反映金融政策宣传较少，政策推广力度有待加强。（3）有企业反映城管执法存在"一刀切"现象。（4）部分劳动密集型企业和科技型企业表示，存在普通工人招工难题，公司员工年纪偏大且主要为农民，文化水平低，管理难度大、流动性大；高端技术型人才、研发人才主要靠企业主动挖掘，效果欠佳。

整改方向建议：（1）生态环境部门应强化监管和审查机制，落实"企业宁静日"政策，减少检查频率。（2）金融监管部门应充分应用"鲶鱼效应"，发挥国有银行和商业银行的投融资作用，推进政府担保企业贷款的利率统一；要主动完善中小企业融资担保体系和小额信贷机制，提高政府财政支持力度；要引导商业银行创新贷款抵押方式，切实降低企业融资门槛；要积极组建金融专家服务团，开展"政策宣讲＋业务培训＋银企对接"；要主动组织开展"金融产品地摊"活动，集中发放金融产品和政策宣传等资料，做实做优金融产品的示范推介。（3）城管部门应强化执法规范性审查，在执法效率性、规范性方面不断改进工作作风，落实常态化监管、规范化监管与人性化监管。（4）人力资源和保障部门应更加主动作为，积极搭建招聘平台，扎实推进人才就业招聘特色活动；要制定人才引入和留驻战略，引导技术专业人才开展职称评聘，为技术人才"扎根湖口"提供有效政策保障；要落实各类招工补贴，给予符合条件的企业招工宣传补贴，切实降低园区企业用工成本；要主动在周边村镇设立招工赶集点，通过乡镇信息互通、农村赶集宣传等形式拓展招聘渠道。

3. B类部门

需整改的主要问题：（1）有些部门主动与企业对接不够，企业向政府部门反馈交流问题的渠道还需拓宽。（2）部分企业反映水压低，存在不定时停水现象且停水频率较高。（3）部分小微企业反映创业贷款申请门槛高，程序复杂；部分大企业也表示由于贷款门槛较高且担保公司担保费用较贵，面临融资难题，影响企业转型升级。（4）有企业反映地方政策针对扶持农业发展倾斜力度不够。（5）有企业反映工业园区的配套设施不够完善，公交路线、站点设置无法满足园区员工通勤需求，商业超市等生活配套设施建设有待强化。

整改方向建议：（1）文广新旅部门应切实加强文化宣传，主动与企业开展沟通交流；积极与九江市级和江西省级宣传部门对接，助力湖口县区特色营商环境建设。（2）供水部门要切实加快湖口县区乡一体化供水建设，为企业供水提供实质性保障；要落实停水提前告知和及时说明机制，做到计划停水能提前通知，突发停水能在10分钟内及时解释说明；要深化供水部门数字化改革，落实供水监管服务机制。（3）银行要积极主动作为，实现信贷便利性审查与效率化审批；增强自身金融创新力度，帮助小企业提升贷款的可获得性。（4）农业农村部门要充分发挥农业龙头企业的示范作用，支持农业龙头企业的发展；制定落实专门的农业发展扶持政策，将湖口县的农业强县优势落到实处。（5）交通部门要进一步深入基层调研，要加强与企业的沟通交流，根据企业需求调整公交线路和班次；在上下班高峰期开设公交专线，或提倡错峰上下班，满足员工通勤需求；不断完善园区生活设施，包括商超、学校、医院等。

第三节　县（市、区）营商环境自评价经验启示：
以安义为例

一、安义县营商环境自评价介绍与项目设计

（一）评价的背景与目的

1. 评价的背景

优化营商环境，有利于打造更加公平竞争市场环境，激发市场主体活力，促进经济健康发展和新动能不断壮大。营商环境建设作为一项政府公共治理活动，既是推动高质量发展的重要抓手，也是提升政府治理能力和治理水平的关键所在。我国 2020 年正式施行的《优化营商环境条例》明确指出，要建立和完善以市场主体和社会公众满意度为导向的营商环境评价体系，发挥营商环境评价对优化营商环境的引领和督促作用。近年来，安义县委、县政府高度重视营商环境优化工作，深入贯彻落实中央、省委和市委关于优化营商环境的各项决策部署，始终把营商环境看作第一生产力和核心竞争力，以"五型"政府建设为抓手，持续深化"放管服"改革、激发市场主体活力，全力打造"四最"营商环境"安义样板"，为安义加快实现高质量跨越式发展提供了重要保证。

2. 评价的目的

当前，构建"五型"政府，营造"四最"营商环境，已成为大势所趋。营商环境不仅会对本土企业产生深远影响，更是全国投资者寻求商业投资的重要评估标准。因此，通过自评价，一方面，及时总结本地优化营商环境的典型案例、创新实践，形成更多可复制、可推广的经验做法，带动全县各部门主动对标先进；另一方面，全面梳理各营商指标领域存在的问题，包括安义县普遍反映的共性问题和工业园区存在的个别问题，研究

提出优化改进的对策举措，推动各部门形成改革合力，加快提升全县营商环境。

（二）评价主要过程介绍

1. 评价的主要内容

课题组以企业满意度为基本准则，重点围绕企业对开办企业，办理建筑许可，获得用电，获得用水，获得用气，登记财产，跨境贸易，缴纳税费，企业注销，获得信贷，知识产权创造、保护和运用，政府采购和招投标，执行合同，政务服务，市场监管，包容普惠创新，劳动力市场，企业信心，政府政策与落实等19个方面进行评价。

2. 评价的方式

本次评价调研，包括问卷调查与材料收集、企业走访与访谈、部门暗访3个部分。一是问卷调查与材料收集。由安义县工商联负责组织被抽选企业网上填写营商环境评价问卷，江西省民营经济研究中心负责编制问卷、提供问卷网上填写网站及二维码、提供抽样企业名单，共收回有效问卷215份。二是企业走访与访谈。江西省民营经济研究中心和专家组共同成立调研组，深入实地开展走访和一对一访谈，于2021年1月14日起，赴安义县召开多场企业专题座谈会，听取企业家对优化营商环境的意见建议。三是部门暗访。调研组深入安义县主要办事服务大厅，对服务部门进行暗访，通过模拟办事流程等方式，深入查找企业办事过程中存在的问题。

（三）评价分值与排名计算的说明

依据江西省降低企业成本优化发展环境专项行动领导小组办公室设计并使用的营商环境评价指标体系，设计企业填写问卷并组织企业家填写，进而针对215家企业调查反馈的信息，运用"满意指标五分法"对答案进行赋值（10、8、6、3、0），计算每道题的平均分值，评价满分为100分（见表7-24）。调研组根据企业填写问卷的数据，通过赋值进行标准化处理，计算加权平均值，计算出安义县营商环境的加权得分。

二、安义县营商环境总体评价及分析

（一）总体评价结果及排名情况

总体来看，安义县营商环境较好，企业对营商环境总体评价较高。问卷调查结果显示：就总体满意度而言，绝大部分企业对全县营商环境现状均予以充分肯定，其中，68.37%的企业对安义营商环境表示"非常满意"，24.19%的企业表示"满意"，总计92.56%的被调查企业对安义营商环境表示认可。就政策效果而言，大部分企业认为，安义县2019年以来出台的一系列优化营商环境政策成效显著，切实强化了企业市场主体地位，企业满意度较高。其中，针对2019年度参加营商环境调查中反映的有关问题落实处理情况，有67.27%的企业表示"非常满意"，27.27%的企业表示"满意"，说明反映的问题落实处理情况较为理想。

从问卷结果来看，安义营商环境评价总分为90.65。与之前江西省工商联民营经济研究中心在九江、萍乡、新余及赣州等地市的40多个县区同类评价结果相比，处于中间偏低的位置。由此可见，安义营商环境建设还需持续用力、纵深推进，坚持以最高标准作为改进方向、以企业需求作为根本导向、以企业集聚度活跃度感受度作为衡量标准，推动营商环境进一步持续优化、整体提升。

由表7-28可知，目前安义在办理建筑许可，企业信心，政府政策与落实，登记财产，知识产权创造、保护和运用，劳动市场等6个方面的问题较为突出；另外，在政府采购和招投标、执行合同、获得信贷等方面的评价得分也较低；94分以上的只有获得用电、获得用气、跨境贸易和企业注销4个方面。

表 7 - 28　　　　　　　　安义县企业营商环境问卷调查总体评价

项目	非常满意（%）	满意（%）	比较满意（%）	不太满意（%）	很不满意（%）	单项得分（分）	权重（%）	总分贡献（分）
开办企业	72.22	20.83	2.78	1.39	2.78	90.97	5	4.55
办理建筑许可	76.19	9.52	0	0	14.29	83.81	6	5.03
获得用电（供电服务、报装）	73.81	26.19	0	0	0	94.76	6	5.71
	78.57	21.43	0	0	0	95.71		
获得用水	75.00	20.00	0	5	0	92.50	5	4.63
获得用气	73.68	26.32	0	0	0	94.74	5	4.74
登记财产	61.54	30.77	2.56	2.56	2.56	88.46	5	4.42
跨境贸易	71.43	28.57	0	0	0	94.29	5	4.71
企业注销	80.00	20.00	0	0	0	96.00	3	2.88
获得信贷	60.38	35.85	0	3.77	0	90.19	6	5.41
知识产权创造、保护和运用	60.71	28.57	7.14	3.57	0	88.93	4	3.56
政府采购和招投标	55.00	40.00	5.00	0	0	90.00	7	6.30
执行合同	60.53	31.58	7.89	0	0	90.53	4	3.62
政务服务	68.84	24.65	5.12	0.93	0.47	91.91	7	6.43
缴纳税费	66.98	25.58	6.51	0.93	0	91.63	6	5.50
市场监管	69.30	22.79	5.58	1.86	0.47	91.44	6	5.49
包容普惠创新（创新创业、市场开放、交通状况与服务）	68.23	22.92	8.33	0	0.52	91.56	6	5.48
	67.36	23.83	7.77	0	1.04	91.09		
	65.67	27.36	5.97	1.00	0	91.44		
劳动力市场（用工环境）	59.53	28.37	10.70	0.93	0.47	88.93	5	4.45
企业信心	46.98	32.09	18.14	0.93	1.86	83.81	4	3.35
政府政策与落实	56.28	30.23	12.09	0.47	0.93	87.86	5	4.39

（二）相关部门评价结果及排名

1. A 类部门

A 类部门作为与企业联系最紧密的政府服务部门，服务质量排名前 3 位的单位，分别是发改委、海关和公共资源交易中心，通过坚持深化改革，主动探索创新，强化制度建设和制度执行，助力市场规则更加透明、市场竞争更加公平、办事创业更加便利，企业和群众的获得感、满意度不断提升（见表 7 - 29）。

表 7 - 29　　　　安义县 A 类部门企业调查满意度得分排名

排名	部门	得分（分）
1	发改委	92.28
2	海关	92.03
3	公共资源交易中心	92.02
4	工商联	91.96
5	商务局	91.80
6	生态环境局	91.79
7	税务局	91.76
8	市场监管局	91.72
9	燃气公司	91.53
10	供电公司	91.50
11	应急管理局（消防）	91.40
12	科技局	91.34
13	人力资源和社会局	91.23
14	金融监管部门	91.12
15	工信局	91.03
16	住建局	90.76
17	工业园区管委会	90.68
18	政务服务中心	90.45
19	供水公司	90.37
20	自然资源局	89.94
21	城管	89.78

2. B 类部门

B 类部门主要是在法治环境、市场监管与保护的合法合规性、公平公正性、服务力度与效率等方面，对营商环境影响较大的政府服务部门。企业评价满意度排名前 3 位的单位，分别是农业农村局、财政局和林业局，其通过多措并举强化宣传，主动优化政务服务，落实减税降费惠企政策，规范执法监管，维护公平、透明、有序的市场经济环境（见表 7 - 30）。

表 7 - 30　　　　　　安义县 B 类部门企业调查满意度得分排名

排名	部门	得分（分）
1	农业农村局	92.27
2	财政局	92.17
3	林业局	92.13
4	银保监部门	92.10
5	水利局	92.03
6	县人防办	91.69
7	文广新旅局	91.69
8	中国人民银行安义支行	91.63
9	检察院	91.60
10	卫健委	91.38
11	司法局	91.35
12	统计局	91.33
13	公安局	90.81
14	人民法院	90.31
15	交通局	90.25

3. 金融机构

对于金融机构，企业综合满意度排名前 3 的，分别是农商银行、建设银行安义支行和中国银行安义支行，3 家银行的平均满意度为 40%，国有大型银行由于一般较少对中小企业融资，所以在大部分地区评价中评分较低。从评价结果来看，建设银行和中国银行的安义支行在企业中的口碑较好，通过政、银、企多方联动形成有力金融保障，有效激发了市场主体活力。

（三）优化营商环境的典型案例

1. 安义县金融办搭平台，破解"融资难""融资贵"

安义县金融办积极搭建政、银、企三方对接平台，着力解决企业"融资难""融资贵"等问题。根据安义县金融提供的资料截至 2020 年 11 月 30 日，安义县本外币贷款余额合计 210.6 亿元，较 2020 年初增加 36.81 亿元，增幅 21.18%。其主要做法有：一是政银合作降风险。县政府分别与北京银行南昌分行、中国银行南昌市分行、九江银行南昌分行签订战略合作协议，合作金额分别达 50 亿元、100 亿元、50 亿元，通过政府出资建立资金池、建材协会按低比例缴存风险补偿金的形式，撬动合作银行为企业发放授信贷款。二是银企对接促融资。安义在 2020 年开展"银企对接"活动 4 次，为中小微企业拓宽融资渠道，尤其是金融办组织开展的"十行进百企，政策进万家"银企对接活动，共为银企达成合作意向金额 1.85 亿元，目前已有 6 家企业获得贷款 0.15 亿元。三是借助平台助小微。以人民银行为载体，大力推广运用江西小微客户融资服务平台。

2. 安义县人大常委会"双约双评"促优化

安义县人大常委会于 2020 年 10 月份开展了"双约双评"活动，在园区规上企业与政府部门、江西安义工业园区管委会中，人大代表双向约见园区企业负责人、约见国家机关负责人，企业负责人、人大代表评议政府部门，政府部门、人大代表、群众代表评议企业工作。由每月一约、平时不定期专项评议、年度集中评议构成的"双约双评"活动，有效促进了人大代表、政府工作部门、企业三方之间的交流沟通，去除了一些部门推诿扯皮不敢担当的不良工作作风，树立起了部门深入企业，努力为企业排忧解难的新风。同时，在"双约双评"活动的深入推进下，为进一步优化安义县工业园区营商环境，助力园区企业做大做强，安义工业园区工作委员会，以及安义县交警、应急管理、环保、供电等部门，都针对优化营商环境出台了系列新举措，取得了园区企业的较高评价。

3. 不动产登记中心提效率优服务

安义县自然资源局围绕服务县域经济社会发展，依法抓好自然资源管理，2020 年的土地收益财政创收突破 16 亿元大关，全面解决了全县各类项目建设用地。不动产登记中心通过采取系列措施，在 2020 年 1 月 1 日至 2020 年 11 月 30 日，受理业务 5850 件，办结 5006 件（不包括 1～6 月份农房一体登记业务 14675 件），其中 2020 年 1～6 月的受理登记业务效率为南昌市辖区最高。主要做法包括：一是组织人员到省市及其他先进地区进行培训和学习，提高业务技能；二是增强服务意识，提高服务水平；三是强化服务举措，提升服务效率。

4. 人民法院主动作为提供法治保障

安义县人民法院充分发挥司法职能，主动适用多种调节手段，实现企业纠纷案件法律效果和社会效果的统一。安义县人民法院在办理民营经济主体法律纠纷案件中，以充分保障原被告双方的合法权利为前提，审慎使用保全措施，确保诉讼企业的正常生产经营，并积极主动采取多种调解手段，妥善化解企业矛盾，为营造稳定公平透明、可预期的营商环境，提供了有力的司法服务和保障。积极落实省市关于支持民营企业发展相关文件及会议精神，制定了《关于服务民营企业发展、营造良好法治环境实施意见十二条》，为保证落实效果，发现存在的问题，主动请第三方对法院司法服务民营企业发展进行评估。

三、安义县营商环境分项指标评价

调研组从营商要素环境、营商法治环境、营商政务环境、营商市场环境、营商融资环境、营商投资环境等 6 个方面，对安义营商环境展开了具体评价。

（一）要素环境发展更加良好

一是在获得用电方面，用电报装业务和供电服务质量较好。针对供电可靠性和稳定性、故障自愈和应急处理能力方面，企业全部选择了"非常满意"和"满意"，分别为 73.82%、26.19%；针对办理用电报装业务的总体满意度方面，分别有 78.57% 和 21.43% 的企业表示"非常满意"和"满意"，两者之和 100%，说明企业对安义的用电环境满意度高。二是在获得用水方面，95% 的受访企业对办理用水报装业务表示"非常满意"或"满意"，其中有 35% 的企业认为用水成本很低或较低，超过半数认为成本适中、符合预期，只有不到 8% 的企业认为用水成本较高或很高。三是在获得用气方面，办理用气报装业务的企业，都表示"非常满意"或"满意"，但也有 10.53% 的企业认为用气成本偏高。四是在人才政策扶持方面，政府还需投入更多精力。因为针对人才的资金支持、人才就医、人才子女入学、人才住房保障、人才招聘服务和人才用工环境 6 个方面，企业选择"非常满意"和"满意"的两项之和均低于 90%，特别是在人才保障房、人才招聘、人才子女入学和人才就医等方面，选择"不太满意"和"很不满意"的企业达 2% 左右。部分企业希望安义县在拓展招聘渠道、引才宣传、就业地购房、增加人才中介服务、子女入学入托等环节继续发力，提高薪酬吸引力。五是在物流成本方面，被调查企业中有较大比重认为偏高，只有 19.07% 的企业认为物流成本低，12.09% 的企业认为成本较高，还有 2.79% 的企业认为"成本很高、难以接受"。

（二）法治环境发展持续向好

一是企业对法律环境的总体满意度评价较高，分别有 60.53% 和 31.58% 的企业表示"非常满意"和"满意"，7.89% 表示"比较满意"，没有"不太满意"和"很不满意"。其中在解决商业纠纷时效上，没有人认为"较慢"或"很慢"，总体符合预期；但在解决商业纠纷的费用上，有超过一半的企业认为"费用较高"或"费用很高"。二是在知识产权创造、保护和运用方面，企业总体评价较高，分别有 60.71% 和 28.57% 的企业，对知识产权保护工作给予了"非常满意"和"满意"的评价，只有 3.57% 表示"不太满意"，且没有"很不满意"。但针对知识产权创造、保护和运用的改进方面，分别有 54.8%、54.8%、54.4%、48.8% 的企业，希望安义加大侵权假冒行为打击力度、推动相关立法工作、加大政策扶持力度以鼓励企业积极注册商标和申请专利、加强宣传培训以提高企业知识产权保护意识。三是在市场监管和政府诚信方面，企业认为总体较好，但仍有提高空间，分别有 69.3% 和 22.79% 的受访企业，对本地市场监管工作持"非常满意"和"满意"态度，但也有部分企业对市场监管工作不太满意，选择"不太满意"和"很不满意"的共占 2.33%。其中，企业认为政府诚信方面主要存在的问题是：各部门间相互推诿扯皮不担当；规划调整频繁随意；新官不理旧账；项目扶持资金不到位或到位慢。

（三）政务环境发展不断改善

一是大部分企业对政务服务持满意态度，但仍存在可改善空间，分别有 68.84% 和 24.65% 的企业，对 2020 年 1~11 月的安义县政务服务表示"非常满意"和"满意"，但办理企业维权诉求效果的满意度较低，"不太满意"和"很不满意"共占 1.4%。在政务服务 3 项内容中，办理企业维权诉求的评价，低于对企业人员服务水平和政务信息化网络化水平的评价，主要是因为企业办事过程中遇到了部门办事不公平公正、部门之间相互推诿和负责部门不明晰等问题。二是在企业开办方面，总体满意度较高，问及"对企业开办情况的总体满意度如何"时，分别有 72.22% 和 20.83% 的受访企业表示"非常满意"和"满意"，两项和达 93.05%；但也存在 1.39% 和 2.78% 的企业分别表示"不太满意"和"很不满意"。三是在办理建设项目行政许可方面，总体评价还有待提高，分别有 76.19% 和 9.52% 的受访企业，对办理建设项目行政审批业务表示"非常满意"和"满意"，但也有 14.29% 的企业表示"很不满意"，这是问卷调查中最不满意占比最高的一项。四是在办理不动产登记业务方面，有 61.54% 的企业表示"非常满意"，30.77% 的企业表示"满意"，其中企业选择不满意的主要原因是审批时间过长。五是在企业注销方面，企业满意度较高，分别有 80% 的企业表示"非常满意"，20% 的企业表示"比较满意"。六是企业对纳税的总体满意度较高，分别有 66.98% 和 25.58% 的企业，对纳税服务表示"非常满意"和"满意"，其中有 51.16% 的企业表示 2020 年缴纳的税费占企业税前利润的比重较 2019 年有所下降，且有 19.53% 的企业表示"下降很多"，但也有 6.52% 的企业表示占比上升。

（四）投资环境发展相对乐观

一是企业对本地创新创业活跃度评价总体较好，对包容普惠创新持乐观态度，分别有 68.23% 和 22.92% 的企业表示，对本地创新创业活跃度"非常满意"和"满意"。二是企业对在本地经营发展的信心偏乐观，分别有 46.98% 和 32.09% 的企业表示，对未来在本地的经营发展"非常有信心"和"有信心"。三是大部分企业对安义县政府在落实改革优化营商环境政策方面总体评价较高，分别有 56.28% 和 30.23% 的企业表示对当地政府落实改革优化营商环境政策方面感到"非常满意"和"满意"；部分企业选择不满意的主要原因是政府政策贯彻落实不到位和政策间不协调、不配套。

（五）市场环境发展日益增强

一是有 95% 的企业对政府采购持满意态度，其余 5% 的企业持比较满意态度。二是在跨境贸易方面服务质量较好，企业对跨境贸易服务表示"非常满意"和"满意"的各占 71.43% 和 28.57%，两者之和为 100%；但在受访企业中，办理过跨境贸易业务的企业只占 3.26%，说明安义企业国际化程度偏低。

（六）融资信贷环境不断优化

一是获贷总体评价高，有 96.23% 的企业对获得信贷持满意态度。二是融资环境还有改善区间，部分企业表示中小企业融资渠道少、商业信用不发达、可抵押物少等问题仍有待改善，并且今年仅有 24.65% 的企业办理了信贷业务，说明企业利用信贷比重较低。

四、安义县营商环境的短板及主要问题

(一) 企业运行成本有待进一步降低

1. 物流成本偏高且中心功能不足

一是砂石等原材料均需从外地购进，导致物流成本较高。多家建筑行业企业及铝业公司表示安义不产石料，砂厂也只有 1 家，砂石供应量不足，只能从外地购进经南昌市中转运输，导致每吨原材料成本提高 1.7 倍。二是安义县大规模物流中心建设有待加强。目前，部分企业在物流运输上多与买家直接对接，并未通过安义县物流中心，甚至有个别企业表示，并不知晓安义县已有物流中心，说明物流中心、原材料储存中心的建设仍有待加强。三是对于运输超载的行政处罚，存在 1 天内重复罚款问题。某建工企业表示，安义县 1 天内对同一超载车辆处罚多次。

2. 融资成本偏高且融资不够顺畅

一是对于中小企业，融资存在局限性。部分企业表示在订单赶工期间，资金需求大，银行却无法快速发放贷款、给予融资；中小企业由于抵押物价值较小，贷款门槛较高，获得贷款概率较小。二是针对大企业、国有企业优惠政策较多，但对中小型企业、民营企业及个体户缺乏相应倾斜。部分中小民营企业表示，在向农商银行进行贷款时，贷款利率未享受到相关利率优惠。三是贷款审批烦琐且有效期短。个别餐饮企业表示，银行放款环节烦琐且缺乏专人指导，导致办理业务速度较慢；还有个别农业企业表示，由于银行贷款手续比较烦琐，业务基本只在农商银行办理，特别是在贷款申报周期和材料更新方面，安义的银行贷款需要每年履行新的贷款手续，但在奉新、靖安县等地办 1 次贷款手续可使用 3 年，不需要重复提交材料。

3. 基础设施偏弱且建设不够完善

一是水、电、气供给距离企业要求仍有一定差距。针对用水方面，某

公司反映，水质亟须改善，供水量不足且水压不够，停水现象频繁，尤其夏天水量小，导致企业安全和生产保障存在问题。针对用电方面，有企业表示，用电成本高，平均1度电的成本能达到2.4～3元；某用电量较大的企业反映，实施错峰用电制度后，企业用电成本反而提高；此外，在有序用电期间，有特殊用电的企业需申请才能获得资格，而且获批效率不高。针对用气方面，有企业反映其公司用气量大，希望政府对用气大户给予一定的价格优惠。二是专门的刻章机构只有一家，收费较高且无法在安义完成，提高了刻章成本与时间，而在新余等地市已实现首章刻印免费。

（二）"放管服"力度有待进一步深化

1. 政策落实力度仍需加大

为不断改善营商环境，国内各省市县大都出台了优惠政策，如国家对疫情防控期间受影响的企业出台了税费减免和财政补贴等政策，但部分企业受客观条件制约，至今没能享受。某餐饮公司反映，企业只获得部分政策优惠，还有一些优惠政策未能享受；部分企业反映，国家政策与地方政策有时存在适用冲突，希望进一步提高政策的持续性、稳定性。

2. 机构管理水平仍需提升

一是缺乏必要引导机制。政务服务大厅专人引导不够，导致"办理业务不知找谁"的现象出现；政务服务大厅只有一楼设有布局图，其他楼层缺乏引导标识；服务大厅自助设备不易操作，未配备足够工作人员对设备使用给予指导。老年群众网上办事存在障碍，网上实名操作也存在困难，个别群众实名认证扫码难以识别，给办事群众带来不便。仅居民燃气服务的窗口支持延时办理，无法满足群众的实际办事需求。二是政务服务大厅窗口工作人员的管理有待进一步规范。当前个别窗口工作人员利用职务便利提供企业开办、记账等服务，影响服务窗口的规范化、制度化建设。三是业务窗口设置不足。当前服务大厅的窗口数量和部门设置无法满足企业办事需求，如银行对公业务窗口不足，业务量大时，办事时间成本较高。

3. 办事业务能力仍需加强

一是政府服务大厅等部门的服务人员业务熟悉度有待提高。某企业反映，个别服务大厅窗口因人员对业务不熟，导致等候时间较长。二是个别政府部门人员的服务意识有待加强。某企业反映，政府服务大厅人员提供解答的积极性、主动性不强，让办事群众自行查阅资料、文件，体验感欠佳。三是政府部门开展检查过程中，个别检查人员专业度有待提高。某科技公司反映，个别应急、安全检查人员执行工作按部就班，缺乏对实际情况的了解，无法提出具体的改进意见。

4. 主动作为意识仍需增强

一是垃圾处理能力较弱，存在垃圾处理时间较长的问题。平时垃圾处理需要排队，处理时间为 2～3 天，春节等垃圾高峰期则需 4～5 天，影响企业及居民生产生活。二是工业园区未设置法律咨询处，中小企业存在法律问题无处咨询，建议政府给予包括法律咨询在内的更多技术帮扶。三是商业街停车位不足，降低了消费者消费意愿，影响商铺发展。希望政府增设临时车位，解决停车难问题。四是获得用地较难，县区用地指标有待增加。某公司表示，县区当前的工业用地无法满足企业发展需求。有企业反映，其建设用地的土地证书 4 年还未成功办理。五是少数政府部门服务意识有待增强。部分企业表示，个别政府部门未及时告知相关优惠政策，未事先通知或说明停水等日常事项，影响企业正常生产经营。

5. 新业态功能发挥仍不足

有企业反映，个别政府人员对新业态、互联网产业敏感性较弱，激发传统产业新动能力度不足；政府部门缺乏新兴行业的宣传普及，导致新兴行业功能未得到有效发挥。另有公司表示，当地企业、民众等思想较为保守，理念较为陈旧，对互联网缺乏敏感性，导致电商行业发展比较滞后。

（三）服务企业理念有待进一步做实

1. 物业管理责任主体不明

小区内缺乏明确的政府管理单位对物业相关事项进行落实，加之物业协会还未成立，市场主体无法进行统一管理，物业问题无法得到合理解决。如某物业企业反映，小区存在乱搭、乱建、种菜、砍树及破坏绿化等问题，执法部门管理及处罚机制不够健全，物业公司只能自行劝阻。此外，目前缺少专门的物业处理法庭，导致物业纠纷的司法处理效率不高，而靖安、奉新等地均开设了物业专门法庭。

2. 个别部门检查比较频繁

总体而言，安义县企业每年接受的检查呈现大幅度下降趋势，"只要存在一点小问题就追责、先停产后处理"的现象也基本消失，但仍存在"一些检查过多，只处以罚款且缺乏专业指导"的现象，个别检查部门未能从专业角度协助企业分析存在原因，也未提出有效的解决方案。部分企业反映，检查队伍来人较多，企业负责人需安排时间应对不同部门的检查，给企业正常生产经营造成不良影响。

3. 政府处罚公示撤销较慢

部分化工及石料企业反映，企业处罚公示置于中国诚信网，即使企业已上报整改完毕，但网上公示撤销仍需一段时间；相关部门未告知具体的公示标准，如黄牌警示的公示期限、红牌整改的公示期限以及撤销公示的流程等，影响企业征信等级、审批项目上报、政府补贴的享受及银行贷款的获得等。

4. 城管执法沟通有待加强

个别个体工商户反映，县区城管对于室外临时存放物品的行为执法较严，有时会对商铺门店内粘贴海报的行为进行干预，一定程度上影响企业生产经营活动的正常开展。

（四）企业人才活力有待进一步激发

1. 普通员工

一是员工流动性大，职工队伍不稳定。部分劳动密集型企业反映基层员工、计件工流动性较大，每年的净流出量在200人左右，企业员工队伍建设存在困难。二是员工招聘难。一方面，安义本地常住人口仅8万左右，劳动力数量无法满足本地企业发展需求，企业只能赴湖北、贵州、河南、陕西等地招工。另一方面，根据问卷调研结果反馈，超过50%的企业认为人才预期薪酬水平难以满足，这也是导致"招工难"的主要原因之一。三是宣传推广有待强化。安义本地人中，在外地从事生产经营活动的占多数，宣传推广不深入，使得在外务工的安义人无法及时了解家乡发展情况，进而留在本地发展的劳动力更少。四是招聘渠道少且效果不理想。人社局虽然为企业提供了网上招聘平台、校园招聘等渠道，但由于缺乏针对性，实际可行性不强。部分纺织企业表示，纺织工普遍文化程度低，很少上网，故目前提供的网上招工平台对纺织行业效果有限；另有化工企业表示，工业园区虽组织过企业集体去相关院校招聘，但数量较少且效果欠佳，因此，目前招聘渠道主要以网络平台和朋友圈发布为主。

2. 技术人员

一是企业专业技术人员比例较低，管理人员及技术人员占比不足，影响企业核心竞争力的形成。"研发人才难寻"是安义县各类企业面临的最大挑战之一，很多企业把研发中心和销售中心设置在广东、上海、江浙等发达地区。二是缺乏吸引人才的有效手段，对企业高薪聘用人才缺乏政策倾斜。有公司表示，引进人才的子女就学、住房等问题未能得到政策落实；现有教育资源较弱，名校的缺失使得引进人才的子女教育存在较大问题，导致人才吸引力较弱。三是人才扶持政策落实还有差距，一些政策缺乏有效落地。开发区目前正在建设人才公寓，但数量较少，不能满足引才需要，无法创造较能吸引、留住人才的良好环境。

五、进一步优化安义县营商环境的对策建议

（一）优化要素配置，降低企业运行成本

1. 完善物流环境，构建物流综合供应链

一是立足安义县企业物流需求，制定物流领域的"十四五"发展规

划。紧跟国际、国内物流行业发展趋势，以"提高物流发展质量和效益"为主线，以大数据、智能化为依托，通过鼓励创新、融合互联网技术、多式联运等方式提升资源配置效率，大力推进物流行业高质量发展。二是借助电子商务及信息技术，构建综合供应链。利用供应链对物流组织管理结构进行整体优化，如物流配送中心可以主动调整组织机构和业务流程，把财务、采购、销售业务整合成集商流、物流、信息流和资金流于一体的供应链管理模式。其中，物流中心可以利用供应链资源搭建以其为核心的采购配送网络，实现配送中心的产品在准确时间、准确地点送达给各个下游客户；商流部门从网络获得的订单形成订单信息流，传递到仓储部门和配送部门，物流中心根据订单情况安排配送事宜，仓储部门安排备货事项，形成横向网络化的流程，形成产品质量和交货的及时性、全程控制性。三是加大县区物流中心使用频率。目前，在安义县企业的物流运输过程中，第三方物流承担比例较少，使得物流中心的作用无法得到有效发挥。因此，政府应加大对物流中心的宣传推广，并通过出台相应的惠企政策，加大本地企业对物流中心的运用频率。如借鉴湖北黄梅的物流运输"月卡"制度，构建安义物流运输"月卡""年卡"制度，通过一次性收取与实质性优惠高速过路费等形式，降低安义县往返南昌等县市物流运输成本，提高对现有物流中心的使用率。

2. 提升融资效率，降低企业融资成本

不断加大企业融资支持力度，提升企业融资效率。一是积极引导商业银行创新贷款抵押方式，通过订单贷、信用贷、"供应链金融＋征信"等创新路径，帮助中小企业解决抵押物缺失或抵押物抵押率低，难以获得银行贷款的问题。二是强化政府与国有商业银行省分行的沟通，提升国有银行在县级层面的贷款额度，不断降低融资门槛，为中小企业提供融资可能性。三是积极鼓励信贷担保减费让利，降低企业融资担保成本。如政府主动用足用好担保专项资金，帮助企业争取央行再贷款、再贴现等优惠政策贷款额度；推动国信担保公司增资扩股和探索开展供应链金融业务，提升政府性融资担保机构担保能力；不断开展"政务大数据＋普惠金融"创新，增加普惠型小微企业的信用贷款支持，并加大普惠贷款发放力度，引导政府性融资担保公司提高支小支农占比，推动担保费率降低至1%以下。四是常态化开展"金融产品地摊"活动。学习借鉴赣州市各县区的优势做法，由安义县金融局会同工商联、人民银行等部门，银保监组织县银行机构、保险机构、证券机构、地方金融机构集中摆放"金融产品地摊"，通过发放宣传资料和小礼品相结合的方式，为中小微企业主和个体户提供咨询服务，推介普惠金融产品，融资业务咨询和现场受理。还可同时开展江西小微客户融资服务平台宣传和运用指导、投资者教育、金融放贷扫黑除恶及防范、防范和打击非法集资宣传教育等服务，使民众和企业在了解各金融机构优惠政策和金融产品服务的同时，增强防骗意识，提高安义县金融知识普及度和社会知晓度。五是组建金融专家服务团，开展"政策宣讲＋业务培训＋银企对接"系列活动。政府可积极组织银、证、保和新型金融机构组建安义县金融专家服务团，指导帮扶企业开展融资活动、金融知识培训辅导、普惠金融产品推介。六是进一步优化贷款审批环节及手续。督促银行主动整合信贷业务各个关键节点，加强对节点工作的考核与管理，从贷前、贷中、贷后、放款等多个环节利用信息系统进行精细化整合，实现对信贷流程中各业务节点的管控，持续推进信贷工作的高效开展；延长申报材料的有效使用期限，学习借鉴奉新、靖安等地做法，实现贷款手续的一次办理、3年使用，减少重复材料的提交。

3. 强化基础设施，便利企业要素供给

（1）完善用电基础设施建设。第一，要积极探索推行企业用电峰谷电价制度，有效降低企业用电成本；对100千瓦及以下、工业园区或城市商业聚集区160千瓦及以下低压小微企业全面推行供电"三零"服务（零审批、零费用、零上门）；减少停电频率，缩短停电时间，加强供电保障。第二，要简化用电报装手续，进一步缩短报装接电时间。将高压单电源客户平均时间压缩至15天内，高压双电源客户平均办电时间压缩至27天，低压小微企业平均办电时间压缩至3天以内。第三，要落实好非高耗能企业的工商业电价优惠，明确电价优惠标准和实施制度，主动联系符合条件企业进行申报。第四，要不断优化业扩流程，减少停电次数，并且做到计划停电能提前通知，突发停电能在 10 分钟内给予及时解释说明。（2）完善用水基础设施建设。第一，通过扩建水厂、提升水厂滤水设施等手段，不断改善供水质量，保证企业用水稳定。第二，不断加强用水价格信息宣传力度，提升用水缴费的信息化程度，构建良性的用户沟通机制。第三，进一步压缩企业用水报装时限和流程。实现开户免填表，取消首次报装申请"用水项目委托函"。简化用水申请流程，水表口径 DN50 以下且不涉及行政审批的，办理总时限压缩至 4 个工作日或以内；水表口径 DN50 及以上或涉及行政审批的，办理总时限压缩至 7 个工作日或以内。第四，优化升级用水报装网络系统，上线企业用户用水报装业务窗口网上办理功能。三是完善用气基础设施建设。根据企业用气数量的多少，制定相应的气价优惠政策。不断精简用气报装流程，不涉及外线工程的项目，办理总时限建议控制在 4 个工作日或以内；涉及外线工程的项目，办理总时限建议控制在 9 个工作日或以内。

4. 简化办事流程，降低企业开办成本

一是在政府服务大厅设立企业开办综合窗口，实现企业开办的一窗办理、一次提交、一天办结。综合窗口人员在前台负责全部对外服务工作，一次性收取全流程相关材料，同时企业登记审批人员、刻章服务人员、申领发票税务人员全部移至后台；通过前后台全程无缝衔接，为企业一次性发放营业执照、公章、发票、社保开户等办理结果"服务包"，真正做到全面压缩企业开办时限。二是充分运用"互联网＋"技术手段，实现企业开办全程网上办理，争取实现企业开办"一次不跑"。三是抓紧落实企业首套印章免费政策，切实降低开办企业成本。

5. 严守政府诚信，落实税收优惠政策

一是强化税务部门与企业的交流沟通，加大减税降费优惠政策宣传力度，加强对减税降费相关数据的核算整改；同时，主动帮助企业进行税收筹划及税务问题解答。二是主动设立税收预警机制，给予问题企业税务整改、弥补期限，若在期限内不能完成整改，再予以处罚。三是完善网上报税、网上税务发票申领系统，进一步提升电子税务使用率。四是制定税收优惠办法，明确税收优惠力度及门槛，减免物业企业税费。

（二）优化服务理念，完善政务环境建设

贯彻落实"把市场评价作为第一评价、企业感受作为第一感受、群众满意作为第一标准"的思想理念，全方位、全领域、全过程对标对表一流，推进一流政务营商环境建设。

1. 变"政府端菜"为"企业点菜"，不断提升政务服务水平

一是针对企业办事的高频事项，如税务、银行等部门增设服务窗口数量和办事人员数量，实现企业办事的便利性。二是提升窗口办事人员的专业性和服务意识，针对岗位设置、工作职责和服务范围，制定具体的系列服务规范和考核管理制度，同时落实业务培训和外出考察学习等制度，提升窗口工作人员办事效率，促进工作思路创新。三是以群众服务体验为中心，对厅内服务体系和流程进行设计。充分利用已有的人力资源开展引导和服务，设置咨询台和引导员，同时针对适合自助化的业务理性引进智能化服务设备，实现人工服务和智能设备相结合，切实提高群众办事效率。四是推进国省市县各级惠企政策"一窗兑现"，设置惠企政策专门窗口。通过组建惠企政策窗口，安排专人为企业申报政策提供代办帮办服务，以及强化惠企政策兑现宣传，切实增强市场主体的政策获得感。五是拓展延时服务窗口范围，增加弹性服务内容。通过设置"绿色通道""综合值班窗口"等形式，落实双休日预约服务制、午间按需服务制和延时服务制，有效践行"便民惠企"原则。

2. 变"政府思维"为"企业视角"，不断提升主动作为意识

一是强化政府部门靠前作为，实现由"企业上门找政策"向"政府送政策上门"的转变，主动向企业开展政策宣传推广活动，让企业享受到实实在在的惠企政策。二是强化政企沟通机制建设，切实对接企业需求。落实行政机关对口帮扶企业政策，明确规定每个行政部门领导必须"每周一联系，一月一走访"，深入企业开展"进企业、听诉求、找对策"活

动，提升企业发展信心，解决企业经营实际困难。如学习借鉴新余市开展的"仙女湖夜话"机制，打造企业家与政府部门面对面交流的平台。三是在工业园区等企业集聚区定点设置法律咨询处，同时定期邀请法律专家向企业开展普法讲座，强化企业法治意识，降低企业违法概率。

3. 变"闭门造车"为"创新开放"，不断优化发展理念观念

一是强化高位推动，谋划营商环境建设。将优化营商环境工作作为一把手工程，由县委主要领导亲自谋划推动，召开专题会议研究部署相关工作，设立由县委书记、县长担任组长，县委常委、常务副县长，县委常委、组织部部长，县委常委、统战部部长，县政府分管副县长为副组长，各相关职能部门为成员单位的县营商环境建设领导小组。领导小组下设办公室，办公室主任由常务副县长兼任，县发改委主任为第一副主任，全面加强优化营商环境工作在组织领导层面的落地部署。二是通过建立政府领导班子集体学习制度，来推进政府集体学习制度化、规范化、常态化。原则上可每两周开展一次集体学习，重点围绕中央、省市重大决策部署和重要文件精神，学习产业经济、科技金融、招商引资、新旧动能转换、城市建设与管理、安全生产以及综合治理、民生保障、社会管理等方面相关内容，实现以学促工的良性循环，增强政府服务人员思维视野广度，构建新型学习型政府。

（三）优化治理体系，打造"服务型"政府

1. 突出对口机构建设，清除管理死角

一是依托县政府在城市管理中的主导地位，明确各职能部门、街办（乡镇）和社区在城市管理中的作用和职责，形成以县政府为核心，街办（乡镇）为基础，政府职能部门为主力，社区、小区物业为配合的分工科学、权责明确、务实高效、运转有序管理体制，解决部门重复管理、相互推诿问题。二是推动县物业管理工作意见、办法等规范性文件落地，明确"属地管理、立足基层"原则，以县政府为辖区物业管理工作的责任主体，设立专门物业管理工作机构，负责物业相关问题的处理，并将物业管理工

作纳入目标考核体系，真正意义上把物业管理当成民生工程抓实抓好。三是抓紧推动设立物业管理行业协会，培育物业管理市场，通过物业协会引导物业企业找准市场定位，统一行业标准，强化服务意识。四是针对小区乱搭、乱建、小区种菜、砍树及破坏绿化等问题明确监管部门，制定明确的县区处罚办法，实现物业问题管理的落地性。五是主动学习借鉴靖安、奉新等地做法，设立专门的物业法庭，集中高效解决物业纠纷事宜。

2. 改进执法检查方式，实现以查促建

一是制定"企业宁静日"制度。在"企业宁静日"期间，除涉及安全生产、环境保护、质量监管、职业健康、"双随机、一公开"监管、投诉举报处置、违法行为查处、具有时效性的检查整治以及上级安排部署的专项检查等情况外，行政执法部门不得到企业检查、收费。其他检查、收费安排在"企业宁静日"以后进行，并实行审查备案。二是降低检查频次，开展检查前主动履行告知义务并说明检查事由，做到有据可循；针对必要检查推行多部门联合检查机制，减少企业应对部门检查的时间成本，增强企业发展主动性。三是提高检查人员专业素养，减少检查过程中的教条主义；针对检查过程中发现的问题，积极主动与企业沟通，给予具体的改进意见或方案，便利企业后期改正。四是精简检查队伍规模，尽量便服出行，在检查过程中注意语气、语态、方式、方法，避免对企业正常经营生产造成影响。

3. 规范城管工作方式，提升执法温度

一是把握执法方式方法，缓和城市建设和商贩正常生产经营的冲突。城管工作应积极探寻市容市貌建设和企业经营之间的平衡点，在城市建设时合理规划专门的经营区，降低准入门槛，保障商贩的正常生产经营。二是践行"以人为本，和谐执法"的先进执法理念，尽量采用人性化且合理化的执法方式，依法及时对相关违法行为进行查处，从简单粗暴的执法方式向和谐文明的执法方式转变。三是积极开展制度创新工作，创新城管执法工作实施方式。如学习借鉴安徽省合肥市开展的行政处罚群众公议制度、马鞍山市组织开展的"红旗中队""执法标兵"评选、"城管示范街"

创建评比活动等，进一步促进城管执法人员文明执法、规范执法。

（四）优化人才环境，打造"留驻人才"工程

一是制定安义县人才工作"十四五"规划。从安义县长期发展的角度，出台政策措施一方面留住本地青壮年劳动力，实现企业员工的稳定性；另一方面吸引外地技术人才驻扎安义，实现企业员工结构的合理配置。二是优化安义政策环境，制订"安义留驻人才"计划。积极落地人才公寓使用办法、人才就医政策、子女上学政策等专项规定，主动引入优质中小学资源，从衣食住行医学等全范围立体化解决人才发展后顾之忧。三是强化人才培育，鼓励引导技术人员积极申报职称。安义县人社局积极动员企业技术人才申报职称，提供信息，排除障碍，优化流程，改进服务，为人才升级支撑提供实际便利；与此同时，与江西省内高校合作定期开展专业技术培训，强化技术人员的专业素养。四是鼓励企业在安义设立研发机构和派驻技术人员。组织符合条件的研发机构积极申请各级科创平台，给予相应奖励，对于外地企业派到安义工作的高层次技术人员，只要在安义落户并参加社会保险，即可享受引进高层次人才的待遇。五是探索建立人才推荐制度。通过"以人推人""以才荐才"的工作思路，出台技术人才推荐奖励办法，提升企业技术人才的员工占比，完善企业团队建设。六是针对劳动密集型行业普工招聘对象文化程度低、信息闭塞、不善于利用网络平台等特点，一方面，主动加强与周边地区及省外劳务输出大区的人社部门对接，搭建线下招工平台，另一方面，主动在周边村镇设立招工赶集点，通过乡镇信息互通、农村赶集宣传等形式拓展招聘渠道。七是强化企业人才与政府人才间的流动，通过制定相关人才吸引政策，如大学生落户企业可在后续的村干部选拔中优先录用等，帮助中小型及劳动密集型企业吸引技术人才。

六、安义县营商环境整改问题及整改方向

（一）个别问题解决不够及时，整改或通报过的问题偶尔重复发生

整改问题：一是个别问题解决不够及时，整改不够到位；二是整改或通报过的问题偶尔重复发生；三是评价指标内的问题整改不错，但指标外的问题还需优化，而这些往往属于企业评的重点领域。

整改方向：一是健全督办机制，建立网上督办系统，将问题的整改举措、整改时限、责任单位和责任人等信息全部上网，建立"网络化"清单、"自动化"警示、"大督办"格局，分管领导和纪委有关处室同步跟踪整改情况，打通问题整改的"最后一公里"；二是通过建设实施"亮牌示错"制度，把考核结果与单位绩效考核、单位和个人评先评优、干部职工的工资福利挂钩，激发广大干部职工和党员新时代新担当新作为，在全县营造"想干事、能干事、干成事"的良好氛围，鼓励先进、鞭策后进；三是在政务服务中心，设立先进做法和错误做法都上墙的"红黑榜"，及时示错或改错，警示同类问题再次发生，使每个单位及业务人员时刻对照检查，强化服务意识；四是全面梳理营商环境评价指标体系中的各类涉企事项，认真对标整改且拓展延伸，不断提高服务水平和质量；五是强化政府部门靠前作为，推行"店小二"式服务理念，进一步实现"企业上门找政策"向"政府送政策上门"的转变，不断提升市场主体满意度。

（二）部分配套产业链有待延伸，物流成本较高且现有物流中心未发挥功能

整改问题：一是部分配套产业链有待延伸；二是物流成本较高且现有物流中心功能发挥不够；三是企业反映运输车辆超载重复罚款。

整改方向：一是集中优势资源，重点培育铝业、建筑行业、旅游业等有基础的产业，强化产业配套设施建设，发展上下游产业；二是立足安义

县企业物流需求，制定物流领域的"十四五"发展规划；三是借助电子商务及信息技术，构建综合供应链；四是加大对现有物流中心的宣传推广，推出物流惠企政策，提高物流中心使用频率；五是严格按照相关法律法规规范执法，且在保障安全和法律法规允许限度内，适当放宽中短途运输重量行政管控力度。

（三）"水电气"要素保障不够到位，要素价格高于企业预期

整改问题：一是电价高于预期，获得电力、用水时间较长；二是水质不好，供水量不足，水压不够，出现停水现象；获得用气方面，企业反映希望给予用气大户更多优惠。

整改方向：一是督促水电公司提高安装效率，做到费用公开透明；二是加紧水网升级改造，及时做好停水通报说明；三是严格贯彻执行气价优惠政策，落实天然气输配价格监管要求。

（四）涉企服务不够精准，政策落实不够有力

整改问题：一是个别企业"一对一"帮扶搭配不够合理；二是个别部门对新理念的学习和吸收相对滞后；三是中小企业融资难，部分未享受到政策优惠，贷款审批繁琐且有效期短；四是企业对政府奖补政策拥有更多期待；五是国家政策与地方政策存在冲突，企业反映未享受到应有政策或政策享受不充分；六是个别企业维权难、执行法院判决难。

整改方向：一是双向结合企业意愿和帮扶领导擅长领域，实现精准结对；二是建立政府领导班子集体学习制度，督促工作人员不断强化学习，尤其是加强对供应链、互联网、电商领域的认识；三是加大对中小型企业、民营企业及个体户的政策倾斜，保障符合条件的主体同等享受政策，确保优惠政策的应享尽享；四是主动搭建银企对接平台，引导商业银行创新贷款抵押方式，优化贷款审批环节及材料使用周期；五是在国家政策和财政负担许可的前提下，进一步出台新政策让利于民，例如，采用个体户纳税办法，将500万元以下企业的税负从3%降至1%；六是保持上下政

策的统一性、政策前后的连续性；七是强化多方合作，打通信息和制度壁垒，不断畅通维权渠道；八是强化制度和判决的执行，进一步提高债权人回收率。

（五）政务服务质量有待提升

整改问题：一是网上办理不通畅，自助设备不好用，且缺乏引导机制，无 24 小时自助办理区；二是尚未做到"只跑一个窗口"，个别业务需在不同楼层和窗口办理；三是政务服务大厅企业部分业务服务窗口较少且不齐全，也未设置应急管理窗口；四是延时办理只有居民燃气服务支持，未看到其他业务及对公业务可实行延时办理；五是政务服务大厅工作人员不注意工作形象，主动服务意识较差；六是存在窗口工作人员利用职务便利，主动联系企业提供企业开办有偿服务的现象；七是意见反馈渠道不畅（意见本摆放位置不够明显，意见未及时反馈和改正）；八是对于新开办企业首套印章仍要收费。

整改方向：一是更新和增加自助设备，最好能设置专门的 24 小时自助服务区，增派辅助引导员及引导、指示牌或咨询台，不断扩大网上办理的范围，提高网络审批和邮寄服务的质量；二是进一步加强业务学习，不断优化简化办事流程，增加综合办理窗口；三是增加进驻部门和事项，特别是办理频次较高的事项，如税务、银行等部门增设服务窗口数量和办事人员数量；四是高频业务设立延时办理机制，非高频业务设立预约办理机制，并对延时时间及预约方式明确公示；五是督促窗口工作人员注重仪容仪表，提升专业素养，增强主动服务精神，做到有问必答，对于不能解决的问题，提供建议性意见或主动为来办事人员联系相关业务部门，不推诿、不扯皮；六是强化规范管理，设立工作人员业务考核和纠错考核机制；七是各项办事流程和费用清单在网上和办理处明确公示，加强新出台政策的宣传；八是落实开办企业首套公章免费政策。

（六） 城市社会服务能力不足

整改问题：垃圾处理能力较弱，商业街停车位供给不足；部分园区缺乏法律咨询处及技术帮扶机构；物业管理缺乏责任主体，物业纠纷解决效率不高。

整改方向：一是制定县区垃圾处理中长期规划，系统研究生活垃圾分类办法、建筑垃圾资源化利用、餐厨垃圾分流处理等举措，新增垃圾处理站点及应急处置场所，扩容现有垃圾处理站规模；二是做好商业街停车位规划，考虑设置半小时临时停车位；三是设立法律咨询处，或根据企业需求主动安排法务人员上门为中小企业提供法律咨询；四是积极加强与南昌市高校及相关技术部门的联络，为需要技术帮扶的企业搭建技术帮扶平台；五是推动县物业管理工作意见、办法等规范性文件落地，明确"属地管理、立足基层"原则，以县政府为辖区物业管理工作的责任主体，并设立专门物业管理工作机构；六是推动物业协会的成立，培育物业管理市场；七是加大宣传力度，提高市民素质，对乱搭、乱建、小区种菜、砍树及破坏绿化问题设立执法队伍及处罚机制；八是设立专门的物业法庭，集中高效解决物业纠纷。

（七） 频繁式执法检查对企业生产造成不良影响

整改问题：一是检查频率较高，发现问题后给予专业指导不够；二是城管执法较为严格。

整改方向：一是设立"企业宁静日"制度，加强各部门联合检查；二是提高诸如环评、消防等检查人员专业素养和检查灵活度，针对发现问题能给出具体整改意见；三是进一步提高执法过程的规范度，拒绝"一刀切"式的执法管理，尽量做到以劝导为主、处罚为辅。

（八） 企业用工难

整改问题：企业用工难，招工渠道单一，效果有限，难以满足企业招工需求，技术人才比较欠缺；人才引培工作成效欠佳。

整改方向：一是围绕安义产业体系，建立各类人才和普工需求的动态数据库；二是用足国家和省里人才政策，扩大"高中基"（高层次、中端、基础性）人才存量；三是加强技能型人才培养和支持力度；四是引导和支持企业技术人才申报职称，加大长期人才引进力度；五是针对劳动密集型企业用工特点，政府应加强与周边地区及省外劳务输出大区人社部门对接，搭建招工平台，其次主动在周边村镇设立招工赶集点，以拓宽招工渠道；六是制定特色人才招引政策，实现企业人才与政府人才的良性流动。

第八章

江西优化营商环境工作的举措
及未来展望

持续优化营商环境，是一项日日精进、久久为功的工作。近年来，江西省上下把营商环境优化升级作为"一号改革工程"来抓，营商环境工作取得了明显成效，为激发经营主体活力、支撑全省经济回稳向好发挥了重要作用。本章介绍近年来江西优化营商环境对标提升组合拳、典型经验做法及未来展望。

第一节　江西优化营商环境对标提升组合拳

近年来，江西省按照党中央、国务院部署，以打造"四最"营商环境为目标，持续推进"放管服"改革，打出了一套优化营商环境"组合拳"。2019年6月，江西省委、省政府出台了《江西省优化提升营商环境十大行动方案》，共推出182条具体举措。面临新形势、新任务。2021年3月，出台的《江西省优化营商环境攻坚行动方案》包括企业开办及注销、获得电力等17个子方案，进一步细化了工作目标、简化办事环节、压缩办事时限、降低企业成本、提升服务质量、完善体制机制。2022年1

月，出台的《江西省全面深化改革攻坚行动方案（2022—2024 年）》，从优化市场环境、政务环境、法治环境和开放环境四个方面继续强化改革，确保各个攻坚行动在年底都能拿出"硬核"成果。2022 年 2 月，出台的《2022 年江西省优化营商环境对标提升方案》（见表 8 – 1），围绕服务企业全生命周期，聚焦企业开办及注销、获得信贷、政务服务等 18 个领域，提出了 228 条改革举措，力争营商环境重点领域取得突破性成效、营商环境排名在全国位次前移进档。2022 年 12 月，江西省人民政府办公厅印发《关于进一步优化营商环境降低市场主体制度性交易成本政策措施》，提出 58 条具体措施。

表 8 – 1　　　　　　　　2022 年江西省优化营商环境对标提升方案

对标领域	目标	主要举措
开办企业及注销	企业开办"一网通办"再优化，增加"海关备案"事项	将办理营业执照、公章刻制、申领发票和税控设备、社保登记、住房公积金企业缴存登记、海关备案合并到一个开办环节；推行市场主体设立、变更、注销、补换照等各类业务全流程网上办理；让更多地方、更多事项纳入"一网通办"改革范围，实现营业执照、多个准营证联办，实现准入、准营"一链办理""一次办好"
	开办企业 1 个工作日办结	企业开办 1 个工作日办结。其中营业执照办理 0.5 个工作日，其他开办事项并行办理 0.5 个工作日
	开办企业实现"零成本"	向新开办企业免费发放税务 U – KEY，推动"新开办企业首套公章免费"措施普遍落实
招标投标	1.5 个工作日内完成招标事项核准、3 个工作日内完成招标备案程序	明确办事程序，推行告知承诺制
	实现招标投标全流程"一网通办"	提升全流程电子化交易率。建立健全公共资源交易电子档案。在招标投标领域推行实施合同签订和变更网上办理
	进一步降低交易成本，减轻企业负担	持续推进"不见面开标"，2022 年"不见面开标"占比由 58.8% 提高到 70% 以上

续表

对标领域	目标	主要举措
劳动力市场监管	构建和谐劳动关系，加强劳动人事争议效能建设	推广应用江西省"智慧仲裁"信息系统，实现劳动人事争议仲裁案件全流程网上办理
	创新职业技能培训模式，提升职业技能培训质量	推广使用职业技能培训电子券，提升信息化服务水平
	实施人社服务快办行动，优化人社政务服务	建设江西政务服务网"人社专区"，加快推进"线上一网通"
办理建筑许可	工程建设项目全流程审批时限压缩至 110 个工作日，最短的 18 个工作日，全省平均 60 个工作日以内	印发《江西省工程建设项目全流程审批管理实施办法》，明确工程建设项目全流程审批计时规则
	推行工程建设项目全流程在线审批，实现一网通办	切实清理取消地方违规设立的审批事项和条件
获得电力	提升智能化应用水平，优化用户办电流程	全面应用"办电 e 助手"等线上系统，简化验收流程，实现"可视化预验收"，缩短验收送电时间
	进一步缩减用户用电报装和项目审批时间	确保未实行"三零"服务的低压非居民用户、高压单电源用户、高压双电源用户的合计办理时间分别压减至 6 个、22 个、32 个工作日以内
	降低用户办电成本，进一步减轻企业负担	小微企业"三零"服务范围由 100 千瓦及以下扩大至 160 千瓦及以下，2022 年实现 160 千瓦及以下小微企业"三零"服务城乡全覆盖
登记财产	在江西省实现一般不动产登记 3 个工作日内办结，抵押登记 1 个工作日内办结的基础上，指导南昌市、赣州市、九江市、赣江新区进一步压缩办理时限	指导江西省开展补充完善数据整合入库汇交、规范日常登记数据接入。加强登记办理时限监测监管，对超时进行预警、核查、通报，继续巩固压缩办理时限成果
	提升登记业务"全程网办"服务质量，联办范围进一步拓展	推进"互联网＋不动产登记"，拓展"全程网办"业务类型，提升登记业务"全程网办"比率，推进"不动产登记＋金融服务"一站式服务

续表

对标领域	目标	主要举措
政府采购	最大限度降低企业交易成本，创新政府采购监管模式，打造阳光透明的政府采购环境	积极探索施行不见面开标和远程异地评标，在江西省政府采购网开设供应商举报受理专栏，实现线上受理政府采购供应商举报等
获得用水用气	进一步优化办理流程	明确通水、通气时间，对无须建设专用外线工程的工程，5个工作日内通水、通气；对需要建设专用外线管道但无须审批的工程，在15个工作日内通水、通气
	持续优化线上服务功能	建设集供水、营销、管理、服务、保障于一体的智慧水务信息系统平台；不断完善微信、"赣服通"等供水供气服务板块业务功能，实现一网通办
获得信贷	推动涉企信用信息共享，帮助银行机构精准画像"企业"	搭建"信易贷"子系统，构建全省综合信用评价体系，逐步开展中小微企业"信易贷"信用评价，供银行等金融机构参考使用
	提升普惠金融服务效率、扩大普惠金融覆盖面，进一步增强企业融资获得感	加快推进赣州、吉安普惠金融改革试验区建设，引导金融机构到市县设立分支机构
知识产权创造、保护和运用	培育高价值专利，推动全省专利数量质量双提升	深化实施"发明专利提质倍增三年行动"，启动开展高价值专利培育，推动全省专利创造数量和质量"双提升"。2022年底江西省每万人有效发明专利拥有量力争6件
	加强知识产权纠纷多元解决机制	加强知识产权保护体系建设，支持中国（赣州）知识产权保护中心建设
保护中小投资者	公司董监高充分明晰因违法违规行为而相应承担的责任，并强化问责力度	针对公司存在的违法违规行为，依法依规对相关董事、监事及高管人员进行行政和刑事追责
	提升中小投资者维权效率，降低维权成本	探索出台民商事案件"分调裁审"工作流程管理规定，对中小投资者所涉案件作出专门规定
跨境贸易	进出口整体通关时间保持全国前列	持续实施"主动披露"制度；按照海关总署统一部署，推广实施"货主不到场查验"
	清理规范收费，进一步降低进出口环节费用	建立长效监督监管约束机制
	涉及行政部门的监管证件，不收取任何费用	继续在江西国际贸易"单一窗口"公示涉及13个部门的38种监管证件，实行联网核查、网上办理，且不收取任何费用

续表

对标领域	目标	主要举措
纳税	2022 年江西省纳税次数减少至 4 次	全面推行财行税合并申报，推行增值税、消费税与附加税费申报表整合，实现多税费"一张报表、一次申报、一次缴款、一张凭证"
	南昌、九江、赣州、赣江新区全年纳税时间压缩至 80 个小时，其他城市压缩至 100 个小时	持续推进"非接触式"办税缴费，基本实现企业办税缴费事项可网上办理；汇集整合线上线下办税资源，推进高频税费事项"掌上办"
执行合同	对标对表，扬长补短，全面提升执行合同水平	开展简执案件的集中执行、集约执行，实现"简案快执、难案精执"。在全省范围促进判决书、裁定书、调解书等三书电子送达的全面覆盖和应用比例
办理破产	下一阶段，人民法院将努力实现破产审判工作进入全国第一方阵	推动破产简易审理程序适用，推动破产案件分案折算和单独考核机制进一步落实，实现破产审判工作一站式集成。探索、完善预重整制度
市场监管	2022 年底前，低风险企业"无事不扰"比例达 50%	深化部门联合"双随机、一公开"监管
	到 2022 年底，建立通用型企业信用风险分类管理工作机制	依法依规推进企业信用风险分类管理
	打造"信用 + 政务服务""信用 + 执法监管"和"信用 + 公共服务"三种模式	打造"信用 + 政务服务""信用 + 执法监管"和"信用 + 公共服务"三种模式，强化守信联合激励
政务服务	推动实现同一事项在不同地域无差别受理、同标准办理，实现自建业务系统与"一窗式"综合服务平台全面对接	由江西省直有关单位牵头编制名称统一、要素齐全、江西省通用的事项办事指南，牵头推动自建业务系统与"一窗式"综合服务平台的全面对接，实现服务事项的全覆盖、层级的全覆盖
	全面设立通用综合窗口，扩大电子证照、电子印章应用场景	大力实施政务服务"一网、一门、一窗、一次"改革，全面推行"前台综合受理、后台分类审批、综合窗口出件"审批服务模式
包容普惠创新	提升市场开放度	建立国际投资"单一窗口"，试行"极简审批"制度，探索承诺准营模式。全年实现利用外资达到增长 6% 左右
	综合立体交通网络进一步完善，主要通道能力进一步提升	提升铁路运输能力，加快建设昌景黄铁路，加快推进昌九客专、瑞梅铁路等铁路项目建设

为进一步提升营商环境，2023 年被定为江西省优化营商环境奋力实现"大提升"之年，并明确工作目标：营商环境整体水平从"优良"档次进入"优秀"档次，力争 2~3 个城市进入全国一流水平行列，多项评价指标进入全国标杆城市行列。围绕这一工作目标，江西省将切实做好六项重点工作：一是聚焦指标体系，深入开展对标提升行动。二是聚焦数字赋能，提升营商环境便利化水平。三是聚焦创新突破，打造特色品牌。积极复制推广国家营商环境创新试点改革举措，加强对省级试点的 3 个设区市、8 个县（市、区）的指导督导，进一步深化放权赋能、政务服务、"信用＋"建设等改革集成，尽快形成一批突破性的改革成果。四是聚焦服务高质量发展，持续提升营商环境工作质效。五是聚焦经营主体关切，提高经营主体获得感。六是聚焦以评促建，进一步健全工作机制。为进一步打造一流营商环境，江西省明确了 38 项营商环境优化提升重点工作，并推出 206 项指标提升的重点举措，促进全省营商环境整体提升，推动全省市场化、法治化、国际化营商环境水平迈上新台阶。

第二节　江西开展优化营商环境的典型经验做法

2022 年以来，江西各地、各部门大力实施营商环境优化升级"一号改革工程"部署，坚持对标先进，实施了一系列营商环境改革攻坚、涌现出一大批富有成效的典型做法（见表 8－2），江西省优化营商环境取得明显成效，为激发经营主体活力、支撑江西省经济回稳向好发挥了重要作用。

表8-2　2022年江西省营商环境评价推广的优化营商环境典型做法

序号	改革举措	主要内容
一、开办企业		
1	南昌市：全面推行企业开办"四减一优化"	聚焦企业开办的痛点、难点、堵点问题，大力推行"四减一优化"改革，办事效率和服务体验都得到了显著提升。减环节，推行线上"一网"，线下"一窗"的服务模式，对没有严重不良信用记录或未曾作出虚假承诺等情况的企业，网上可办率达100%，实际网办率达95%以上。减材料，推行企业住所登记申报承诺制。减时间，实现企业开办"半日结"，推行企业开办"即来即办"，简易注销"即来即办"，自政策实施以来，至2022年，已有近10万户企业受益。优服务，打造企业开办大礼包，推行"首套"公章政府买单，实现企业开办"零成本"。推行企业开办大型企业分支机构，连锁门店营业执照集中申办，大幅压缩企业的申报材料，有效破解多个登记机关"分别审批""标准不一"等问题；出台《关于进一步优化企业市内迁移有关工作流程的通知（试行）》，实现迁移全流程不见面办理，打通公积金系统注销转移信息壁垒，企业注销信息推送至公积金后，公积金全系统同步注销，实现"一网销户"；推行"政银合作"，在中国工商银行高新支行探索成立"政银合作"示范点，实现企业开办"就近办、一次办、多点办"。
二、办理建筑许可		
2	宜春市：探索推进产业项目"全链协同审批"改革	宜春市探索推进产业项目"全链协同审批"改革，实行"服务协同""办证协同""评估协同""验收协同""监管协同"五个协同，打造产业项目审批新模式。一是服务协同。全面梳理全产业链企业从开办、基建到注销等"全生命周期"服务事项，全链编制服务事项清单，服务项目可共用片区总体评价相关成果，共享区域评估成果，审批部门予以评估互认。二是评估协同。深化"区域评估＋标准地"改革，实施"标准地"出让模式，在开展区域评估的基础上，建立并优化"标准地"指标体系，公布标准人要求和负面清单，做到出让即开工，用地定额标准、能耗容积率、建筑容积率等6大控制性指标，排放指标等。三是证联发，推行"承诺即开工"。实行"一家牵头、并联审批、限时办结"，多证联发，推行"承诺即开工"。四是监管协同。实施联合验收。四是验收协同。实施联合验收、守信监管体系，形成监管闭环。工程建设项目审批验收协同。实施联合验收体系，形成监管闭环。工程建设项目审批闭环。依托"互联网＋监管"系统，分类、风险、随机、协同等监管方式，完善事中事后监管体系，形成监管闭环，守住质量、环保和安全底线，综合运用信用、分类、风险、随机、协同等监管方式，最短缩减至60个工作日，通过推进"全链协同审批"改革，产业项目目审批时限全流程审批最长缩减至12个工作日，开工时间平均提前2个月以上。

续表

序号	改革举措	主要内容
3	九江市：全面推行工程建设领域证照电子化	九江市武宁县对建筑工程施工许可证、用地规划许可证、建设工程规划许可证、消防设计审查、消防验收等一批证书实行电子证照。完成了用地规划许可证、建设工程规划许可证、建设项目用地预审与选址意见书、建设项目用地预审与选址意见书等电子证照，企业和群众可以通过手机直接登录网上办事大厅下载下载使用
4	南昌县：优化政府投资重大重点项目审批	南昌县在《江西省投资项目"容缺审批+承诺制"办理模式暂行办法》的基础上，深挖"容缺审批+承诺制"制度潜能，积极推进以"大承诺""大容缺"为主要内容的"三大"超简审批改革。一是立项用地许可阶段，扩大容缺范围加快后续事项办理效率。其他地区将航道通航条件、洪水影响评价报告等作为可行性研究报告审批复的主审材料，南昌市"三大"超简改革举措将其调整为可容缺承诺材料。自然资源部门的用地预审和选址意见即可办理后续规划许可证，施工许可证等事项。二是竣工验收阶段，实施分阶段验收和综合性联合验收。建设单位承诺即办条位可根据项目实际建设情况，自由选择分阶段验收及备案抽查，建设工程竣工验收备案作为第一阶段联合验收，将建设单位承诺，建设用地复核验收，消防竣工验收，建设工程竣工验收备案作为第二阶段联合验收，分阶段开展联合验收工程建档案验收。建设工程竣工验收，建设单位自行组织单的，项目类型简单的，建设单位也可选择一次性综合验收的协调难题
5	吉安市：大力推行消防审批事项改革	一是优化遗留项目消防审批。针对部分遗留项目因参建主体灭失导致无法组织竣工验收，无法提供消防申报资料的现实困难，建设单位可以通过结构安全鉴定和消防安全评估，指导推动问题整改，由鉴定和评估报告代替相关消防申报资料。二是推行消防设计审查审批包容免罚。制定出台了《吉安市住建领域全市统一包容免罚清单》，明确对消防设计文件已图审合格，但未及时申报消防设计审查审核查中首次被发现，未造成危害后果且及时改正的，可以实行包容免罚。三是积极推进免子工图审查。对建筑面积小于2000平方米的特殊建筑设计，鼓励建设项目单位和设计单位作出承诺，在线申报，节省图审等待时间，节约图审费用。四是推行消防验收电子证照。通过工程审批管理系统，建立全程"一次不跑"网上办理。五是优化消防设施检测条件，查询和办结的新型办理模式，消防部分消防设施简单，场所自行下载，打印和使用，实现了"一次不跑"。针对消防技术服务机构改革，无须委托消防技术服务机构检测，开展消防设施简易测试，有效节省办企成本

续表

序号	改革举措	主要内容
三、获得电力		
6	南昌县：强化办电全流程时限监控	南昌县通过推进供用电部、供电所、调控中心协同配合，以日报的形式对受理办电、客户施工等环节时限进行监控，按照责任单位严格执行超时1000元/张扣罚，同时主动跟踪客户施工进度，加强与外部施工单位的沟通合作，进一步压缩高压业扩报装时长
7	宜春市：降低用户用电成本	宜春市推行节能定制服务，对大中型企业客户，提供定制化用能方案，帮助客户优化用能结构，提升用能效率，对小微企业客户，综合应用新能源、储能等技术，免费提供设备体检等安全用电服务
8	赣州市南康区：推广云电贷，创新临电租赁服务	一是推广云电贷，由区供电公司与建设银行合作提供云电贷服务，依据企业用电相关信息，提供企业生产经营转的信用贷款产品，额度200万元，期限1年，并实现全流程线上办理；二是创新临电租赁服务，结合南康区重点项目目前期建设中基建用电需求，提供临电租赁服务，只需分期支付一定费用即可获得变压器等设备使用权
9	高安市：优化用户能耗监测	高安市抽调专业人才队伍，成立专项项目组和设置试点供电所，全面升级供电所计算机设备，通过研发13个业务场景，设计运用RPA程序机器人算法实现"电量＋碳排放"能效平衡，制定"一企一策"帮助供电所机器人替代，提升供电所管理和服务的效率，并通过权重设计融合新增监测内容，从而产生双碳战略，满足能耗"双控"和碳排放"双控"监管要求
四、获得用水用气		
10	九江市：创新多案道路置前服务	一是通过工程建设审批管理系统，在项目工程建设审批阶段提前对接，确认需求，提前规划建设；二是根据各市政道路管道敷设情况，制订固定资产投资计划，提前规划市政管线（外线工程），提前开展工商业用户用气需求全覆盖式调研工作，对有燃气相关需求的用户，全程提供咨询服务及代办帮办服务，实现每月定对接前置

续表

序号	改革举措	主要内容
11	宜春市：建立前置服务体系	通过服务关口前移，积极对接政府相关信息系统，从数据共享交换平台、工商系统等渠道提前获取企业用户信息，再由客户服务经理主动上门对接，将勘察设计、外线施工验收及代办行政审批手续等环节全部提前，在用户正式申报时实现"无感"通水即报即办，让企业用户不出户足不出户完成所有报装流程服务，真正做到"无感"通水
12	南昌市：一户一码打造服务新方式	为每位客户设置独一无二的专属二维码，由南昌燃气工作人员入户发放并粘贴在燃气表具或使用户扫码的位置，实现自助抄表及办理相关业务。"码上办"服务平台登录，系统自动验证匹配信息，用户只需扫码或打开链接，无须注册，省心和放心，真正实现"一码在手，用气无忧"。界面精简，操作方便，易用性高，对焦精准推荐服务，即可进入业务办理界面，即用户使用起来更加舒心，让用户使用起来更加舒心
五、登记财产		
13	九江市：降低办事成本	2022年出台《九江市贯彻落实稳住经济一揽子政策若干措施》，对企业不动产登记实行"零登记费"（不含房地产开发及金融机构），有效降低企业办事成本
14	南昌市、九江市、赣江新区：开通了不动产登记信息及地籍图可视化查询服务	申请人可通过电子地籍图查询房屋、土地的自然状况等信息，并在电子地籍图上显示所查不动产的位置，实现"以图查房"，更大地便利不动产转移登记，提高土地管理质量水平
六、纳税		
15	南昌市：推动涉税事项"码上办"、"一站办"	推行"五员"管理体系改革，依托"赣税行"，推动涉税事项"一站办"、"码上办"，打造"全能型"办税模式。依托"微"电子交互平台——"赣税行"，汇集整合线上线下办税资源，推动办税服务厅转型升级，打造"线上线下全方位，税费事项全覆盖，受理、审批、流转全职能，服务纳税人全过程"的"全能型"办税缴费服务模式

续表

序号	改革举措	主要内容
16	九江：织密"10分钟办税便利网"	一是成立"税银一体化服务中心"。与商业银行战略合作，实现税银系统直连，将办税服务事项嵌入银行自助服务终端，利用银行信贷圈合作"点多面广"、遍布城乡特点，将服务端口送到纳税人身边。二是建立"家门口办税"。政志愿服务站，推动党群服务圈与便民办税服务圈相融合，打造"税务+党群服务中心"志愿服务站，将服务触角向街道村居延伸。三是设立"税商务办税服务点"，促进重要商圈良性高效运转。将所有办税网点绘制成全景式"九江办税地图"，纳税人通过定位导航功能可实时查询最近办税地点，查询受理事项、预约办理条件、预约办事时间
17	宜春市：打造智慧办税服务厅	打造智慧云税厅，自主研发人工智能柜台，可全程实现发票发售、发票代开、证明打印、报税缴费的全程自动化，覆盖纳税人整个涉税全生命周期事项
18	吉安市：建立"法税联动机制"	吉安市中级人民法院、吉安市税务局联合发布《关于建立协作联动机制的意见》，聚焦人民法院与税务机关在执行协助、信息共享、涉税争议等方面的问题，对常态化沟通联络、涉不动产处置协作、破产企业涉税、行政执法联动惩戒、执行联动处置协作、破产企业涉税联动规定，进一步深化执行联动惩戒，增强法执行联动惩戒力
19	抚州市：推行税收征管档案资料电子化	一是所有电子化资料实行"一户一档"归集管理。规范建立档案电子档案涵盖企业从开业登记、经存续到注销清算的全生命周期涉税资料。二是实现征管档案资料电子化与电子印章同步推广、同步运用，确保电子档案资料电子化传输。三是进一步明确办税服务员、网络管理员、调查审核员、风险应对员和税务稽查员五类岗位人员在征管资料直接进行无纸化传输、审核、调阅、备份、归档、整理、销毁等环节的具体职责和操作要求，让税源监管各环节对征管资料实时共享、共同管理
七、跨境贸易		
20	南昌市：推行"铁路快通"模式	铁路快通模式优化了以往业务流程和监管模式，实现海关、铁路、运营企业数据互通，三方协作共同监管。海关通过对铁路舱单电子数据进行审核、放行、核销，运营对铁路列车所承载进出口货物转关运输监管，无须运营企业另行申报并办理转关手续，简化进出境监管手续，数字化监管，加速通关，班列整体运行时间缩短1~2天，实现智能化监管，数字化监管，加速度并办理转关手续，简化进出境监管手续验放，确保中欧班列的高效运行

续表

序号	改革举措	主要内容
21	九江市：推行离港确认转关模式	九江市推进"1+N"改革持续优化口岸营商环境，"1"即口岸扩大开放，"N"即离港确认、中转换装、区港一体化、直提直装等。在该模式下，口岸国际货物的"申联作业"优化为"并联作业"，企业申请江海联运转关和海关审核放行转关申报单时，无须等待码头验讫和江船订舱，只须在离港确认时自动完善转关申报单境内运输信息，在收到"可离港"回执后货物即可离港。同时，在离港确认时，在离港滞留时间，有效降低口岸滞留时间。在"离港确认"模式下，进口货物从抵达上海到转运至九江，整体运行时间可缩短18小时左右
22	赣州市：创建"跨省、跨关区、跨陆海港"通关新模式	赣深"组合港"开创性推进海关监管模式改革，采取"一次申报，一次查验，一次放行"的通关模式，实现内陆、沿海港口通关一体化。在该模式下，出口的集装箱只需在赣州办理完港区再入赣州内陆港通关手续，便等同于货到深圳进入赣州办理进口通关手续。其中，深圳海关以创新监管方式，打通场所壁垒，为"深赣组合港"定制了"一港两关"的监管模式，并形成了以盐田港为枢纽，赣州港为支线的铁路运输，经盐田港区的进口货物，也可在货到赣州内陆港办理后再办理进口通关手续，赣州港为支线的"组合港"将盐田港的"闸口"延伸至赣州内陆港，两港之间以专线铁路运输，企业将货物交到赣州内陆港视同交到盐田港

八、办理破产

序号	改革举措	主要内容
23	南昌市：建立破产重整综合性网络平台	南昌中院系继广州中院之后全国第二家同时与京东、阿里合作建立破产重整综合性网络平台的法院，也是江西省首家，并在省内形成了可借鉴、可推广的模式，九江、上饶等地先后按照南昌模式建立破产重整平台。至2022年，南昌两级法院共处置资产326次，涉及资产约22亿元
24	宜春市：加强破产案件全流程管理	对破产案件审限管理，降低破产成本，缩短破产案件内部审理流程，不断优化了破产案件信息化等方面完善了制度，上线营商环境工作信息平台，推进执转破案件定管理人、召开债权人大会议，批准分配方案等15个主要时间节点的全流程审办

续表

序号	改革举措	主要内容
25	吉安市青原区：加强对管理人选任督导	对于小额简单破产案件，由吉安市中级人民法院从管理人名册中轮候指定管理人，对于重大复杂破产案件，以竞争方式指定管理人，综合考虑管理人规模、业绩以及评审委员会建设等情况，组成评审委员会择优选择。制定"工作清单""负面清单""考核清单"，明确管理人的职责和界限。对已结的7件破产案件均根据管理人履行职责、执业能力情况进行个案考核
九、获得信贷		
26	南昌市等试点地区：破解融资痛点、堵点、质押融资痛点、堵点	小微企业应收账款单笔规模偏小，较难为银行授信提供支撑。人行南昌中心支行创新应收账款池质押融资，在江西省范围内试点。依托企业应收支收流水大数据，分析筛选和校验融资需求的企业对多个下游购货商的应收账款，组成资产池，破解了一系列"痛点"和不需付款方确权、无须引入担保方的情况下，直接质押给银行作为融资担保，按一定折扣比例提供融资。贷款期限匹配难，回款账户确权难，融资业务拓展难等一系列"痛点"，此项试点已在南昌市经开区成功落地，已有3家小微企业通过试点获得融资1000余万。"堵点"。至2022年
27	鹰潭市：创新"03专项贷"金融产品	创新"担保基金+""专项基金+""投贷联动"三种物联网产业融资模式，即在政府增信的基础上，将企业知识产权、应收账款等纳入了资产质押补充，同时积极探索投贷联动模式，引入社会资本参与，有效拓宽物联网初创企业融资、融资贵问题。截至2022年，累计有159家物联网企业获得14.85亿元融资支持，有效缓解物联网初创企业融资、融资贵问题
十、保护中小投资者		
28	赣州市：探索教学新模式	在"1+X"共享课堂建立的教学"网络"基础上，通过投资者教育基地开展金融证券知识教育，逐步探索出"1+2+3"的教学新模式，推动投资者教育纳入国民教育体系。其中，"1"是指开发一套教材。由中国盛证券联合上交所公益基金会开发了一套教材，完备的教材，包含讲义、课件、动画、读本等，为由浅入深，循序渐进地开展金融证券知识教育。"2"是指打造两支师资队伍。通过加强内部内训不断提高教学水平，专门由专家面向学校教师开展交流与培训，提高学校教师的金融证券知识素养。"3"是指运用三种教学模式。线上教学、线下教学、实践活动教学

续表

序号	改革举措	主要内容
29	南昌市：推动将投资者教育纳入国民教育体系	一方面，与南昌高校江西财经大学和南昌大学签订了合作备忘录，提升了财商水平；另一方面，证券公司进高校进社区进行宣传交流，促进金融教育落地，将金融知识深入人心，将金融知识与金融实践有机结合，相互促进，进一步提升金融教育水平
十一、执行合同		
30	赣州市南康区：设立"泛家居行业矛盾纠纷多元化解中心"	南康区法院坚持问题导向，紧紧依靠党委政府，持续创新发展新时代"枫桥经验"，立足诉源头，对外加强联动，将泛家居行业矛盾纠纷多元化解平台前移，优化商事纠纷解决资源配置，依托南康区"泛家居家具更新中心"设立各类商事主体自觉自愿为依托，逐步引导各类商事主体自觉自愿，加强商事矛盾纠纷的前端化解，关口把控。同时，以商事纠纷调解平台为抓手，将各类"一站式"便捷司法服务前移，回应群众快速解纷的司法需求，努力在全区范围内形成"职责明确，优势互补、协调联动"的商事纠纷多元化解新局面。2022年，"泛家居行业矛盾纠纷多元化解中心"在诉前有效化解涉企纠纷1093件，广大家具业主对法院主动作为，服务企业的做法给予高度称赞
十二、劳动力市场监管		
31	宜春市：创新监管理念	宜春市人社局紧盯农民工反映强烈的工资支付问题，投诉维权为一体的"农民工工资支付预警监控"，率先在江西省建成市、县两级互联互通、信息共享、多功能平台：实现与住建部门、社保中心等系统对接，将多家建筑企业用工实名制管理系统数据和金融机构的工资支付专用账户相关数据接入平台，对内深挖潜力，集工资支付、预警监管、项目用工、工资代发、银行核算、工资核算、保证金存退等进行全过程监管，通过大数据数字化手段加强源头治理、事中事后监管
十三、政府采购		
32	九江市：监控智能存档系统	九江市深入推进"互联网+"公共资源交易行动，加快招投标档案数字化转型。按项目自动刻录光碟分类保存、归档。建立电子档案管理系统，通过在开评标时间段自动对现场进行全程无死角音视频监控录像，通过公共交易系统，归集、统计、查阅、下载，不耗时无死角采集交易过程中产生的电子文件、图片、音视频等不同类型的交易数据进行采集，为市场主体提供便捷服务，积极打破传统管理方式的时空局限，降低企业交易成本

续表

序号	改革举措	主要内容
十四、招标投标		
33	赣州市：建立智慧监管平台"赣州申通投标犯罪预警模型"	谋划建设赣州市"公共资源交易+智慧监管"平台——"赣州招投标申通投标犯罪预警模型"。平台集数据汇集、经侦大数据监测预警、智能分析研判，情报导侦研判，基于统一规划、统一标准建立的"一平台"（招投标申通投标犯罪预警模型+类罪模型），服务于各级情报信息部门工作人员的线索收集、比对、研判、监测、预警等专业工作
34	九江市：试行信用承诺函	九江市针对工程招标项目投资额在3000万元以下（含3000万元）的市本级政府投资施工总承包或专业承包施工项目，试行信用良好投标人可以选择投标保证金信用保函代替投标保证金和金融保函（证）的政策
十五、政务服务		
35	赣江新区：企业档案线上查询	赣江新区开发企业档案"容e查"系统，审批人员将企业档案"一次拷贝"至系统，企业可"终身享受"带有签章和防伪水印的电子档案拷贝服务，既降低行政成本与服务压力，又提升企业档案查询的时效性和便利度，实现"随时随地、想查就查、即查即得"的新服务模式
36	宜春市：试行"承诺即入"和"数字人"极简审批模式	宜春市推行包括电影放映经营许可证年检、医疗器械网络销售信息备案、食品生产许可证延续等23个事项，按照"一表即入"和"先入后查"三种类型实行极简审批，实现即审即批即营。即申请人在一张《申请承诺表》上签名（书面承诺：申请人达到法定条件前，不得从事相关经营活动）即可领证
37	赣州市：研发政务受理受办数字化改革	运用智能语音识别、图像识别、人机交互等人工智能技术，重构业务流程，打造具备"面对面"互动能力的政务"数字人"，开发政务受理数字"数字人"，初审等应用场景，创新建设数字云服务大厅，探索政务"数字人"逐步替代人员的数字化事项化改革模式，提升标准化事项的数字政务效率和智能服务水平

续表

序号	改革举措	主要内容
十六、知识产权创造、保护和运用		
38	南昌市：知识产权纠纷多元化解	一是专业化调解队伍合理配置。从专家库中遴选了一批调解员，组成"1+N"调解队伍（1名专职调解员，37名兼职调解员），调解员专业领域实现技术、法律全覆盖。二是协同对接"委托调解、诉调对接"的知识产权纠纷处理模式。南昌市市场监管局与市中院签署了《关于加强知识产权协同保护的若干意见》，规定市中院委托保护中心开展知识产权诉调对接工作。经开区法院与市中院签署了《知识产权诉讼持续优化完善工作机制》，并且在调委会中选聘了15名法院特邀调解员，专项处理诉前调解案件。三是制度化建设持续优化完善。先后编制了《南昌市知识产权纠纷人民调解委员会人民调解员管理使用、调解工作申请、受理、调查、回访等流程以及差错管理、财务管理、服务规范》《调解注意事项》，分别对调解员出相关规定……费保障等方面作出相关规定
39	鹰潭市：强化专利保险工作，为企业创新保护驾护航	一是政策宣讲，激发企业参与热情。积极牵头为企业和保险机构搭建沟通平台。以上门宣传为点，通过逐个走访，向企业普及专利保险知识，教授企业如何通过专利保险抵御侵权风险。通过组织培训为面，通过组织开展专利保险供需对接会等活动，邀请保险公司专业人士向企业介绍专利保险产品，解读产品的投保条件、流程、赔偿处理等内容，增强企业专利保险意识，提升专利保险的市场认知度，营造有利于专利保险发展的社会舆论环境。二是私人定制，满足企业业个性化需求。通过调查问卷、座谈会等形式，调研分析企业专利保险需求，为定制保险产品、定损理赔、评估理赔等提供依据。三是资金补贴，解决企业之忧。为鼓励企业积极投保专利保险，修改和完善了《鹰潭市知识产权奖励办法》，对企业向保险公司投保的专利保险，按实际投保年度保费的60%给予补贴
十七、市场监管		
40	南昌市：创智慧化预警多点触发式监管	南昌市市场监管局创新监管模式，推行智慧预警多点触发式监管，以智慧市场监管系统为中心，运用大数据手段，充分发挥"互联网+监管"作用，以智慧投诉举报、电梯应急处置、广告监测、舆情监测、网络交易、来货报警、药店数字防范，信用分类10个智慧监管平台，建立预警预警机制，通过设置预警底线，动智慧预警及监管、全程眼踪、全程眼踪，极大提高监管的精准性、协同性、靶向性

续表

序号	改革举措	主要内容
41	新余市：创新"1+N"联合抽查机制	推行"1+N"联合抽查新模式，即每个部门发起1项部门联合随机抽查，参与多项部门联合执法，进一次门，体一次检，同一检，查多项事，切实解决市场监管领域存在的"多头出门""重复检查"等突出问题，通过"对象一次性集中抽取，人员一次性集中选派，检查一次性集中完成"，达到跨部门联合抽查次数占比达本地抽查检查主体总数的10%以上，入企检查频次数减少30%，检查事项时间减少50%，实现"两增两减"新格局
十八、包容普惠创新		
42	南昌市：科技金融服务创新助力科技企业创新发展	作为国家第二批促进科技和金融结合试点城市，通过设立1.5亿元科技发展引导基金，开展"洪城科贷通"业务等举措，同时提供科技保险补助服务化解企业创新创业风险，科技金融赋能作用充分发挥
43	景德镇市："村医+村会"撑起留守老人医养结合保障线	针对留守老年人突发性和慢性疾患健康风险高，对医疗卫生服务需求显著高于其他群体这一事实背景，景德镇市培育壮大农村留守老年协会，加大卫生室与老年协会融合发展力度，建立农村老年健康服务站，探索农村社会互助养老，建立"时间银行"模式，有效解决农村留守老年人医养结合服务问题
44	九江市：引入卫星遥感反演监测鄱阳湖水质	在结合传统的人工水质采样监测和已有的水质在线监测数据方式基础上，九江市利用高科技手段，通过卫星遥感反演数据分析鄱阳湖周边及水域的情况，实现从"人防"到"技防"方式转变。同时，相比于市面上常用的在线检测及无人船走航技术，通过卫星遥感监测水质能够对九江市所有重点水体进行监测全覆盖，提升监测效率，为鄱阳湖以及整个九江辖区范围内水域水质的稳定与保护驾护航，实现从"陆一湖（点）"到"陆一湖一空（面）"的立体化发展转型

资料来源：江西省优化营商环境办公室梳理的2022年度江西省营商环境评价发现的好经验好做法。

第三节　江西优化营商环境的方向和未来展望

营商环境是市场主体发展之基、活力之源。我们要把学习贯彻党的二十大精神转化为助力江西高质量跨越式发展的强大动力。逻辑与实践分析都表明，良好的营商环境应该是具有能够让一切人群的能动性、创造力全面展现，让一切要素活力竞相迸发，让一切创造社会财富的源泉充分涌流的体制与政策条件。而这不仅是市场主体的需要，也是整个社会的需要。当前在经济运行中，江西省市场主体特别是中小微企业、个体工商户生产经营困难依然较多，唯有加大力度打造更好营商环境，才能帮助市场主体解难题、渡难关、复元气、增活力。尽管江西近年来营商环境持续优化，但与省外发达地区优化营商环境典型做法相比，江西省仍然存在不少差距，特别是在营商环境信息化建设、营商环境原始创新、产业链配套方面仍需加大努力。优化营商环境更是一个系统工程，我们要对照企业和群众期盼，对标一流和先进地区，推动优化营商环境全部要素实现提升，为推动经济高质量发展、全面建设现代化江西提供坚实保障。

一、加快提升江西省营商环境整体水平，需把准方向，瞄准目标

2023 年江西省目标很明确：营商环境整体水平从"优良"档次进入"优秀"档次，力争二三个城市进入全国一流行列，多项评价指标进入全国标杆城市行列。"全国一流""全国标杆"，不是大而化之、模糊的概念，要将其落实到全国性评价体系和评估办法上，落实到世界银行新版评价指标体系上，落实到企业口碑上，要以这些评价依据为参考，将营商环

境提升目标细化、量化、可操作化，实现国家营商环境 18 项评价指标的全面提升。同时，要深刻理解市场化、法治化、国际化三个鲜明特点的内涵，并以法治化为基础，把营商环境置于法治化轨道上推进。推进"好差评"数据分析，从企业群众视角查找"差评"短板，提炼"好评"做法，形成改革—评价—再改革的闭环体系，推动营商环境落实落细、可持续发展。找准定位、靶向发力，推进常态化评价与日常政务服务结合，深入开展对标提升行动，全力扬优势、补短板、强弱项，建立"即评即改"的常态化落实机制，实现营商环境的动态优化，加快推动江西省营商环境整体水平从"优良"档次进入"优秀"档次。

二、加快提升江西省营商环境整体水平，需组织保障，合力高效

优化营商环境越是向纵深推进，涉及的部门越多、事项越多。在现实生活中，一些地方和部门在管理上简单粗放，习惯用不许或禁止来代替深入细致的治理和温暖贴心的服务，这样做很容易扼杀市场主体和创新要素的积极性能动性。要坚持江西全省"一盘棋"思想，坚持高位推动、加强组织领导，坚持从企业需求出发，凝聚全省之力，上下协同，推动跨部门跨层级跨区域的协调联动，推进重点领域改革，扬优势，补短板。要围绕提质持续优化"服"的水平，把企业诉求放在第一位，强化营商环境工作专班统筹协调作用，推动各项援企惠企政策和便企利民措施落地见效；坚持"群众期盼什么，改革就推进什么"的原则，践行"有呼必应、无事不扰"的店小二精神，提供更加精细化、人性化的保障服务和更加有效的制度供给，不断提升市场主体的满意度。要清晰划分部门与岗位工作职责，厘清权责边界，细化工作要求，优化操作流程，同时健全监管机制，强化惩治手段，促进行政管理和服务注重因情施策、注重灵活多变、注重深入细致、注重持之以恒，打造一流营商环境品牌。

三、加快提升江西省营商环境整体水平，需改革创新，数字赋能

5G、大数据、人工智能和区块链成为各级政府高度重视的战略性技术。当前，江西正处于奋力打造一流营商环境的攻坚阶段，但还存在数据共享不充分、"一网通办"服务能力有待提升、政务数据应用场景少等问题。从全国来看，标杆地区的营商环境数字化、智能化水平相对较高。与我国发达地区相比，江西营商环境信息化建设相对滞后，数据信息共享不够，存在诸如部门间"系统通而数据不能共享""数据通而不动"等现象，跨部门、跨层级、跨地域间推动"高效办成一件事"方面做得还不够等问题。2022 年，国务院办公厅复制推广营商环境创新试点的 50 项改革中，33 项涉及数字赋能营商环境建设。因此，加强数字赋能既是推动营商环境全面升级的客观需要，也是江西省打造营商环境竞争新优势的重要途径。要处理好政府与市场的关系，从审批管理的视角，转为服务企业的定位，坚持刀刃向内自我革命，减少政务环节、减免不必要的成本，进而提高办事效率。通过强化数据共享应用、流程重塑再造、制度集成创新，抓好出台的"加强数字赋能优化营商环境 15 条举措"的落地落实，有针对性地解决这些问题，有利于纵深推进营商环境改革，助力江西省营商环境进入全国一流行列。

四、加快提升江西省营商环境整体水平，需把好重点，狠抓落实

我们清醒地看到，与国内先进地区相比，与经营主体的期盼相比，江西营商环境还存在不少差距和短板，优化升级之路还有许多"娄山关""腊子口"。例如，在构建产业生态环境方面，江西部分产业的产业链配套环境与企业预期仍然存在一定差距，给企业经营带来一定制约。这就要求

江西省各地区各部门坚持问题导向，抓紧补齐短板，围绕发现的问题、短板，提出优化提升措施，强化过程监督、结果检查、效果调查，真正把问题"答"出来，围绕经营主体运行的全周期、全过程、全方位"保驾护航"，全力解决优化营商环境工作中的痛点堵点难点。2023 年 5 月召开的江西省优化营商环境工作推进大会，明确全面提升政务服务质效、要素供给能力、助企惠企实效、法治建设水平、亲清政商关系等 5 大重点任务，这是江西省委、省政府从政治、全局和战略高度作出的一系列部署，体现江西以更大决心、更大力度、更实举措，推动营商环境再优化、再提升、再突破的科学谋划和积极作为，这是我们着力把握的方向所在。

新征程呼唤新担当，新时代实现新作为。优化营商环境事关发展全局、事关未来，我们要深入推进营商环境优化升级"一号改革工程"，推动江西省市场化、法治化、国际化营商环境水平迈上新台阶，为奋力谱写中国式现代化江西篇章提供有力支撑！

附录 营商环境评价问卷

（一）总体评价

1. 您觉得近一年来本地区的营商环境变化趋势是？

□进步很大　　□在进步　　□没变化　　□在退步　　□在大大退步

2. 您对目前本地区的营商环境感觉如何？

□很满意　　□较满意　　□一般　　　□较不满意　□很不满意

3. 您近几年会进一步加大对本地的投资吗？

□会大力投资　　　　　□会少量投资　　　　　□不确定

□不新增投资　　　　　□会减少投资

4. 贵企业在当地继续经营的信心指数是（　　　）分（1～10分，10分是满分）。

（二）生产要素环境评价

1. 您认为本地区的生产要素环境状况如何？

□很好　　　□较好　　　□一般　　　□较差　　　□很差

2. 土地因素当前已经成为贵企业发展的制约因素吗？

□是　　　　　□不是　　　□不知道（因为没有土地需求）

3. 贵企业招工情况如何？

□很困难　　□较困难　　□一般　　　□容易　　　□很容易

4. 您对本地区的物流条件的评价是？

□很好　　　□较好　　　□一般　　　□较差　　　□很差

5. 您认为本地的上下游产业配套能力如何？

□很好 □较好 □一般 □较差 □很差

6. 贵企业目前税费负担如何？

□很重 □较重 □一般 □较轻 □很轻

7. 贵企业 2018 年纳税总额占同期营业收入的比重约为多少？

□3% 以下 □4% ~5% □6% ~7% □8% ~9% □10% 以上

8. 与 2017 年相比，2018 年以下各项成本变动情况是？

评价项目	下降20%以上（含）	下降10% ~20%（含）	下降0 ~10%（含）	没有变化	上升0 ~10%（含）	上升10% ~20%（含）	上升20%以上
用工成本							
用地成本							
用电成本							
用水成本							
用气成本							
综合融资成本							
公路运输成本							
铁路运输成本							
航运成本							
空运成本							

（三）法制环境评价

1. 您认为本地的法治环境如何？

□很好 □较好 □一般 □较差 □很差

2. 贵企业或企业家的合法权益是否遭受过侵害？

□遭受过 □没有遭受过 （如回答第 1 个选项，请回答问题 3，否则跳问题 4）

3. 贵企业合法权益受到侵害的具体表现主要有：（可多选）

□有关部门非法侵占企业资产（如房产、土地）

□执法部门非法扣押股东、法人、经营者的个人合法财产

□执法部门非法扣押公司资产逾期不还

□所在地区政府处理历史产权案件时，盲目翻旧账

□因政府毁约受到的财产损失未获得依法补偿

□过去发生的不合理产权纠纷案件未得到甄别纠正

□涉法诉讼中被违法采取强制查封、押扣、冻结等强制措施

□其他

4. 您觉得本地政府在保护企业家财产和人身合法权益方面做得如何？

□很好　　　□较好　　　□一般　　　□不好　　　□很不好

5. 您认为本地区治安环境如何？

□很好　　　□较好　　　□一般　　　□较不好　　　□很不好

6. 据您所知，以下行政执法部门是否存在表中所列不良现象。若存在，写"A"；若不存在，写"B"；不知情，写"C"。

相关部门	人情执法	随性执法	简单粗暴执法	吃拿卡要
公安部门				
人民法院				
市场监督				
城市管理				
税务稽查				
环保监管				
劳动安全监管				
城建管理				
国土管理				
文化管理				

7. 您是否了解省非公有制企业维权服务中心？

□了解　　　　□听说过，但不了解　　　　□没听过

8. 您是否知道967788省非公有制企业维权中心服务热线？

□知道　　　□不知道

9. 当贵企业合法权益受到侵害时，最可能采取的维权手段是：（可多选）

□向省非公有制企业维权服务中心反映

□通过法律途径

□向上级主管部门投诉

□请求工商联或行业协会的帮助

□忍气吞声

□向信访、人大等其他有权机关反映

□向新闻媒体反映，启动舆论监督

10. 您是否愿意通过非公有制企业维权服务中心维护企业合法权益？

□愿意　　　　□不愿意

若不愿意，请说明您的顾虑＿＿＿＿＿＿＿＿＿＿＿＿＿＿＿＿＿

11. 贵企业希望加强哪些法律维权服务？（可多选）

□完善企业间、劳资间的纠纷调解、商事仲裁

□协调省直各部门、党委政府、政法各单位，解决企业困难

□加强法律咨询服务力度

□举办公益法律讲座，帮助企业了解法律热点

□其他＿＿＿＿＿＿＿＿＿＿＿＿＿＿＿＿＿＿＿＿＿＿＿＿

□都不需要

（四）政务环境评价

1. 您觉得本地的政务环境如何？

□很好　　　　□较好　　　　□一般　　　　□较差　　　　□很差

2. 请您对政府部门的服务质量，就下表中所列事项进行评价（注：若做很好，填写"A"；若做得较好，填写"B"；若做得一般，填写"C"；若做得较差，填写"D"；若做得很差，填写"E"；若没有去办过该事，填写"F"）。

部门	办事的便利性	审批项目简化性	服务效率	服务态度	"吃拿卡要"现象（注：有，写A；没有，写B）
市场监督部门					
药品监督部门					
税务部门					
社会保障部门					
土地部门					
环保部门					
建设审批部门					
电力部门					
供水部门					
城管部门					
通信部门					
消防部门					

3. 请您对以下投资项目报建审批工作进行评价（请在相应位置打√）。

相关手续	很便捷	比较便捷	一般	不太便捷	很不便捷	没接触/不了解
项目批复						
工商登记						
规划建设手续						
用地手续						
环评手续						
人防手续						
消防手续						
接电网手续						
报建总体评价（很满意写A，较满意写B，一般满意写C，不满意写D，很不满意写E）						

4. 近半年来，在办理政务事项中，贵企业一般要跑几次才可办结？

□一次都没跑过，可网上办好

□1 次

□2 次

□3～4 次

□5 次及以上

□未办过事

5. 您认为当地政府诚信方面有何问题？

□土地优惠失信

□税收优惠失信

□经营补贴失信

□拖欠企业款项

□项目扶持资金不到位、到位慢

□新官不理旧账

□政府部门相互推诿扯皮、不担当

□规划调整频繁、随意

□产业配套、生产生活配套不到位

6. 据您所知，相关部门和地方的主要领导是否经常听取民营企业意见和诉求，帮助解决实际困难？

□是　　　　　□不是　　　　□不知情

（五）市场环境评价

1. 贵企业或周边的人遇到过政府部门、大企业利用优势地位以大欺小、拖欠民营企业款项的行为吗？

□经常遇到　　□遇到过一两次　　　　□从来没遇到过

2. 您认为目前本地区的市场环境如何？

□很好　　　　□较好　　　□一般　　　□较差　　　□很差

3. 您认为目前本地区的信用环境如何？

□很好　　　　□较好　　　□一般　　　□较差　　　□很差

（选择"一般""较差""很差"三个选项，请回答问题4，否则跳问题5）

4. 信用环境不乐观主要体现在哪些方面？（可多选）

□政策不连续，"存在新官不理旧账"现象

□土地出让金随意浮动

□政府随意拖欠企业的采购款或工程款

□政府部门相互推诿扯皮、不担当

□不兑现用地指标、税收减免、招商等承诺

□规划调整频繁、随意

□项目扶持资金不到位、到位慢

□产业配套、生产生活配套不到位

□招工、能源、研发等优惠不到位、到位慢

□其他_____

5. 您认为目前本地区不正当竞争现象怎样？

□很严重　　　□较严重　　　□一般　　　□较轻　　　□很轻

6. 据您所知，本地政府是否按省里规定开放了应开放的所有投资领域？

□是　　　　　□不是　　　　　□不知道

7. 在政府准入的投资领域中，您是否遇到过人为障碍？

□是　　　　　□不是　　　　　□不知道

8. 在您参与的政府采购和项目中标时，相关部门是否设置过对民营企业歧视的不合理的门槛和条件？

□是　　　　　□不是　　　　　□不知道

9. 在 PPP 项目中，是否存在国企与民企、本土企业与外地企业差别待遇的情况？

□存在　　　　□不存在　　　　□不知道

10. 您认为本地中介服务发展程度如何？（从您需求的满足度来评判）

□非常发达　　□较发达　　　□一般　　　□较落后　　　□很落后

11. 据您所知，本地区企业间相互拖欠款项的现象严重不严重？

□非常严重　　□较为严重　　□一般　　　□不严重　　　□不知道

（六） 生活环境评价

1. 您觉得贵企业所在的工业园区的商业配套状况怎样？

□非常好　　　□较好　　　□一般　　　□较差　　　□很差

2. 如果您想租赁政府的标准厂房，能租赁到吗？

□能　　　　　□不能　　　□不知道（因为没这方面的需求）

3. 您觉得贵企业所在的工业园区的交通、水、电、气等生产性配套状况怎样？

□非常好　　　□较好　　　□一般　　　□较差　　　□很差

4. 请您对您所在地区的生活环境进行满意度评价。

□非常好　　　□较好　　　□一般　　　□较差　　　□很差

（七） 融资环境评价

1. 您觉得本地区的企业融资难、融资贵的现象是否有所改善？

□有较大改善　□有一点改善□无改善

□在恶化　　　□严重恶化

2. 贵企业在资金需求方面，遇到哪些问题？（可多选）

□银行贷不到款，门槛太高

□银行贷款手续烦琐

□因银行贷款审批时间过长而影响企业正常经营

□融资成本过高

□其他＿＿＿＿＿＿＿＿＿＿＿＿＿＿＿＿＿＿＿＿＿＿＿＿＿＿＿

3. 贵企业在"财园信贷通""惠农信贷通""油茶贷"等各级财政设立的信贷资金，贷过款吗？

□有资金需要，贷到了

□有资金需要，但没贷到

□无贷款需求

4. 您对"财园信贷通""惠农信贷通"等评价是：

□很满意　　　□较满意　　　□一般　　　□较不满意

□很不满意　　□没贷过　　　□没听过

5. 贵企业融资综合成本为：

□基准利率或更低

□基准利率上浮 0～10%（含）

□基准利率上浮 10%～20%（含）

□基准利率上浮 20%～30%（含）

□基准利率上浮 30%～50%（含）

□基准利率上浮 50% 以上

□不知道，没融资过

6. 贵企业认为金融机构是否存在以下或类似情况？（可多选）

□银行通常只给予一年内短期贷款

□部分银行抽贷、压贷、断贷

□过桥利息负担重

□获得贷款被银行要求贴现存入

□贷款中介机构、担保公司收费过高

□银行指定贷款中介机构或其他金融服务

□存在只认国资背景担保、信托等机构情况

□贷款利率上浮至最高限额或变相提高利率

□强制捆绑搭售理财、保险、基金等产品

□担保公司挪用、占用客户的保证金或贷款

□不知道，没办过贷款业务

参 考 文 献

［1］白飞，李毅．成都市营商环境建设比较研究［J］．中国经贸导刊（中），2019（12）：55－58.

［2］国家发展和改革委员会．中国营商环境报告2020［M］．中国地图出版社，2020.

［3］国家税务总局湖北省税务局课题组，胡立升，庞凤喜，刘紫斌，刘畅．世界银行营商环境报告纳税指标及我国得分情况分析［J］．税务研究，2019（1）：80－85.

［4］侯佳儒．优化营商环境：国际趋势、典型经验与中国图景［EB/OL］．https：//mp. weixin. qq. com/s/ScBC93v5i－YEJCZqWSQ1Dg，2020.

［5］胡税根，吴逍弛，李超．我国优化营商环境政策研究［J］．领导科学论坛，2020（23）：31－42.

［6］胡税根，杨竞楠，结宇龙．我国持续优化市场化营商环境的思路研究［J］．中共天津市委党校学报，2021，23（1）：64－71.

［7］贾孟其．江西民营经济营商环境评价与优化研究［D］．南昌：南昌大学，2020.

［8］李颖轶．中国营商环境评估的进路策略与价值选择——以法国应对世行《营商环境报告》为例［J］．华东师范大学学报（哲学社会科学版），2020，52（1）：187－195，200.

［9］李卓平．营商环境视角下中国自贸区建设与城市经济效应研究［D］．大连：大连理工大学，2021.

［10］刘智勇，魏丽丽．我国营商环境建设研究综述：发展轨迹、主

要成果与未来方向 [J]. 当代经济管理，2020，42（2）：22 - 27.

[11] 娄成武，张国勇. 基于市场主体主观感知的营商环境评估框架构建——兼评世界银行营商环境评估模式 [J]. 当代经济管理，2018，40（6）：60 - 68.

[12] 马骏，马源，高太山. 优化数字经济营商环境：政策框架与重点任务 [J]. 发展研究，2020（10）：47 - 51.

[13] 马源，高太山. 数字经济营商环境：国际指标框架及政策指向 [J]. 发展研究，2020（11）：45 - 50.

[14] 彭向刚，马冉. 政务营商环境优化及其评价指标体系构建 [J]. 学术研究，2018（11）：55 - 61.

[15] 阮舟一龙，许志端. 县域营商环境竞争的空间溢出效应研究——来自贵州省的经验证据 [J]. 经济管理，2020，42（7）：75 - 92.

[16] 沈荣华. 优化营商环境重在市场化法治化国际化 [J]. 国家治理，2021（9）：45 - 48.

[17] 宋钊. 基于新公共服务理论的省域小微经营者营商环境评价指标体系构建与应用研究 [D]. 西安：西北大学，2021.

[18] 苏甜，黄瑞玲. 营商市场环境评价指标与测度——基于江苏13个设区市的比较 [J]. 江苏科技大学学报（社会科学版），2019，19（4）：88 - 96.

[19] 王绍乐，刘中虎. 中国税务营商环境测度研究 [J]. 广东财经大学学报，2014，29（3）：33 - 39.

[20] 魏红征. 法治化营商环境评价指标体系研究 [D]. 广州：华南理工大学，2019.

[21] 谢红星. 营商法治环境评价的中国思路与体系——基于法治化视角 [J]. 湖北社会科学，2019（3）：138 - 147.

[22] 谢岷，储祥银. 关于我国外商投资环境的分析 [J]. 国际贸易问题，1988（2）：34 - 37.

[23] 徐明强，董大海. 中国自贸区营商环境的构成维度及影响因素

研究 [J]. 管理案例研究与评论, 2020, 13 (4): 460 - 475.

[24] 徐智涌, 戢朵. 国内外营商环境评价指标体系的比较与启示 [J]. 现代企业, 2020 (8): 67 - 68.

[25] 杨涛. 营商环境评价指标体系构建研究——基于鲁苏浙粤四省的比较分析 [J]. 商业经济研究, 2015 (13): 28 - 31.

[26] 姚轩鸽, 庞磊. 税收营商环境评价标准研究——基于伦理视域的观察与思考 [J]. 税收经济研究, 2019, 24 (2): 53 - 58.

[27] 优化营商环境条例 [EB/OL]. 中华人民共和国中央人民政府. http://www. gov. cn/zhengce/2020 - 12/27/content_5573810. htm.

[28] 翟金芝. 营商环境评价指标体系研究述评与展望——以国家治理等为视角 [J]. 北方经贸, 2020 (5): 4 - 7.

[29] 张景华, 刘畅. 全球化视角下中国企业纳税营商环境的优化 [J]. 经济学家, 2018 (2): 54 - 61.

[30] 张明霞. 营商环境、融资约束与企业创新绩效 [D]. 济南: 山东大学, 2021.

[31] 张三保, 曹锐. 中国城市营商环境的动态演进、空间差异与优化策略 [J]. 经济学家, 2019 (12): 78 - 88.

[32] 张三保, 康璧成, 张志学. 中国省份营商环境评价: 指标体系与量化分析 [J]. 经济管理, 2020, 42 (4): 5 - 19.

[33] 中国行政管理学会课题组, 张定安, 高乐. 聚焦市场主体关切持续打造市场化法治化国际化营商环境 [J]. 中国行政管理, 2021 (8): 6 - 15.

[34] 钟飞腾, 凡帅帅. 投资环境评估、东亚发展与新自由主义的大衰退——以世界银行营商环境报告为例 [J]. 当代亚太, 2016 (6): 118 - 154, 158 - 159.

[35] 周林彬, 王瑞. 法律与经济发展 "中国经验" 的再思考 [J]. 中山大学学报 (社会科学版), 2018 (6): 19 - 28.

[36] Arruñada B. Institutional support of the firm: A theory of business

registries [J]. Working Papers, 2010, 2 (2): 525 – 576.

[37] Branstetter L, Lima F, Taylor L J, Venâncio A. Do entry regulations deter entrepreneurship and job creation? Evidence from recent reforms in Portugal [J]. The Economic Journal, 2014, 124 (577): 805 – 832.

[38] Bruhn M, Mckenzie D. Entry regulation and the formalization of microenterprises in developing countries [J]. Policy Research Working Paper, 2014, 29 (2): 186 – 201.

[39] Claessens S, Ueda K, Yafeh Y. Institutions and financial frictions: Estimating with structural restrictions on firm value and investment [J]. Journal of Development Economics, 2014, 110 (C): 107 – 122.

[40] Corcoran A, Gillanders R. Foreign direct investment and the ease of doing business [J]. Review of World Economics, 2015, 151 (1): 103 – 126.

[41] Djankov S, Jindra J, Klapper L F. Corporate valuation and the resolution of bank insolvency in East Asia [J]. Journal of Banking & Finance, 2005 (29): 8 – 9.

[42] Djankov S, Murrell P. Enterprise restructuring in transition: A quantitative survey [J]. Journal of Economic Literature, 2002, 40 (3): 739 – 792.

[43] Fisman R, Svensson J. Are corruption and taxation really harmful to growth? Firm level evidence [J]. Journal of Development Economics, 2007, 83 (1): 63 – 75.

[44] Griffiths M D, Kickul J R, Carsrud A L. Government bureaucracy, transactional impediments, and entrepreneurial intentions [J]. International Small Business Journal, 2009, 27 (5): 626 – 645.

[45] Houston J F, Chen L, Ping L, Yue M. Creditor rights, information sharing, and bank risk taking [J]. Journal of Financial Economics, 2010, 96 (3): 485 – 512.

［46］ Litvak I, Banting P. A conceptual framework of international busi-ness arrangements ［J］. Marketing and the New Science of Planning, 1968, 1 (1): 460 −467.

［47］ Mai T T T, Turkina E. Macro-level determinants of formal entrepre-neurship versus informal entrepreneurship ［J］. Journal of Business Venturing, 2014, 29 (4): 490 −510.

［48］ Meghana A, Asli D K, Vojislav M. How important are financing constraints? The role of finance in the business environment ［J］. The World Bank Economic Review, 2008, 22 (3): 483 −516.

［49］ World Bank. Doing Business 2018: Reforming to Create Jobs ［EN/ OL］. https://openknowledge.worldbank.org/entities/publication/5dd26f47 − c905 −5c6d − ad48 −1c7474d88dc5.

［50］ World Bank. Doing Business 2020: Comparing Business Regulation in 190 Economies ［EN/OL］. https://openknowledge.worldbank.org/enti-ties/publication/130bd2f3 − f4b5 −5b77 −8680 −01e6d6a87222.

后 记

如何打造优质营商环境，破解民营企业痛点难点，关系到民营经济的健康发展、人民生活的幸福安康和社会大局的和谐稳定。近年来，国家持续推进优化营商环境工作，致力于打造市场化法治化国际化营商环境，培育市场主体地位，激发市场主体活力。为全面贯彻党中央、国务院的战略决策部署，江西省着力提升营商环境软实力，构建并完善江西营商环境指标体系，持续打造亲清政商关系，为加快推进中部崛起、奋力谱写江西高质量发展新篇章创造良好环境。基于此，本书从优化营商环境的视角出发，从政策脉络、指标体系、重点举措、创新实践、经验成效等方面讨论江西省营商环境优化情况，希望能为江西省制定民营经济发展政策提供思考，也能为全国推动营商环境优化工作提供欠发达省域范例。本书的研究适应当前民营经济发展的现实需要，课题组在围绕营商环境课题研究和企业评方面取得了一定的阶段性成果。

营商环境理论研究方面，围绕当前热点、难点问题组织实施重点课题调研，开展民营经济相关重大课题研究，形成高质量研究成果。2018 年以来课题组获得省领导及以上批示 40 余次，其中，国家级领导批示 4 次、省主要领导批示 19 次；报送的调研报告连续 5 年获得全国性优秀调研成果一等奖，报送的调研报告还获得过全国性实践创新成果三等奖、江西省第十九次社会科学优秀成果一等奖、江西省第二十次社会科学优秀成果三等奖；成功申报并完成 5 项重点课题和社科基金，其中，2 项江西省社会科学"十三五"基金项目，2 项"蹲点式调研、跟踪性研究——江西观察报告"课题，1 项南昌市"十四五"规划前期研究重大课题。

营商环境企业评方面，采取多元化评价分析方式，形成"1＋2＋12"系列营商环境企业评报告。其中，2020～2021年形成的《2020年度江西省营商环境企业评价报告》报送至江西省优化营商环境领导小组办公室，成果被全文采纳；2份"双万家"营商环境企业评报告获江西省主要领导肯定性批示；11个设区市和赣江新区营商环境企业评报告以江西省促进非公有制经济发展领导小组办公室的名义下发至各地，受到当地政府高度重视。此外，通过延伸营商环境评价触手，推动县域自评有序开展，以指导多维度自评打通营商环境"最后一公里"，构建江西省工商联指导、江西省民营经济研究智库专家负责、基层有关部门配合的三方合作模式，课题组在江西全省推广市、县营商环境自评价工作；2021年，推动赣州市、新余市、萍乡市、九江市、抚州市、湖口县、安义县开展营商环境自评价工作；2022年，推动景德镇市、抚州市、上饶市、吉安市开展营商环境自评价工作，并形成自评价报告提交至地方政府。在湖口县自评价的经验总结《以县域自评价为着力点　不断优化营商环境》获得江西省主要领导肯定性批示，并由江西省政府办公厅全省刊发学习，要求全力推动开展县级优化营商环境工作。

通过总结2018年以来营商环境评价方面取得的阶段性成果，课题组顺利完成了本书的编写。其中，江西省营商环境评价工作是在江西省优化营商环境领导小组办公室的指导下开展的，感谢江西省委、省政府对此项工作的高度重视，特别是江西省发改委牵头抓总、统筹协调，推动营商环境评价工作顺利进行。在书籍编写过程中，江西省工商业联合会的领导同事们给予了殷切关怀和帮助。本书的完成是课题组共同努力的结果。张新芝负责第七章的撰写及全书的框架与统筹工作；贾青负责第二章、第三章、第四章和第七章部分案例的撰写，以及全文的统稿工作；曹露菲负责第六章、第八章和第七章部分案例的撰写；刘璐瑜负责第五章的撰写；肖风负责第一章的撰写。

江西省营商环境的持续改善，既离不开各设区市、各部门的兢兢业业、协调配合，也离不开市场主体的踊跃参与、建言献策，更离不开广大人民群众的亲身参与、共同监督。人人都是优化营商环境的"局内人"，个个都是参与主体。在此，向深入推进江西省营商环境优化升级的奋斗者、实践者、创新者表示衷心的感谢，并致以崇高的敬意！

张新芝

2023 年 7 月 17 日